www.ingramcontent.com/pod-product-compliance
Lightning Source LLC
Chambersburg PA
CBHW080547220326
41599CB00032B/6396

اکوسیستم دولت همراه

Mobile Government Ecosystem

نام نویسنده:

علی حکیم جوادی

محمدمهدی سپهری

فروردین ۹۵

بسم الله الرحمن الرحيم

عنوان کتاب: اکوسیستم دولت همراه

نویسندگان: علی حکیم جوادی، محمدمهدی سپهری

ناشر: سوپریم سنچوری (قرن برتر)، آمریکا

شابک: ۹۷۸۱۹۳۹۱۲۳۷۰۱

چکیده کتاب

با توجه به رشد روزافزون کاربران تلفن همراه و ورود اپراتورهای تلفن همراه به نسل‌های جدید ۳ و ۴ و LTE، انگیزه اپراتورها برای ورود به بازارهای جدید نیز افزایش یافته است. آمارهای جهانی نشان می‌دهد که درآمد اپراتورها از سرویس‌های صوتی و مکالمه رو به کاهش است و درآمد آن‌ها از فناوری اطلاعات روند افزایشی دارد. به‌گونه‌ای که در برخی از کشورها از جمله ژاپن در سال ۲۰۱۲ درآمد اپراتور از فناوری اطلاعات بیش از درآمد آن از صوت و مکالمه بوده است. همچنین تخمین زده می‌شود که این تغییر در سال ۲۰۱۷ برای اکثر قریب به اتفاق کشورهای جهان به وقوع خواهد پیوست. تاثیر تلفن همراه در زندگی روزمره افراد به‌گونه‌ای است که این دستاورد فناوری به بخش جدایی‌ناپذیر از زندگی اکثر شهروندان تبدیل شده است. به همین دلیل امروزه تلفن همراه و فناوری‌های وابسته به آن یکی از بازیگران مهم و اصلی اکوسیستم‌های مختلف از جمله اکوسیستم ارتباطات و فناوری اطلاعات و اکوسیستم دولت الکترونیک، دولت همراه می‌باشد. دولت‌ها علاقمندند که به دلیل مزیت‌های تلفن‌های همراه و سامانه‌های سیار از جمله عدم وابستگی به مکان و زمان و ارائه خدمات بهتر به شهروندان، خدمات دولتی و عمومی را بر بستر تلفن‌های همراه ارائه نمایند. کاربران نیز با توجه به شرایط سن، جنسیت، تحصیلات و شرایط فرهنگی و اقتصادی رفتاری متفاوت در پذیرش و بکارگیری این خدمات دارند و وجود بازیگران جدید و ارائه مدل‌های جدید ارائه خدمات نیز این اکوسیستم را دچار تغییر نموده است. لذا همواره این چالش برای سرمایه‌گذار بخش خصوصی در قالب اپراتور تولیدکننده محتوا، ارائه‌دهنده سرویس وجود دارد که: چگونه و در چه حوزه‌ای سرمایه‌گذاری نماید که سرمایه‌گذاری با بازگشت مناسب توجیه‌پذیر باشد؟ برای دولت بسیار با اهمیت است که چه نوع خدماتی را ارائه نماید که بیشترین پذیرش از طرف کاربران را داشته باشد؟ سیاست‌های کلان دولت و حاکمیت چگونه موردتوجه و اولویت قرار می‌گیرد؟

لذا برای پاسخ به این سؤالات، در این کتاب به اکوسیستم دولت همراه و مدل انتخاب سرویس در اکوسیستم دولت همراه با رویکرد شهروندگرا پرداخته شد. با استفاده از اکوسیستم دولت همراه می‌توان بازیگران اصلی این اکوسیستم را شناسایی نمود و سپس با استفاده از مدل تحلیل شبکه ارزش ذینفعان مهمترین بازیگران که در این مدل کاربران و ارائه‌دهندگان سیستم معرفی شده‌اند را شناسایی کرد و تأثیر سیاست‌های کلان حکومتی و مسائل فرهنگی اقتصادی، اجتماعی و سیاسی را بر کاربران و ارائه‌دهندگان و بازیگران اکوسیستم در نظر گرفت. لذا در این کتاب تلاش بر این است با استفاده از نظریه‌های مربوط به ارزش ذینفعان مدلی بهینه برای حداکثر ساختن منافع ذینفعان پیشنهاد گردد و درنتیجه با استفاده از این مدل می‌توان اولویت‌های پیاده‌سازی سرویس‌های دولت همراه را مشخص نمود و ذینفعان مختلف اکوسیستم را از نتایج آن بهره‌مند نمود. این مدل می‌تواند در تصمیم‌سازی در بسیاری از پروژه‌های ملی نیز کاربرد داشته باشد.

نتیجه تحلیل مدل کیفی و کمی به شناسایی سرویس‌هایی رسید که بیشترین کاربرد را از نظر کاربر و دولت و حاکمیت دارد تا به بازیگران دیگر پیشنهاد شود که سرمایه‌گذاری لازم صورت پذیرد.

واژگان کلیدی: اکوسیستم، تحلیل سیستم، دولت همراه، مدل‌های پذیرش، ذینفعان، شبکه ارزش ذینفعان

«فهرست مطالب»

«فهرست جداول»

«فهرست شکل‌ها»

ج

۱- فصل نخست: کلیات

۱-۱- سرآغاز فصل نخست

باتوجه‌به رشد روزافزون کاربران تلفن همراه و ورود اپراتورهای تلفن همراه به نسل‌های جدید ۳ و ۴ و LTE انگیزه اپراتورها برای ورود به بازارهای جدید نیز افزایش یافته است. آمارهای جهانی نشان می‌دهد که درآمد اپراتورها از سرویس‌های صوتی و مکالمه رو به کاهش است و درآمد آن‌ها از فناوری اطلاعات روند افزایشی دارد. به‌گونه‌ای که در برخی از کشورها از جمله ژاپن در سال ۲۰۱۲ درآمد اپراتور از فناوری اطلاعات بیش از درآمد آن از صوت و مکالمه بوده است. همچنین تخمین زده می‌شود که این تغییر در سال ۲۰۱۷ برای اکثر قریب به اتفاق کشورهای جهان به وقوع خواهد پیوست. همچنین دولت‌ها علاقمندند که به‌دلیل مزیت‌های تلفن‌های همراه و سامانه‌های سیار ازجمله عدم وابستگی به مکان و زمان و ارائه خدمات بهتر به شهروندان خدمات دولتی و عمومی را بر بستر تلفن‌های همراه ارائه نمایند. سیاست‌های کلان حاکمیت که برگرفته از اسناد فرادستی در هر کشور می‌باشد در اولویت-دادن به این خدمات بسیار موثر است. کاربران نیز با توجه به شرایط سن، جنسیت، تحصیلات و شرایط فرهنگی و اقتصادی رفتاری متفاوت در پذیرش و بکارگیری این خدمات دارند و وجود بازیگران جدید و ارائه مدل‌های جدید ارائه خدمات نیز این اکوسیستم را دچار تغییر نموده است. لذا پاسخ به این سؤالات در این کتاب در قالب مدل انتخاب سرویس در اکوسیستم دولت همراه با رویکرد شهروندگرا صورت می‌پذیرد.

۱-۲- تعاریف و اصطلاحات پایه

در این بخش به تعریف اکوسیستم، تفکر سیستمی، تعاریف مرتبط با دولت همراه و دولت الکترونیک می‌پردازیم.

۱-۲-۱- اکوسیستم

در دایره‌المعارف دات‌کام[1] اکوسیستم از اجتماع کامل موجودات زنده که توسط اشیاء غیرزنده احاطه شده است تشکیل می‌شود. در دایره‌المعارف زمین[2]، اکوسیستم عبارت است از اجتماعی از موجودات که با یکدیگر به صورت فعل و انفعالی و کنش و واکنش مرتبط بوده و علاوه‌بر ارتباط داخلی با محیط خود نیز ارتباط دارند.

اکوسیستم مفهوم اساسی و محوری در علم زیست‌شناسی[3] و بوم‌شناسی[4] دارد که در آن تأثیر موجودات بر یکدیگر و محیط زیست را بررسی می‌کند.

در دایره‌المعارف American Heritage اکوسیستم عبارت است از اجتماعی از موجودات با محیط‌شان که مانند یک واحد عمل می-کنند.

---

[1]. Encyclopedia.com
[2]. Encyclopedia of Earth
[3]. biology
[4]. Ecology

در دایره‌المعارف کالنیز اکوسیستم عبارت است از سیستمی که موجودات در یک اجتماع با موجوداتی دیگر در یک محیط خاص و محیط غیرزنده تعامل دارند.

۱-۲-۱-۱- تاریخچه اکوسیستم

اکوسیستم اولین بار توسط روی کلفام (Roy Clapham,1930) مطرح شد. اما اولین فردی که تعریف کاملی از این واژه انجام داد آرتور تنسلی (Arthur Tansley, 1935) زیست‌شناس بود که مطرح کرد اکوسیستم نه‌تنها شامل موجودات داخل یک اجتماع بلکه شامل محیطی که در آن فعل و انفعال دارند نیز می‌شود. بنابراین اکوسیستم واژه‌ای بسیار مهم در علم زیست شناسی است.

۱-۲-۱-۲- اکوسیستم کسب و کار

در سال ۱۹۹۶ جیمز مور (James F. Moore, 1996) در حوزه طرح‌ریزی استراتژیک مفهوم اکوسیستم کسب و کار را مطرح نمود. تعریف اصلی آن از کتاب مور با نام مرگ رقابت، رهبری و استراتژی در عصر اکوسیستم کسب و کار گرفته شده است.
مفهوم اولیه اکوسیستم کسب و کار در سال ۱۹۹۳ توسط مور در هاروارد بیزینس رویو با عنوان یک محیط جدید برای رقابت مطرح و برنده جایزه سال مکینزی شد.
اکوسیستم کسب و کار به عنوان مفهومی جدید در نظر گرفته می‌شود که باتوجه محیطی که در آن قرار دارد می‌تواند سطح بالایی از همکاری و مشارکت را در فضای اقتصادی کسب و کار موردتوجه قرار دهد، به‌گونه‌ای که هریک از بازیگران تلاش می‌کنند بیشترین تعامل را برای ایجاد ارزش بشر ایجاد کنند، زیرا هرچه فضای تعامل ارزنده‌تر و با ارزش‌تر باشد منافع و بهره بیشتری نصیب آن‌ها خواهد شد.

۱-۲-۲- تفکر سیستمی

نگاه کلی بر اکوسیستم کسب و کار ناشی از یک تفکر سیستمی[1] است. دانشمندان علوم مختلف در طول تاریخ به تفکر سیستمی توجه کرده‌اند و لذا این تفکر به همه رشته‌های علمی تعلق دارد و خود به یک فرارشته تبدیل شده است. به‌عنوان مثال در عرفان مولوی به وحدت و کثرت پرداخته است، فلسفه ارسطو به منطق کل‌گرایی، مهندسی کنترل، نظریه سایبرنتیگ، مدیریت و سازمان نظریه یادگیری، تفکر سیستمی عبارت است از مجموع تفکر ترکیبی و تفکر تحلیلی. در تفکر سیستمی ابتدا شناخت عناصر تشکیل‌دهنده و روابط آن‌ها را به اجزاء مختلف و سپس به ارتباط این اجزاء می‌پردازیم.

۱-۲-۲-۱- عناصر سیستم

عناصر سیستم عبارتند از: هدف، اجزاء، روابط، محیط، منابع، حالت، سلسله مراتب، پیچیدگی.

---

1. System Thinking.

۱-۲-۲-۲- محیط سیستم

محیط سیستم شامل هرآنچه بر سیستم احاطه داشته و خارج از آن باشد، است. محیط و سیستم رابطه و تعامل دارند، اثرات محیط غیرقابل کنترل بوده، و تعریف و تعیین محیط یک سیستم دشوار است.

۱-۲-۳- دولت الکترونیک

مفهوم دولت الکترونیک تعریف پذیرفته جهانی ندارد (Halchin, 2004)، ولی سازمان ملل دولت الکترونیک را استفاده از اینترنت و شبکه جهانی برای ارائه اطلاعات و خدمات به شهروندان می‌داند (United nation, 2002). لذا می‌توان گفت دولت الکترونیک برای پاسخ به نیاز پیشرفت کیفیت و کارایی خدمات عمومی به وجود آمده است. دولت الکترونیک تنها استفاده از فناوری برای ارائه خدمات بر خط نیست (Andersen & Henriksen, 2006) بلکه یکپارچه‌سازی خدمات مختلفی است که توسط سازمان‌های دولتی ایجاد شده است که تاکنون با یکدیگر کار نکرده‌اند. (AL & Hashemi & Darem, 2008) دولت الکترونیک را به معنای استفاده وسیع فناوری اطلاعات و ارتباطات برای بهینه‌سازی و کار دولت با افزایش شفافیت دولت، حذف فاصله و تقسیمات و مشارکت افراد در فرآیندهای سیاسی تعریف کرده‌اند. (Layne & Lee 2001) دولت الکترونیک را به معنای استفاده دولت از فناوری خصوصاً برنامه‌های تحت وب برای افزایش دسترسی و ارائه اطلاعات و خدمات دولت به شهروندان، شرکای تجاری، کارمندان و دیگر سازمان‌ها و همچنین جامعه دولتی تعریف کرده‌اند. (Valdes et al 2011) ابعاد اصلی دولت الکترونیک را در استراتژی دولت الکترونیک نظارت، مدیریت فرآیند و مردم و سازمان دانسته‌اند. در استراتژی دولت الکترونیک مواردی همانند سیاست‌گذاری، استراتژی و معماری استراتژی در نظر گرفته شده است.

۱-۲-٤- دولت همراه

با پیشرفت ارتباطات و فناوری اطلاعات و تقاضا از طرف عموم برای ارائه موثر خدمات دولتی، فرصتی برای دولت‌ها ایجاد شده است تا از طریق مسیرها و راهکارهای جدید تعامل با کاربران را آغاز نمایند، این موقعیت اجازه داده است تا از کارکردهای متفاوت فناوری اطلاعات و ارتباطات بر اساس نیاز کاربران بهره ببرند. یکی از این ابزارها تلفن همراه می‌باشد. امروزه تلفن همراه بخشی از زندگی روزانه شده است. پیشرفت فناوری بی‌سیم و سیار روشی جدید برای ارائه خدمات دولتی و ارتقاء کارایی آن‌ها می‌باشد. دولت همراه و دولت الکترونیک دو ساختار جدای از یکدیگر نیستند. دولت الکترونیک درحال استفاده از ارتباطات و فناوری اطلاعات برای ارائه سهل‌تر خدمات و فرآیندها برای بهبود فعالیت‌های دولت می‌باشد، در حالیکه دولت همراه برمبنای دولت الکترونیک بنا شده است. در دو دهه گذشته محققین اهمیت بیشتری به دولت الکترونیک در مقایسه با دولت همراه می‌دادند، اما پس از پیدایش نسل جدید تلفن همراه نسل ۳ و نسل‌های بالاتر و پیشی‌گرفتن تعداد دستگاه‌های موبایل از رایانه‌ها (Bertot & Jaeger, 2010) دولت همراه بسیار متداول‌تر از دولت الکترونیک شد و شهروندان توانستند با تلفن‌های همراه خود به‌صورت مستقیم با دولت در هر زمان و مکان تعامل داشته باشند ((Ntaliani et al, 2008), (A mailef & Lu, 2013), (Tol bert & Mossberyer, 2006)). دولت همراه

به استفاده از فناوری بی‌سیم اشاره دارد که داده‌ها را از یک دستگاه همراه، مانند تلفن‌های همراه، لپ‌تاپ یا دستیاران دیجیتال شخصی[1] به اینترنت بدون اتصال فیزیکی انتقال می‌دهند (Trimi & Sheng, 2008). دولت همراه یک استراتژی بوده و پیاده‌سازی آن شامل استفاده از تمام انواع بی‌سیم و تلفن همراه، خدمات، کاربردها و دستگاه‌ها به‌منظور بهبود منافع طرف‌های درگیر در دولت الکترونیک است (Arazian, 2002). کاربردهای دولت همراه شامل سیستم‌های اطلاعات جغرافیایی[2] و سیستم‌های موقعیت‌یابی جهانی[3] که با هم درتعاملند (Misuraca, 2009) می‌باشد.

۱-۲-٤-۱- فاکتورهای پذیرش دولت همراه

پذیرش فناوری‌های تلفن همراه و خدمات وابسته به آن از طرف دولت عوامل مختلفی دارد. فاکتورهایی نظیر سیاست‌ها، استانداردها، گرایش‌های فرهنگی، دسترسی‌پذیری هزینه‌ها، اقتصاد، دولت‌ها یک نگرش راهبردی برای پیاده‌سازی دولت همراه دارند. اولین قدم افزایش ضریب نفوذ تلفن همراه در جامعه است، هنگامی که دولت‌ها بازار تلفن همراه را برای رقابت باز می‌گذارند و در پروژه‌های تلفن همراه سرمایه‌گذاری می‌نمایند، دسترسی و در همان زمان قیمت محصولات افزایش می‌یابد. با اعمال سیاست کاهش تعرفه‌ها و یا حتی با برداشتن تعرفه‌های گمرگی سعی در حمایت از مصرف‌کنندگان دارند تا هزینه مصرف‌کنندگان را کاهش دهند. پذیرش با ایجاد یک درگاه (پرتال) ارائه خدمات با توسعه محتوای مفید و قابل دسترسی افزایش می‌یابد. فاکتورهای اقتصادی می‌تواند میزان پذیرش تلفن همراه را در بعضی از ابعاد مشخص کند. به عنوان مثال قدرت خرید کاربران و بکارگیری آن با افزایش تولید ناخالص ملی (GDP) ارتباط مستقیم دارد.

۱-۳- محور اصلی موضوع کتاب

امروزه افزایش ضریب نفوذ تلفن همراه در اکثر کشورهای جهان سبب شده است بسیاری از دولت‌ها برای ارائه خدمات بهتر و افزایش بهره‌وری برنامه‌ریزی نمایند و نسبت به پاسخگویی به‌موقع در ارتباط با خدمات دولت به مردم، کسب و کار و حرکت به سمت شهروندمحوری از این ابزار مهم بهره‌برداری کرده و سرمایه‌گذاری قابل‌توجهی در ایجاد و توسعه دولت همراه نمایند. با توسعه کسب و کار در حوزه دولت همراه مفهومی با نام اکوسیستم دولت همراه شکل گرفته است و با شتاب قابل‌توجهی توسعه می‌یابد. دید کلی به این اکوسیستم و ذینفعان آن و اینکه چگونه می‌توانند در تعامل با یکدیگر ارزش‌ها و منافع ذینفعان را به حداکثر برسانند کمک می‌کند بسیاری از دغدغه‌های موجود در حوزه دولت همراه کاهش یابد. ذینفعان این اکوسیستم هر یک به دلیل ماهیتی که دارند درپی افزایش ارزش‌های خود در این چرخه می‌باشند. اپراتور تلفن همراه به دنبال افزایش درآمد و تعداد مشترکین و ارائه سرویس‌های جدید در این حوزه است، دولت و حاکمیت درصدد پیاده‌سازی استانداردها، قوانین و مصوبات اسناد

---

[1] PDA
[2]. GIS
[3]. GPS

فرادستی هستند و کاربران درپی راحتی کار، سودمندی کاهش هزینه‌ها و افزایش امنیت و دسترس‌پذیری این خدمات می‌باشند. همچنین، حضور بازیگران جدید در این اکوسیستم ممکن است تعادل این چرخه را دستخوش تغییر کند.

هرچند که بکارگیری و ارائه خدمات مبتنی‌بر تلفن همراه سبب ایجاد خدمات سریع‌تر با هزینه کمتر به شهروندان می‌شود، اما مشکل اساسی پذیرش این خدمات توسط شهروندان و درک تاثیرگذاری بر پذیرش شهروندان از خدمات دولت همراه است؛ اگرچه در سال‌های اخیر خدمات بر بستر تلفن همراه افزایش بی‌سابقه‌ای در توسعه و ضریب نفوذ داشته است و تاثیر آن بر بخش‌های مختلف سیاسی، اجتماعی، اقتصادی و فرهنگی کاملاً مشهود است اما نقش فرهنگ در اشاعه خدمات تلفن همراه کاملاً مورد مطالعه قرار نگرفته است و نرخ پذیرش آن در کشورهای مختلف به دلایل گوناگون از جمله اختلاف فرهنگی بین جوامع متفاوت است. همچنین تاثیر سیاست‌های کلان ملی در پذیرش دولت همراه از موضوعات قابل‌توجه‌ای است که در کشورهای مختلف متفاوت می‌باشد. با توجه به موارد بیان شده در این کتاب تلاش بر این است با استفاده از نظریه‌های مربوط به ارزش ذینفعان مدلی بهینه برای حداکثر ساختن منافع ذینفعان پیشنهاد گردد و در نتیجه با استفاده از این مدل می‌توان اولویت‌های پیاده‌سازی سرویس‌های دولت همراه را مشخص نمود و ذینفعان مختلف اکوسیستم را از نتایج آن بهره‌مند کرد. این مدل می‌تواند در تصمیم-سازی در بسیاری از پروژه‌های ملی نیز کاربرد داشته باشد. همچنین در این کتاب تاثیر پذیرش شهروندان با استفاده از مدل‌های مختلف مورد بررسی قرار گرفته و توجه ویژه‌ای به ابعاد فرهنگی داشته و تاثیر آن بر پذیرش را مورد بحث قرار داده‌ایم و سپس با ارائه یک مدل ترکیبی با استفاده از پرسشنامه از خبرگان و نخبگان حوزه مدل را مورد تحلیل قرار داده‌ایم. همچنین تاثیر سیاست-های کلان ملی در موفقیت دولت همراه به منظور کمک به تحلیل شبکه ارزش ذینفعان بررسی گردیده است.

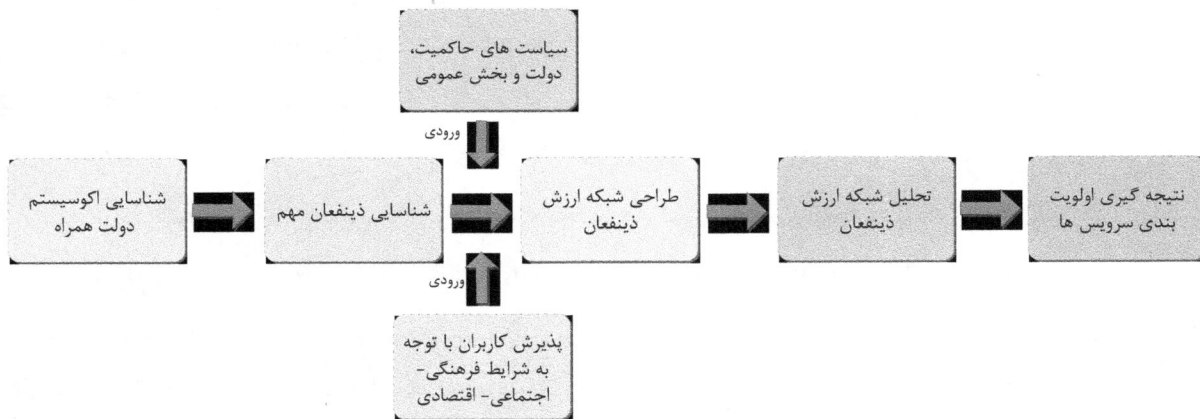

شکل ۱-۱- مدل انتخاب سرویس در اکوسیستم دولت همراه با رویکرد شهروندمحوری

۱-۴- سؤالات پیش‌رو در اکوسیستم دولت همراه

سوالات اصلی پاسخ داده شده در این کتاب به شرح زیر است:

۱. چگونه و در چه حوزه‌ای سرمایه‌گذاری در دولت همراه صورت پذیرد که سرمایه‌گذاری با بازگشت مناسب توجیه‌پذیر باشد؟

۲. بررسی تاثیر پذیرش شهروندان بر اکوسیستم دولت همراه با استفاده از مدل‌های مختلف موجود چگونه است؟
۳. دولت چه نوع خدماتی را ارائه نماید که بیشترین پذیرش از طرف کاربران را داشته باشد؟
۴. سیاست‌های کلان دولت و حاکمیت چگونه موردتوجه و اولویت قرار می‌گیرد؟ و تاثیر آن‌ها در موفقیت دولت همراه چگونه است؟
۵. اولویت‌های پیاده‌سازی سرویس‌های دولت همراه چگونه است؟
۶. مدل بهینه برای حداکثر ساختن منافع ذینفعان اکوسیستم دولت همراه چه مدلی است؟

۱-۵- کاربردهای متصور و موردانتظار

اولین خروجی این کتاب اینگونه است که پس از تعاریف و مفاهیم، مروری بر منابع پژوهش‌های دولت الکترونیک، دولت همراه و مدل‌های مختلف اکوسیستم دولت همراه، مدل پیشنهادی دولت همراه معرفی خواهد شد که این مدل با نگرش بر تغییرات جدید و حضور بازیگران جدید در این اکوسیستم شکل می‌گیرد.
دومین خروجی پس از تعریف و مشخص کردن اهداف و نیازهای بازیگران به‌ویژه دولت و کاربران (شهروندان، کسب و کارها و سازمان‌های دولتی) با انتخاب مدل شبکه ارزش ذینفعان خواهد بود که این مرحله پس از جمع‌آوری کامل اسناد فرادستی دولت در دو بخش سرویس‌های دولت الکترونیک و سیاست‌های کلان دولت و حاکمیت و نیز استانداردها و مقررات و همچنین مدل‌های مختلف پذیرش کاربران ارائه خواهد شد.
سومین خروجی پس از طراحی مدل کمی و کیفی ارزش ذینفعان و تحلیل آن نتیجه‌گیری، ارائه مدل انتخاب سرویس در اکوسیستم دولت همراه با رویکرد شهروندگرا خواهد بود. همچنین در آینده می‌توان با توجه به اینکه به‌دلیل گستردگی سرویس و خدمات دولت الکترونیکی بخش قابل‌توجهی از این سرویس‌ها می‌تواند بر بستر تلفن همراه ارائه شود؛ مشخص‌نمودن این سرویس-ها و یکپارچگی بستر ارائه این خدمات و نیز به اشتراک‌گذاری اطلاعات بسیار بااهمیت می‌باشد. همچنین نقش اپراتورها و بازیگران جدید به ویژه OTT ها و ارائه خدمات دولت همراه به عنوان بازیگران اصلی نیز می‌بایست موردتوجه قرار گیرد.

۱-۶- ساختار کلی کتاب

این کتاب در شش فصل جهت ارائه آماده شده است: فصل اول به تعریف اجمالی اکوسیستم دولت همراه و ابعاد آن به‌همراه معرفی اجزای اصلی آن و همچنین بیان اهمیت و جایگاه آن در دنیای واقعی می‌پردازد. در ادامه، در فصل دوم سعی می‌شود با شروع از موضوع کلی "اکوسیستم دولت همراه"، پیشینه این موضوع و کاربردهای آن را به‌صورت سیستماتیک مرور جامعی نماییم. در فصل به بررسی وضعیت کنونی ارتباطات و فناوری اطلاعات کشور و معماری دولت همراه ایران و بررسی دقیق مؤلفه‌های آن به ارائه مدل شهروندمحور انتخاب سرویس در اکوسیستم دولت همراه خواهیم پرداخت. فصل چهارم ابتدا به بررسی مدل‌های پذیرش دولت همراه پرداخته و ضمن پرداختن به مباحث فرهنگ و سیاست ملی، مدل پذیرش دولت همراه با رویکرد فرهنگ و سیاست‌های ملی را ارائه خواهد کرد. در فصل پنجم مدل انتخاب سرویس با تحلیل شبکه ذینفعان اکوسیستم دولت همراه ارائه خواهد شد و به تحلیل شبکه ارزش ذینفعان اکوسیستم دولت همراه می‌پردازیم. سرانجام در فصل ششم، به پس از مرور مباحث کلی ارائه شده در این کتاب، به جمع‌بندی، نتیجه‌گیری و بیان فرصت‌های پیش رو در این حوزه خواهد پرداخت.

۲- اکوسیستم دولت همراه

۲-۱- سرآغاز فصل دوم

از سال ۲۰۰۵ بیل گیتس هنگامی که ویندوز موبایل را راه‌اندازی کرد اعلام نمود که ایده‌اش خلق اکوسیستم واقعی است که شامل اپراتورها، تولیدکنندگان و توسعه‌دهندگان می‌باشد. از سال ۲۰۰۷ شرکت اپل و گوگل استراتژی خود را از چشم‌انداز اکوسیستم همراه اعلام کردند، آن‌ها اکوسیستم خود را برپایه آیفون، APP stoe, ios به‌عنوان یک جایگزین برای تلفن‌های اندرویدی و سیستم عامل اندروید و بازار اندروید مطرح کردند. لذا مفهوم اکوسیستم در حوزه ارتباطات و فناوری اطلاعات مطرح گردید و به‌هرحال اکوسیستم همراه برگرفته از اکوسیستم کسب و کار است و به شکل اختصاصی در حوزه تلفن همراه فعالیت دارد. در هنگام شکل‌گیری ارتباطات همراه فقط دو بازیگر اصلی وجود داشت. اپراتورهای همراه و تولیدکنندگان دستگاه‌های همراه و نهایتاً کاربر به عنوان کاربرد مکالمه امروزه حضور بازیگران جدید سبب شده این اکوسیستم به‌طورکامل متحول شود.

در این فصل به بررسی اکوسیستم، اکوسیستم دولت همراه و انواع مدل‌های اکوسیستم‌های دولت همراه می‌پردازیم.

۲-۲- اکوسیستم

مطابق تعاریف ارائه شده در فصل قبل، اکوسیستم عبارت است از اجتماعی از موجودات که با یکدیگر به‌صورت فعل و انفعالی و کنش و واکنش مرتبط بوده و علاوه‌بر ارتباط داخلی با محیط خود نیز ارتباط دارند.

۲-۲-۱- انواع اکوسیستم

به‌دلیل گستردگی کاربرد مفهوم اکوسیستم در ابعاد مختلف، تقسیم‌بندی‌های متعددی برای اکوسیستم انجام شده‌است، ازجمله اکوسیستم زیست‌محیطی[1]، اکوسیستم صنعتی[2]، اکوسیستم اجتماعی[3].گاهی اوقات اکوسیستم می‌تواند به عنوان یک متد، ابزار، مکانیزم، چارچوب و یا استراتژی به کار رود. اکوسیستم‌ها می‌توانند بازار پایه[4]، فناوری پایه[5]، یا خدمت پایه[6] باشند.

اکوسیستم‌ها		
خدمت پایه	**فناوری پایه**	**بازار پایه**
نگاه کل نگر به سرویس و نیازهای کاربر و تمرکز بیشتر بر کاربر دارد؛ اصولاً شهروند محور است و به منظور طراحی یک خدمت مناسب است.	بازیگران در حوزه‌های مختلف فعالیت می‌کنند.	بازیگران محصولات مشابه ارائه می‌کنند که در اینصورت با یکدیگر رقابت می‌کنند.

---

[1]. Biological Ecosystem
[2]. Industrial Ecosystem
[3]. Social Ecosystem
[4]. Market based Ecosystem
[5]. Techology based Ecosystem
[6]. Service based Ecosystem

شکل ۲-۱- انواع اکوسیستم

باتوجه‌به اینکه اکوسیستم دولت همراه زیرمجموعه‌ای از اکوسیستم کاربردها است و اکوسیستم خدمت‌پایه زیرمجموعه‌ای از اکوسیستم کسب و کار می‌باشد؛ می‌توان بیان کرد اکوسیستم دولت همراه بسیار نزدیک به اکوسیستم کسب و کار و زیرمجموعه‌ای از آن است.

۲-۲-۲- اکوسیستم کسب و کار

در سال ۱۹۹۶ جیمز مور (James F. Moore, 1996) در حوزه طرح‌ریزی استراتژیک مفهوم اکوسیستم کسب و کار را مطرح نمود. تعریف اصلی آن از کتاب مور با نام مرگ رقابت، رهبری و استراتژی در عصر اکوسیستم کسب و کار گرفته شده است.

مفهوم اولیه اکوسیستم کسب و کار در سال ۱۹۹۳ توسط مور در هاروارد بیزینس رویو با عنوان یک محیط جدید برای رقابت مطرح و برنده جایزه سال مکینزی شد.

اکوسیستم کسب و کار به عنوان مفهومی جدید در نظر گرفته می‌شود که باتوجه محیطی که در آن قرار دارد می‌تواند سطح بالایی از همکاری و مشارکت را در فضای اقتصادی کسب و کار موردتوجه قرار دهد، به‌گونه‌ای که هریک از بازیگران تلاش می‌کنند بیشترین تعامل را برای ایجاد ارزش بشر ایجاد کنند، زیرا هرچه فضای تعامل ارزنده‌تر و با ارزش‌تر باشد منافع و بهره بیشتری نصیب آن‌ها خواهد شد. هر اکوسیستم سه مولفه دارد: ۱. واحدها یا اجزاء[1] ۲. ساختارها[2] و ۳. فرآیندها[3]

ساختار روابط بین واحدها را مشخص می‌کند و فرآیندها نوع عملکرد و اثرگذاری هر بخش را مشخص می‌کند. شبکه سازمان‌ها شامل تامین‌کنندگان، توزیع‌کنندگان، مشتریان، رقبا و سازمان‌های دولتی است که با یکدیگر همکاری می‌کنند تا یک سرویس و خدمت در قالب همکاری و یا رقابت ارائه نمایند.

۲-۲-۲-۱- ساختار اکوسیستم کسب و کار

فرآیند شکل‌گیری اکوسیستم به‌گونه‌ای است که در مورد یک ارزش به عنوان محور اصلی، تعدادی بازیگر و شرکت‌کننده کنار هم قرار گرفته و در یک فرآیند زمانی سازماندهی و تبدیل به یک سازمان می‌شوند و نهایتاً پایداری در اکوسیستم به‌دست‌می‌آورند.

---

[1]. Units

[2]. Structures

[3]. Processes

شکل ۲-۲- فرایند شکل‌گیری اکوسیستم

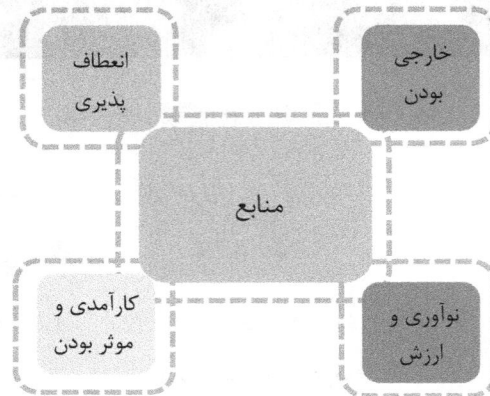

شکل ۲-۳- منابع ارزش

۲-۲-۲-۲- شرکت‌کنندگان و ترکیب اکوسیستم کسب و کار

شرکت‌کنندگان یا بازیگران اکوسیستم دامنه وسیعی دارند، اصولاً اکوسیستم توسط یک قطب[1] مرکزی ایجاد می‌شود. همچنین یک پلتفرم برای تعامل بین اعضاء و دیگر بازیگران و شرکت‌کنندگان که توسط این پلتفرم با یکدیگر ارتباط برقرار می‌نمایند ایجاد می‌شود. برای درک بهتر این ساختار باید نقشه‌ای از تعاملات بین بازیگران تهیه و نوع روابط بین آن‌ها مشخص شود. (Iansiti and Levien, 2004) سه نوع رفتار بین اجزاء اکوسیستم تعریف کرده‌اند:

---

[1]. Hub

فیزیکی کمتری دارند ولی به لحاظ تولید ارزش و توزیع آن بین دیگر بازیگران بیشترین نقش را ایفا می‌نمایند لذا می توان گفت Keystone Player را مانند یک قطب (Hub) در نظر گرفت و شبکه آن‌ها بیشترین، قوی‌ترین و با ارزش‌ترین ارتباطات را ایجاد می‌کنند و اغلب در هسته شبکه قرار می‌گیرند.

بیشتری از ارزش ایجاد شده را برای خود می‌خواهند و بخش کمتری را به دیگر بازیگران در اکوسیستم می‌دهند. در صنایعی که به حالت بلوغ رسیده‌اند در این حالت نوآوری کمتری صورت می‌پذیرد و تغییرات به کندی انجام می‌شود.

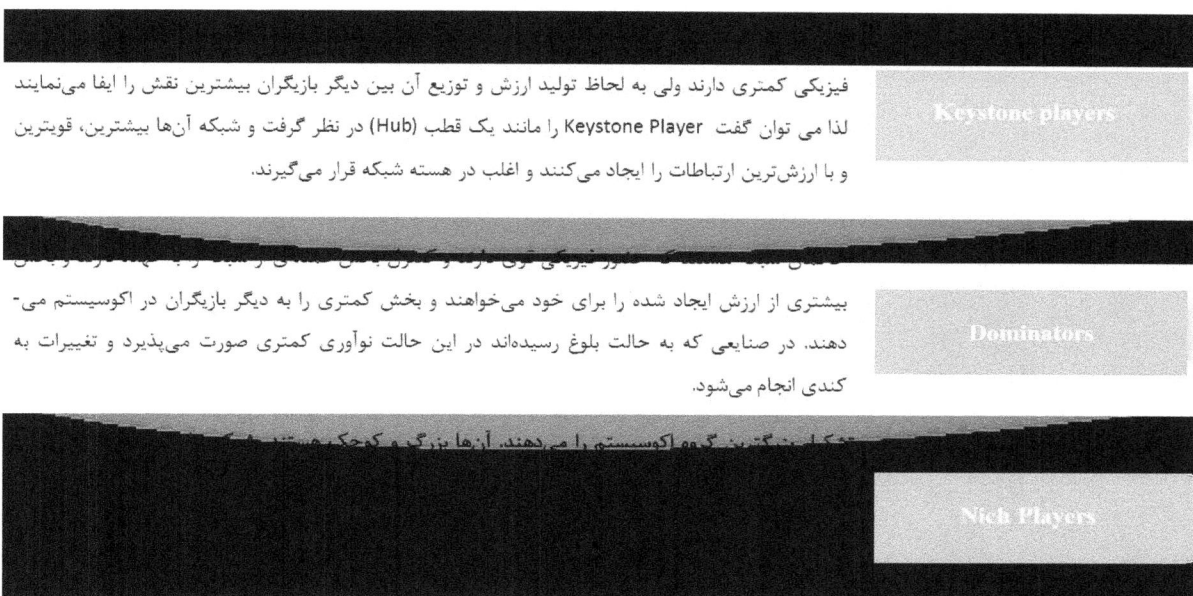

شکل ۲-۴- رفتار اجزاء اکوسیستم

۲-۲-۲-۳- اکوسیستم کسب و کار مور

مور اکوسیستم کسب و کار را اینگونه تعریف کرد:

"اکوسیستم کسب و کار توسط یک سازمان و یا گروه‌های انفرادی پایه‌گذاری می‌شود که موجودات دنیای کسب و کار هستند. یک مجموعه اقتصادی که محصول و یا خدماتی را تولید و به مشتریان خود عرضه می‌کنند اعضای این اکوسیستم هستند".

از نظر مور اکوسیستم کسب و کار درست شبیه اکوسیستم موجودات زنده و تعامل آن‌ها با یکدیگر و محیط زندگیشان می‌باشد. لذا کسب و کارها نیز در یک محیط با یکدیگر تلاش و تعامل برای بقا و رشد خود دارند.

مور ۴ مرحله در ایجاد اکوسیستم کسب و کار تعریف می‌کند:

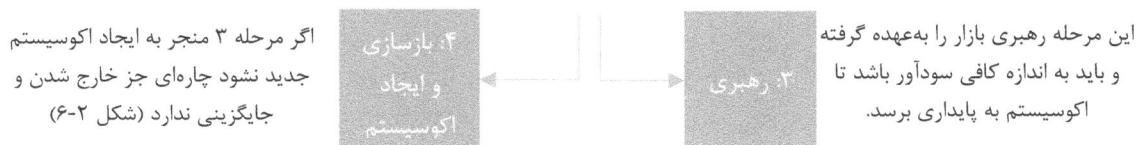

شکل ۲-۵- مراحل ایجاد اکوسیستم کسب و کار از نظر مور

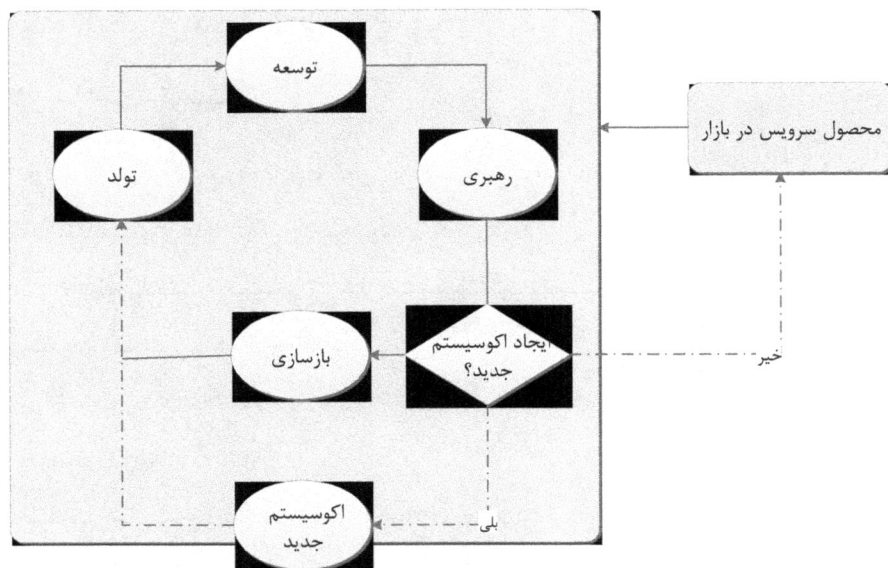

شکل ۲-۶- مدل چرخه عمر اکوسیستم کسب و کار

۲-۲-۳- اکوسیستم سرویس و خدمات

براساس تعریف (Barros, A.& Dumas, 2006) این اکوسیستم پنج بازیگر اصلی دارد: ارائه‌دهندگان سرویس[۱]، کاربران[۲]، واسطه‌ها[۳]، واسط[۴] و واسط‌های تخصصی[۵]. خدمات توسط ارائه‌دهندگان به کاربران ارائه می‌گردد، واسطه‌ها وظیفه مرتبط کردن ارائه‌دهندگان به کاربران را دارند. واسط ارائه‌دهنده و تطبیق‌دهنده سرویس با عملکردهای مختلف برای اطلاعات با فرمت‌های مختلف است. لذا ایجاد یک بستر مناسب برای دریافت اطلاعات با هر نوع فرمت و تطبیق آن‌ها برای یکپارچه‌سازی و انجام عملیات به عهده واسط می‌باشد و واسط‌های تخصصی سرویس‌های ویژه و تخصصی را به ارائه‌دهندگان می‌دهند. علاوه‌بر این‌ها (Ried l et al, 2009) بیان می‌کند که ارائه‌دهندگان بستر هستند که برای دیگر ارائه‌دهندگان سرویس یک بستر[۶] عمومی طراحی می‌نمایند. , Force.com

1. Provider
2. Users
3. broker
4. mediator
5. Intermediaries Specialist
6. Platform

Amazon Elastic مثال‌های کاملاً موفق برای اینگونه سرویس و خدمات هستند. علاوه بر آن (Riedl et al, 2009) یک مدل همکاری بین چهار بازیگر در یک فضای کاملاً نوآورانه معرفی می‌نماید.

۲-۲-٤- سلامت اکوسیستم

سلامت اکوسیستم به وسیله بهره‌وری، نیرومندی و توان ایجاد فرصت برای بازارهای جدید ارزیابی می‌شود (Iansiti & Levien, 2004). بهره‌وری توسط تعداد نوآوری‌ها اندازه‌گیری می‌شود.

(Iansiti and Levien, 2002) سلامت اکوسیستم را نشان‌دهنده عملکرد اکوسیستم کسب و کار معرفی کرده‌اند. براساس اظهارات آنان سه مؤلفه اصلی سلامت اکوسیستم کسب و کار عبارتند از:

- پایایی و قدرت (robust ness)
- بهره‌وری (prodvctivity)
- ظرفیت ایجاد تنوع و قابلیت جدید (niche creation)

در ارتباط با پایایی (Iansiti & Levien, 2002) پنج فاکتور مرتبط با پایایی را به صورت ذیل معرفی کرده‌اند.

- درجه بقا[1]
- مقاومت ساختار اکوسیستم[2]
- قابلیت پیش‌بینی[3]
- محدودیت در از رده خارج شدن – منسوخ شدن[4]
- تداوم تجربیات کاربری و کاربرد[5]

سه عامل برای بهره‌وری اکوسیستم توسط (Iansiti & Levie, 2002) تعریف شده است:

- بهره‌وری مجموع عوامل
- توسعه دائمی بهره‌وری
- توسعه نوآوری

۲-۲-۵- ذینفعان اکوسیستم

در اکوسیستم مدل کسب و کار پرداختن به ذینفعان و شناسایی آن‌ها از مهمترین موضوعاتی است که می‌بایستی مورد توجه قرار گیرد، به‌همین‌منظور با استفاده از تئوری ذینفعان[6] که یک تئوری مدیریت سازمانی است و توسط ادوارد فریمن[7] در سال ۱۹۸۴ در

---

[1]. Survival rate
[2]. Persistence of ecosystem structure
[3]. Predictability and use case
[4]. Limited obsolescence
[5]. Continuity of use experiene
[6]. Stakeholde Theory
[7] E-dwaed Freeman,1984.

کتاب مدیریت استراتژیک مطرح گردیده، می‌پردازیم. در نگاه سنتی فقط سهامداران یک مجموعه اقتصادی و یا مالکان از اهمیت ویژه‌ای برخوردار بودند، درحالی‌که در رویکرد جدید ازجمله کارمندان، مشتریان، تامین‌کنندگان و سرمایه‌گذاران، دولت، گروه‌های سیاسی، محیط زیست نیز دارای اهمیت ویژه هستند. حتی رقبا نیز گاهی جزء ذینفعان می‌باشند. البته در ارتباط با یک تعریف واحد از ذینفعان هنوز رویکرد واحدی وجود ندارد (Miles,2012) و بیش از صدها تعریف در تعاریف آکادمیک وجود دارد (Miles,2012).

۲-۲-۶- متدلوژی تحلیل اکوسیستم

نگاه کلی بر اکوسیستم کسب و کار ناشی از یک تفکر سیستمی[1] است. روش‌های متعددی برای تحلیل و آنالیز اکوسیستم‌ها وجود دارند اما مهمترین روش آن تئوری‌های رقابت هوشمند یا Competitve intelligence theory یا (CI) است. به‌منظور بکارگیری چارچوب (CI) برای تحلیل اکوسیستم پیشنهاد می‌شود موارد ذیل مورد تجزیه و تحلیل قرار گیرد.

۱. تجزیه و تحلیل محدود چشم‌اندازی که اکوسیستم در آن عمل می‌کند (سیاسی، اقتصادی، اجتماعی و فنی).
۲. تجزیه و تحلیل نحوه عملکرد اکوسیستم (شبکه کسب و کار، فعالیت‌ها، سلامت اکوسیستم، تعریف پارامترهای حساس)
۳. تحلیل نقش بازیگران اصلی در اکوسیستم
۴. تحلیل اینکه اکوسیستم چگونه تغییر می‌کند (فناوری، نقش‌ها، استراتژی‌ها، سبک‌های کسب و کار).
۵. سئوالات مشخص دیگر در ارتباط با سناریوها و الگوبرداری رقابتی و ... .

در تفکر سیستمی ابتدا به شناخت عناصر تشکیل‌دهنده و سپس رابطه این اجزاء می‌پردازیم. در تعریف سیستم طبق تعریف برتالنفی: "سیستم موجودیتی است که حیات آن از طریق روابط متقابل میان اجزاء آن امکان‌پذیر است". از نظر پیترسنگه: "سیستم هر چیزی است که کلیت و شکل خود را در تعامل رو به گسترش اجزای خود به دست می‌آورد". یک سیستم براساس این واقعیت تعریف می‌شود که عناصر آن هدف مشترکی داشته و درجهت نیل به آن‌ها به روش مشترکی عمل می‌کنند.

---

[1] .System Thinking

در ادامه قدم‌های پنج گانه تعریف تا تحلیل اکوسیستم نشان داده شده است:

شکل ۲-۷- قدم‌های پنج گانه تعریف تا تحلیل اکوسیستم

قدم اول: اجزاء، محیط و روابط بین آن‌ها در اکوسیستم		
هدف	محتوا	خروجی قابل ارائه
• محیط، اجزاء و روابط بین آن‌ها • تعریف و معرفی، شناسایی اکوسیستم • اطلاعات دقیق از اجزاء تشکیل‌دهنده و روابط آن‌ها	• مشخص کردن هسته، بازیگران و میزان جذابیت برای بازیگران و نسبت بهره‌برداری آن‌ها از کسب و کار موردنظر در اکوسیستم • مشخص کردن اجزاء و ارتباطات آن‌ها، اجزاء شامل بازیگران، فناوری، محصول/ خدمت و محیط • ماتریس ارتباطات و اتصالات برای هر دو بازیگر	• نظامنامه فناوری • اطلاعات بازیگران • جدول و ماتریس ارتباطات
قدم دوم: ارائه و نمایش مدل اکوسیستم		
مرحله و هدف	محتوا	خروجی قابل ارائه و هدف

خروجی قابل ارائه و هدف	محتوا	مرحله و هدف
• مدل اکوسیستم و نمایش آن با طراحی مدل	• ترجمه گرافیکی روابط و ارتباطات • گراف و گره-ها[1]،نمایش ارتباط بین آنها، اگر لازم است • وزن‌دهی هر یک از گره‌ها و روابط بین آنها	• ارائه مدل برای اکوسیستم • طراحی یک مدل برای نمایش و ارائه اکوسیستم

قدم سوم:

اعتبارسنجی و اعتبار بخشی به اطلاعات و مدل

خروجی قابل ارائه و هدف	محتوا	مرحله و هدف
• اعتبار-سنجی اطلاعات و صحه‌گذاری مدل	• روش طوفان فکری، استفاده و مرور منابع پژوهش موجود، تحقیقات انجام شده توسط محققین و متخصصین، اسناد رسمی و یا طرح-های تجاری ارتباط مستقیم با بازیگران که دارای جایگاه و پتانسیل خوبی در اکوسیستم هستند دارد.	• اعتبارسنجی و اعتباربخشی به داده‌ها

قدم چهارم:

تحلیل اکوسیستم

خروجی قابل ارائه	محتوا	مرحله و هدف

---

[1] . Nodes

• تحلیل اکوسیستم • ارزیابی رفتار اکوسیستم (گذشته، حال، آینده) و ارائه نشانگرهای کلیدی	تحلیل ارزش اکوسیستم • درآمدها: کمی‌کردن ابعاد اقتصادی اکوسیستم • ساختار اقتصادی: درک اینکه ارزش‌ها چگونه بین بازیگران توزیع می‌شود. ساختار فیزیکی، جذب درآمدها، جذابیت روابط فی مابین، سرمایه ها و فناوری‌ها • تحلیل نقطه کنترل اکوسیستم شناسایی نقاط کنترلی (نقاطی که می‌تواند مورداستفاده مدیریت قرار گیرد- استراتژی کسب و کار مقررات-گذاری و یا فناوری)	• تحلیل اکوسیستم
قدم پنجم: ارزیابی اکوسیستم		
مرحله و هدف	محتوا	خروجی قابل ارائه
• ارزیابی اکوسیستم • شبیه‌سازی سناریوهای مختلف و تحلیل	لیست رویکردها و عدم قطعیت‌ها، گراف سناریوها، شرح سناریو، تعریف سناریوهای ممکن لیستی از مفاهیم و اشکال مختلف پاسخ ها	سناریوهای مختلف تحلیل اکوسیستم

۲-۳- اکوسیستم دولت همراه

با تحقیق و بررسی درمی‌یابیم که تعداد محققینی که در ارتباط با اکوسیستم دولت همراه تحقیق کرده‌اند بسیار اندک هستند. لذا قبل از ورود و بررسی تحقیقات انجام پذیرفته به موضوع اکوسیستم دولت همراه تلاش می‌شود به چند نمونه از تحقیقاتی که در

ارتباط با اکوسیستم تلفن همراه و محتوا که بسیار نزدیک به اکوسیستم دولت همراه می‌باشد بپردازیم و سپس به بررسی مدل‌های موجود و مدل پیشنهادی پرداخته شود. در تحقیقی که توسط (Rahul c Basole, 2009) انجام پذیرفته مدلی پیشنهاد شده است که از دو بخش تشکیل شده و بازیگران این اکوسیستم مشخص و معرفی شده‌اند. در این تحقیق ابتدا با مرور مطالعات صورت پذیرفته بر مدل کسب و کار شبکه توسط((Che Sbrough, 2003), (Dhanara J & Parkhe, 2006), (Klein & Poul ymenakov, 2006), (Moller & Rajala, 2007)) تأثیر نوآوری در شبکه و مدل کسب و کار و سپس دو عملکرد کلیدی برای مدل کسب و کار شامل: ۱) تعریف ساختار زنجیره که خلق ارزش می‌کند. ۲) تعریف جایگاه هر بنگاه و یا بازیگر در این شبکه با توجه به مطالعات (Chesbrough, 2006) مورد بررسی قرار گرفته است.

بررسی‌های زیادی در ارتباط با اکوسیستم تلفن همراه و پذیرش تلفن همراه به‌ویژه در حوزه محتوا صورت پذیرفته است ((Li & whalley, 2002), (Tilson & Lyytinen, 2006), (Tilson & Lyytinen, 2005), (Mait land efal, 2002)) . بعضی از تحقیقات تمرکز خاصی را بر روی بعضی از بازیگران در این اکوسیستم انجام داده‌اند نظیر اپراتورهای شبکه (Peppard and Rylander, 2006)، همچنین برروی تولیدکنندگان تجهیزات (Dittrich & Duysters, 2007) و نیز بعضی از افراد (Becker, 2005) تمرکز بر محصولات و سرویس و خدمات، چندرسانه‌ای[1] (Balaji et al 2005)، و یا محتوا روی تلفن همراه (Peppard & Rylander, 2006) و کسب و کار همراه (Coursaris et al, 2006) داشته‌اند.

برای شبکه دولت همراه می‌بایستی آخرین دستاوردهای فناوری نظیر (Network function Virtualization NFV) و شبکه‌های (Software defined Network) و رایانش ابری برای ارائه سرویس توسط OTT های داخلی را بکار گرفت، در این صورت ما قادر خواهیم بود حجم و سیستم‌های اطلاعات بیشتری را با قیمت کمتری پیشنهاد بدهیم.

همچنین سلامت اکوسیستم دولت همراه به میزان قابل‌توجهی بستگی به استراتژی ملی پشتیبانی زیرساخت‌ها، پلتفرم مناسب فناوری، اطلاع‌رسانی قابل‌توجه به‌ویژه برای شهروندان و دسترسی ارزان دارد. مواردی از پلتفورم‌های فناوری در این حوزه عبارتند از: SMS، MMS، WAP، Voice، SMS، APP، MZM و ویدیو (Blessing M. Maumbe & Owei, 2006). شرکت‌های اپل و گوگل اخیراً تاثیر جدی در اکوسیستم تلفن همراه گذاشته‌اند؛ به‌عنوان مثال در سال ۲۰۰۷ شرکت اپل با نوآوری خود آیفون را روانه بازار کرد که یک شوک جدی به بازار و اکوسیستم وارد کرد. گوگل سبدی از کاربردهای تلفن همراه را وارد بازار نمود که سبب واکنش اکوسیستم سنتی بازار تلفن همراه شد (Evans & schmal ensee, 2007).

[1]. Multimedia

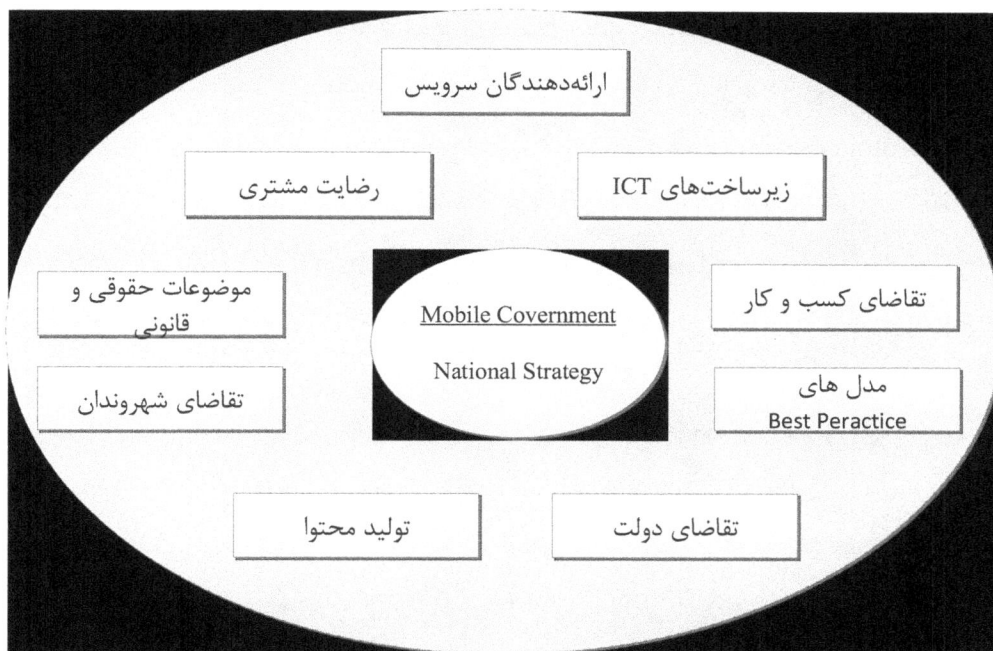

ارائه‌دهندگان سرویس

رضایت مشتری

زیرساخت‌های ICT

موضوعات حقوقی و قانونی

Mobile Covernment

National Strategy

تقاضای کسب و کار

تقاضای شهروندان

مدل‌های
Best Peractice

تولید محتوا

تقاضای دولت

شکل ۲-۸- چرخه توسعه دولت همراه

اکوسیستم دولت همراه از حالت اپراتور محوری به سمت چندمحوری تغییر یافته است و لذا بازیگران در این اکوسیستم را به سه گروه می‌توان تقسیم کرد: در شکل ۲-۹ به ابعاد مختلف اکوسیستم دولت همراه پرداخته شده است.

۱. هسته اصلی (بازیگرانی که به صورت مستقیم ارزش‌آفرین هستند).

۲. بخش توسعه‌یافته شبکه (بازیگرانی که به صورت غیرمستقیم ارزش‌آفرینی می‌نمایند).

۳. مولفه‌ها و عناصر محیطی (تاثیرگذاران بر عملکرد اکوسیستم با تغییر محیط)

لذا برای شناسایی اکوسیستم باید چارچوبی مشخص کنیم که این چارچوب شامل شناسایی ارزش کلیدی، شناسایی Keystone ها و روابط بین آن‌ها و تحلیل روابط است. از آنجاییکه اکوسیستم‌هایی نظیر اکوسیستم دولت همراه بزرگ هستند و شامل تعداد زیادی سازمان و بازیگر می‌باشند شناسایی محیط پیرامون و بازیگران کلیدی یکی از مهمترین اقدامات است. لذا قدم اول شناسایی یک دانه "Seed" است که در اطراف آن اکوسیستم به دنیا می‌آید و رشد می‌کند. "Seed" به معنی ارزش کلیدی دارای پتانسیل است که بتواند کسب و کار جدیدی را ایجاد نماید و همچنین بتواند قدرت جذب بازیگران مختلف را داشته باشد. با شناسایی "Seed" می‌توان بازیگران کلیدی را که هسته کسب و کار را تسهیل می‌کنند و گروهی که با یکدیگر مشارکت و تعامل دارند تا در جهت رشد "Seed" کمک کنند و آن را پرورش دهند تشخیص داد. در کنار بازیگران اصلی بنگاه‌هایی هستند که می‌توانند ایجاد و یا تسهیم ارزش کنند و قدم آخر تحلیل روابط بین بنگاهی تمرکز بر روی ارتباط Keystone ها خواهد بود.

۲-۳-۱- رقابت در اکوسیستم

رقابت در اکوسیستم در سه بخش صورت می‌پذیرد: ۱. معماری[۱]، ۲. یکپارچه‌سازی[۲]، ۳. مدیریت بازار[۳].
در رابطه با معماری و یکپارچه‌سازی مجموعه‌ای از قوانین و استانداردها برای بکارگیری محصولات، سازمان‌ها و فناوری است تا هدایت و یا همکاری و همراهی دسته‌جمعی بازیگران را به اشتراک بگذارد. همچنین در معماری و یکپارچه‌سازی تلاش می‌شود که مزیت‌های بازیگران در جهت افزایش ارزش‌آفرینی بکار گرفته شود. مدیریت بازار تراکنش‌ها را بر روی محدودیت‌های مشخص اکوسیستم دنبال می‌کند (Iansiti & Levien, 2004, P 145). در بخش معماری و یکپارچه‌سازی رقابت در اکوسیستم رقابت در پلتفرم است. این پلتفرم لزوماً پلتفرم فنی نیست، بلکه پلتفرمی است که به‌عنوان مجموعه مشترک برای بازیگران اکوسیستم کار می‌کند. به عنوان مثال رقابت بین اپراتورهای تلفن همراه و ارائه‌دهندگان سرویس OTT بسیار شاخص و قابل‌توجه است؛ هر یک پلتفرم خاص خود را دارند و سعی دارند از این طریق بازار را تسخیر نمایند. بازار دو طرفه[۴] یک پلتفرم اقتصادی با دو گروه کاربر متفاوت است که منافع شبکه را بین خود تقسیم می‌کنند. سازمانی که ارزش دو طرفه را ایجاد می‌کند پلتفرم چند طرفه می‌گویند (Hagiu & Wright, 2011). سیستم‌های عامل بهترین مثال از بازارهای دو طرفه هستند که بازیگران آن بازارها، کاربران نهایی و توسعه‌دهندگان[۵] هستند. منافع بین این گروه‌ها جمع می‌شود و نمایانگر اندازه اقتصادی تقاضا است، هرقدر کاربران بیشتری از سیستم عامل استفاده می‌کنند توسعه‌دهندگان نیز متمایل به جذب بیشتر کاربران هستند.
تامین‌کننده پلتفرم باید بازار را به چنگ خود در آورد و تهدید پلتفرم‌های رقیب زمانی جدی می‌شود که بیش از یک پلتفرم وجود دارد و کاربران با پرداخت بسیار ناچیز می‌توانند از همان امکانات استفاده کنند. در بازارهای مهم حوزه‌های ارتباطات اینگونه مخاطرات به شدت وجود دارد. در ادامه بخش‌های مختلف اکوسیستم تلفن همراه نشان داده شده‌اند:

---

[1]. Architecture
[2]. Integration
[3]. Market management
[4]. Two sided market
[5]. Developers

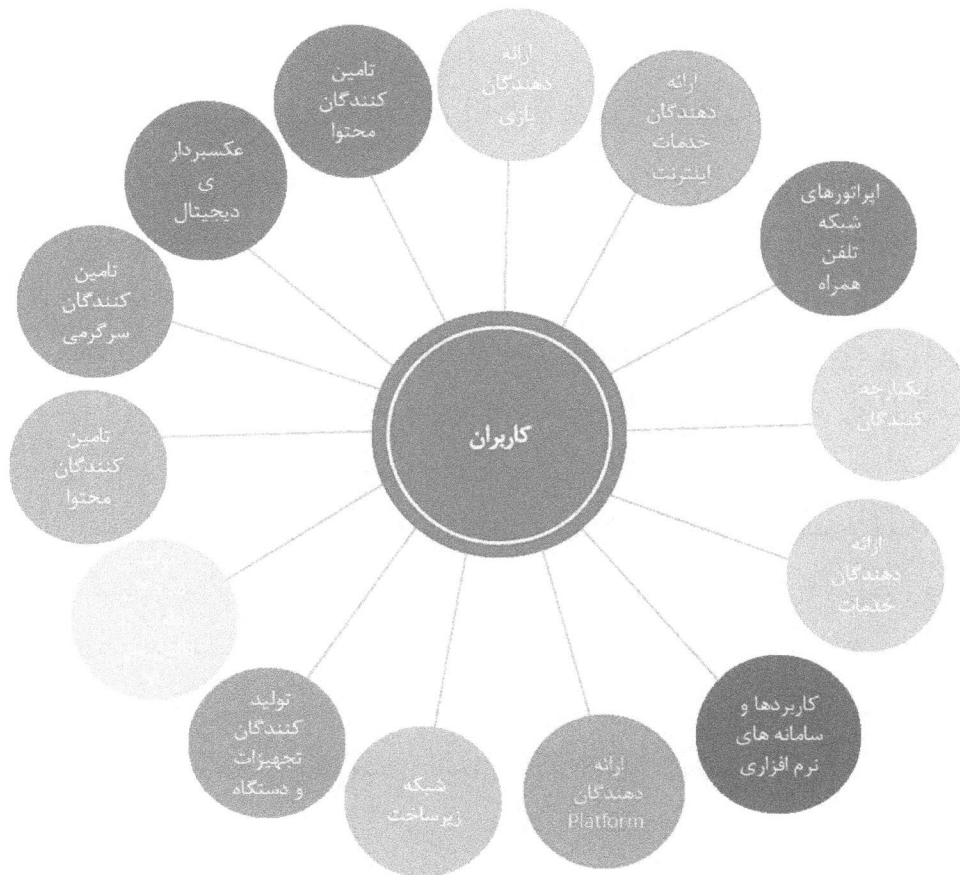

شکل ۲-۹- بخش‌های مختلف اکوسیستم تلفن همراه

۲-۳-۲- تعاریف مهم در اکوسیستم دولت همراه

۲-۳-۲-۱- نوآوری و نوآوران

در دهه اخیر رشد فناوری اطلاعات سبب شده که خدمات به سمت زندگی شهری گرایش پیدا کند، همچنین تلفن‌های هوشمند سبب شده که هر فرد در هر زمان و مکان قادر به دسترسی به اطلاعات باشد. لذا می‌توان گفت ارتباطات و خدمات مبتنی‌بر ارتباطات و فناوری اطلاعات از انتظارات اولیه انسان‌ها شده است. ایجاد شهرهای هوشمند با توسعه پهنای باند در دستور کار دولت‌ها و بخش عمومی قرار دارد. بخشی از برنامه توسعه مبتنی‌بر استفاده از نوآوران و ارائه خدمات جدید توسط نوآوران بخش خصوصی می‌باشد. این رویکرد سبب می‌شود که حتی فرآیندها در بخش‌های دولتی و عمومی باز مهندسی شوند. لذا شناسایی نوآوران و ایجاد فرصت برای شکوفایی آن‌ها بسیار ضروری به نظر می‌رسد. مطابق تعریفی که (Rogers,2010) از نوآوران دارد حدود ۲/۵ درصد از کل جمعیت را نوآوران تشکیل می‌دهند.

در اکوسیستم دولت همراه همواره شاهد تعامل بین دولت و نوآوران خواهیم بود، این نوآوران از بخش‌های مختلفی اعم از کاملاً خصوصی شامل صنایع مختلف، از انستیتوهای آکادمیک و دانشگاه‌ها و یا بخش‌های دانش‌بنیان و فناور تشکیل شده‌اند. شهروندان و نوآوران به صورت عادی با یکدیگر در تعامل هستند و شهروندان بهترین بازار آزمایشی برای ایده‌های نوآوران می‌باشند.

نوآوری در اکوسیستم دولت همراه متفاوت از برداشت‌های قبلی ما از نوآوری است؛ به‌عنوان مثال، اغلب اوقات تصور ما از نوآوری در قالب تحقیق و توسعه است اما در این اکوسیستم، نوآوران در سرویس‌ها و خدماتی نوآوری را دنبال می‌کنند بصورتیکه حداقل یکی از ویژگی‌های ذیل را داشته باشد:

۱. سرویس و یا خدمت جدید باشد.

۲. یک فرآیند جدید و یا توسعه یک فرایند جدید باشد.

۳. یک شکل جدید برای سازمان ارائه نماید.

۴. یک بازار جدید را ایجاد نماید.

۲-۳-۲-۲- تبلیغ و مبلغان (Advertisers)

امروزه رسانه‌ها[1] نقش بسیار مهمی را در زندگی روزمره مردم ایفا می‌کنند. یکی از وظایف این رسانه‌ها ارسال پیام و یا توزیع هر نوع پیامی است که برای مخاطب ارزش افزوده ایجاد می‌نماید که نهایتاً سبب ایجاد ارزش برای بنگاه ارسال‌کننده پیام نیز خواهد شد که اصطلاحاً آن را تبلیغ می‌گوییم (Kalakota& Robinson 2002). از آنجاییکه دولت‌ها بیشترین تعاملات را با شهروندان خود دارند و پیام‌های خود را به اطلاع شهروندان، کسب و کارها و بخش‌های عمومی می‌رسانند می‌توان گفت دولت‌ها بزرگترین مبلغان[2] در رسانه‌ها هستند ((Jonathan Reuter and Eric Zitze witz, 2006), (James Hamilton, 2004)).

به دلیل ظرفیت موجود در تبلیغات برای دولت، یکی از روش‌های تامین منابع برای پیاده‌سازی دولت الکترونیک و دولت همراه تبلیغات است و البته روش مناسبی برای دریافت هزینه از کاربران و شهروندان برای ارائه سرویس محسوب می‌شود. زیرا دولت‌ها در مقابل دو روش برای ارائه سرویس به شهروندان قرار می‌گیرند: روش اول، دریافت هزینه مستقیم از شهروندان و دوم، استفاده از ظرفیت ایجاد و ارائه تبلیغات توسط دولت و بخش خصوصی و تامین هزینه‌های سرمایه‌گذاری، ایجاد و نگهداری خدمات دولت الکترونیک و دولت همراه از طریق تبلیغات که همانگونه که در بالا به آن اشاره شد روش دوم مورد استقبال قرار می‌گیرد.

تبلیغات همراه یکی از مهمترین حوزه‌های انتقال اطلاعات از طریق بی‌سیم است، به دلیل اینکه اساس و پایه موانع هزینه‌ای را در هم می‌شکنند. پیش‌بینی می‌شود که تا سال ۲۰۱۸ تبلیغات بر بستر تلفن همراه و تجهیزات بی‌سیم ۵۰ درصد از کل تبلیغات دیجیتال را شامل شود و مقدار آن به ۴۲ میلیارد دلار خواهد رسید (Business Insider).

---

[1] . Media
[2] . Advertisers

۲-۳-۲-۳- واسطه Intermediary

اینترنت و فناوری‌های مختلف در حوزه‌های ارتباطات و فناوری اطلاعات گذرگاه عبور[1] خوبی برای سیستم دولت همراه هستند، همچنین نقش کلیدی برای ارائه سرویس‌های همراه دارند. بدین‌گونه که ارتباط مستقیم بین ارائه‌دهنده سرویس و خدمات و کاربر را برقرار می‌کنند. واسطه‌ها زبان شبکه هستند و بازیگران از واسطه‌ها به‌منظور هم‌محورکردن و هم‌مسیرکردن بازیگران مختلف شبکه در شبکه استفاده می‌کنند. از طریق واسطه‌ها بازیگران می‌توانند با یکدیگر ارتباط برقرار کنند و از این طریق است که بازیگران می‌توانند زبان خود را ترجمه کنند و به دیگر بازیگران تفهیم نمایند. واسطه‌ها لینک و یا ارتباطی را ایجاد می‌کنند که می‌توانند بازیگران را به یکدیگر مرتبط و یا متصل نمایند. واسطه‌ها می‌توانند شامل متن[2] و یا یک محصول و یا سرویس و یا پول باشند (Hsbollah Simon&Letch,2012)، به‌عنوان مثال می‌توان از مراکز تماس[3] به عنوان یک واسطه نام برد.

یک زیرساخت خوب برای پیاده‌سازی دولت همراه نه‌تنها می‌بایست تاثیرگذار در افزایش ضریب نفوذ سرویس‌های دولت همراه در جامعه باشد، بلکه می‌بایست تاثیر قابل‌توجهی در پذیرش این سرویس‌ها و قابلیت تطبیق این سرویس‌ها با نیازهای کاربران داشته باشد. لذا هرگونه کمبود چه از نوع نرم‌افزاری و چه از نوع سخت‌افزاری می‌بایست توسط یک واسطه تامین گردد تا بتوان ضریب نفوذ و کاربرد سرویس‌های دولت همراه را افزایش داد. به صورت عمومی‌تر (Alsobhi et al 2009) وجود واسطه‌ها را برای کاهش فاصله فناوریکی و اجتماعی و سهولت توسعه و پیاده‌سازی دولت الکترونیک لازم می‌داند.

در یک جمله می‌توان بیان نمود که واسطه‌ها دارای این پتانسیل هستند که می‌توانند دولت الکترونیک و دولت همراه را به صورت موفق پیاده کنند و یا سبب موفقیت آن شوند. با توجه به نکات اشاره شده و اهمیت واسطه‌ها در جذب و پذیرش بیشتر خدمات الکترونیکی توسط شهروندان و کسب و کارها در ادامه به تشریح بیشتر نقش واسطه‌ها می‌پردازیم. مطابق تعریف (Janseen & Kilevink, 2009) واسط عبارت است از سازمانی که سرویس‌ها را می‌گیرد و آن را به دیگران می‌دهد. واسط به صورت معمول برای کمک به تبدیل و یا انتقال یک سرویس به کار می‌رود و یک مفهوم است و اینکه بتوان تعریف واحدی را داشت بسیار مشکل به نظر می‌رسد.

---

[1] . Gate way
[2] . Text
[3] . Call Centers

۲-٤- مدل‌های اکوسیستم دولت همراه

۲-٤-۱- مدل شرکت و انستیتوها

۲-٤-۱-۱- مدل شرکت بلواسکای

مدل ارائه‌شده از طرف شرکت بلواسکای در شکل ۲-۱۰ نمایش داده شده است. این مدل دارای ۴ بازیگر اصلی شامل تأمین‌کنندگان خدمات، تأمین‌کنندگان تجهیزات، مشتریان و دولت است. مطابق این مدل ذینفعان ارائه‌دهندگان خدمات، تأمین‌کنندگان تجهیزات و دستگاه‌ها، دولت و مشتریان هستند، سرویس خدمات شامل مکالمه، SMS، اینترنت و انواع دانلود می‌باشد.

شکل ۲-۱۰- مدل اکو سیستم دولت همراه بلواسکای

۲-٤-۱-۲- مدل انستیتوی سوزان کیبل

مدل شکل ۲-۱۱ که توسط انستیتوی سوزان کیبل (Susan Cable, 2010) پیشنهاد شده، مدلی است که بازیگران مختلف اکوسیستم دولت همراه را نشان می‌دهد. زنجیره ارزش در این مدل موردتوجه قرار گرفته است و هر یک از ذینفعان این اکوسیستم در فرآیند تولید ارزش مشخص شده‌اند. موجودیت‌های اصلی عبارتند از: اپراتورهای بی‌سیم و تأمین و ارائه‌دهندگان سرویس و خدمات، تأمین‌کنندگان تجهیزات سخت‌افزاری، تأمین‌کنندگان زیرساخت‌های ارتباطی، تأمین‌کنندگان نرم‌افزارها. یکی از ویژگی‌های این مدل شهروندمحوری است.

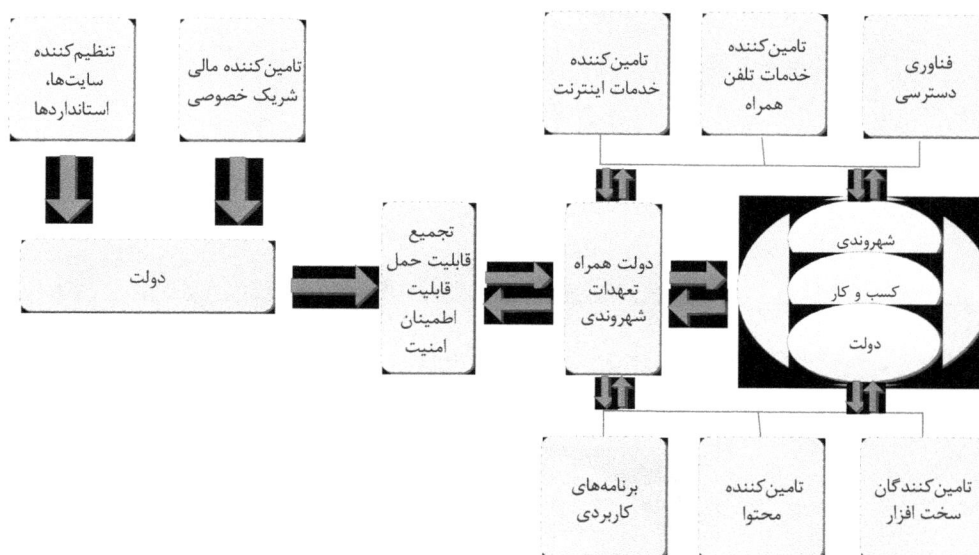

شکل ۲-۱۱- مدل پیشنهادی انستیتو سوزان کیبل

۲-٤-۱-۳- مدل شرکت ان تی تی دوکومو[1]

در این مدل محور توجه، جامعه و کاربران بوده و مدل Push نامیده می‌شود. تفاوت این مدل با مدل آمریکایی آن Pull است که در مدل آمریکایی، محور توجه درآمدزایی و کسب درآمد است. همانگونه که در تعریف اکوسیستم به آن اشاره شد، مدل اکوسیستم مشخصات ویژه‌ای دارد که بسیار مهم است و در پذیرش و توسعه همگانی آن نقش دارد. اکوسیستم دارای مجموعه‌ای از بازیگران است که به یکدیگر متصل شده و یا ارتباط دارند. هریک از اجزاء اکوسیستم عضو یک مجموعه بزرگتر بوده و همه اعضاء به فهم مشترکی رسیده‌اند که برای سلامت اکوسیستم باید تلاش کنند، لذا همکاری و هماهنگی برای کارکرد درست اکوسیستم مهم است. هدف دیگر بهبود مستمر است، به‌گونه‌ای که در ژاپن به کایزن معروف شده است (Suagi etal, 2010). در مدل‌های مختلف اکوسیستم می‌بایست تک تک اجزای اصلی مورد تجزیه و تحلیل قرار گیرند، به عنوان مثال در کشور ژاپن در حوزه اکوسیستم تلفن همراه ۱۰ دانشگاه در ارتباط با این موضوع تحقیق می‌نمایند. اگر در اکوسیستم در ارتباط با اپراتور بحث می‌کنیم می‌بایست در ارتباط با مدل کسب و کار و سرمایه‌گذاری، ارزش‌ها، محتواهای داخلی، اینترنت همراه، سرویس‌های مرتبط با مکان LBS و موضوعات دیگر بحث نماییم. مهمترین عامل انگیزش موفقیت اکوسیستم دولت همراه این است که چه کسی ریسک را می‌پذیرد که به‌طورمعمول بیشترین ریسک را اپراتورهای تلفن همراه می‌پذیرند. با بکارگیری مدل اکوسیستم ما قادر خواهیم بود تا یک صنعت تلفن همراه موفق ایجاد کنیم (Donald Amoroso, Mikako ogawa, 2011). ژاپن از مدل Push در کسب و کار خود استفاده نموده و بسیار موفق است زیرا در این مدل هدف جامعه است. در مدل PULL هدف درآمداست که در مدل کسب و کار آمریکا از آن استفاده می‌شود. در شکل ۲-۱۲ دو مدل PULL و Push در اکوسیستم تلفن همراه کشور آمریکا و ژاپن نشان داده شده است.

---

[1] NTT DOCOMO

هدف (درآمد) PULL Theory – آمریکا

سرمایه گذاری بشر اپراتورها	سرمایه گذاری توسعه دهندگان APPS	دستگاه تلفن همراه نوآوری	مصرف کنندگان

(هدف برای جامعه) تئوری Push – ژاپن

سرمایه گذاری بالا اپراتور	نوآوران دستگاه های همراه	توسعه دهندگان APPS	مصرف کنندگان

آزمایشگاه دانشگاه ها

شکل ۲-۱۲- مدل‌های سرمایه گذاری برای صنعت همراه

در مدل اکوسیستم ژاپن اپراتور در مرکز این اکوسیستم قرار می‌گیرد و می‌تواند کنترل قابل توجهی بر اجزاء دیگر این اکوسیستم داشته باشد و دیگر اجزاء را به گونه‌ای مدیریت نماید. در مدل PULL و مدلی که در آمریکا پیاده می‌شود سرمایه‌گذاری بر روی دستگاه‌های همراه و همچنین تولید و توسعه APPS و تقاضا از طرف مصرف‌کننده می‌باشد و نهایتاً اپراتور براین‌اساس پایه‌گذاری می‌کند. در شکل ۲-۱۳ اکوسیستم دولت شرکت ان تی تی دوکومو نشان داده شده است.

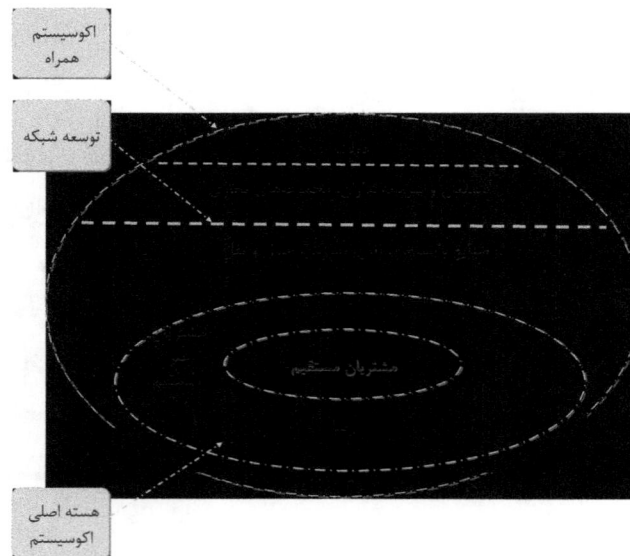

شکل ۲-۱۳- مدل اکوسیستم ان تی تی دوکومو

۲-٤-۲- مدل دولت‌ها و کشورها

۲-٤-۲-۱- مدل دولت همراه جنی کارول

مطابق شکل از دو گروه بازیگر تشکیل شده است که گروه اول شامل صاحبان فناوری، دولت، تامین‌کنندگان، صنعت ارتباطات و مدل کسب و کار و گروه دوم کاربران شامل شهروندان، بازدیدکنندگان، کسب و کار و کارمندان است.

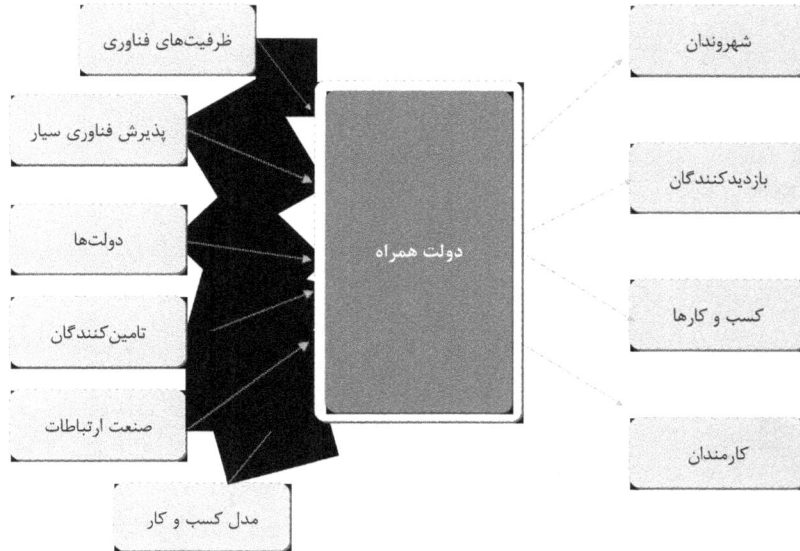

شکل ۲-۱۴- مدل اکو سیستم دولت همراه جنی کارول

۲-٤-۲-۲- مدل اکوسیستم ارائه خدمات عمومی بر بستر تلفن همراه هند

این مدل به دو بخش اصلی واسطه‌ها و کاربران نهایی تقسیم شده است. در این مدل شهروندان، اپراتورها، سازمان تنظیم مقررات، تامین‌کنندگان ارزش افزوده، سازمان‌های بخش خصوصی و وزارت‌خانه‌های دولتی واسطه ارائه سرویس و شهروندان و کسب‌وکارها، کاربران نهایی خدمات‌اند. در شکل ۲-۱۵ مدل اکوسیستم ارائه خدمات عمومی بربستر تلفن همراه هند نشان داده‌شده‌است.

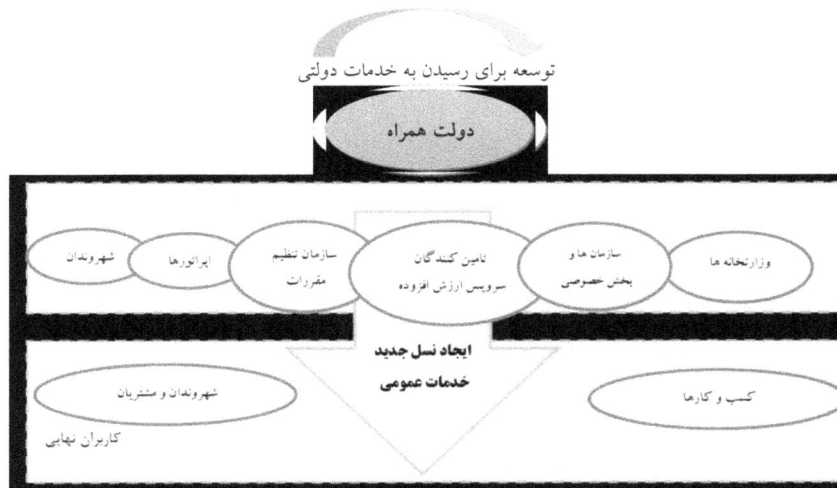

شکل ۲-۱۵- اکوسیستم ارائه خدمات عمومی بر بستر موبایل در کشور هند

۲-۴-۲-۳- مدل اکوسیستم دولت همراه، دولت امارات متحده عربی

یکی از مدل‌های مطرح ارائه شده در نقشه راه دولت همراه امارات متحده عربی است که در شکل ۲-۱۶ نمایش داده شده است. شایان ذکر است کشور امارات یکی از کشورهای پیشگام در پیاده‌سازی دولت همراه می‌باشد. هدف این دولت همانگونه که در نمایشگاه GITEX سال ۲۰۱۴ معرفی شد، حرکت به سمت دولت هوشمند[1] است که با استفاده از ابزارهای تلفن همراه و کاربردهای متنوع بر تلفن همراه تلاش می‌نماید تا دولت هوشمند را پیاده‌سازی کند. مدل شکل ۲-۱۶ اکوسیستم دولت همراه دولت امارات است که در نوع خود از کامل‌ترین مدل‌های اکوسیستم دولت همراه می‌باشد.

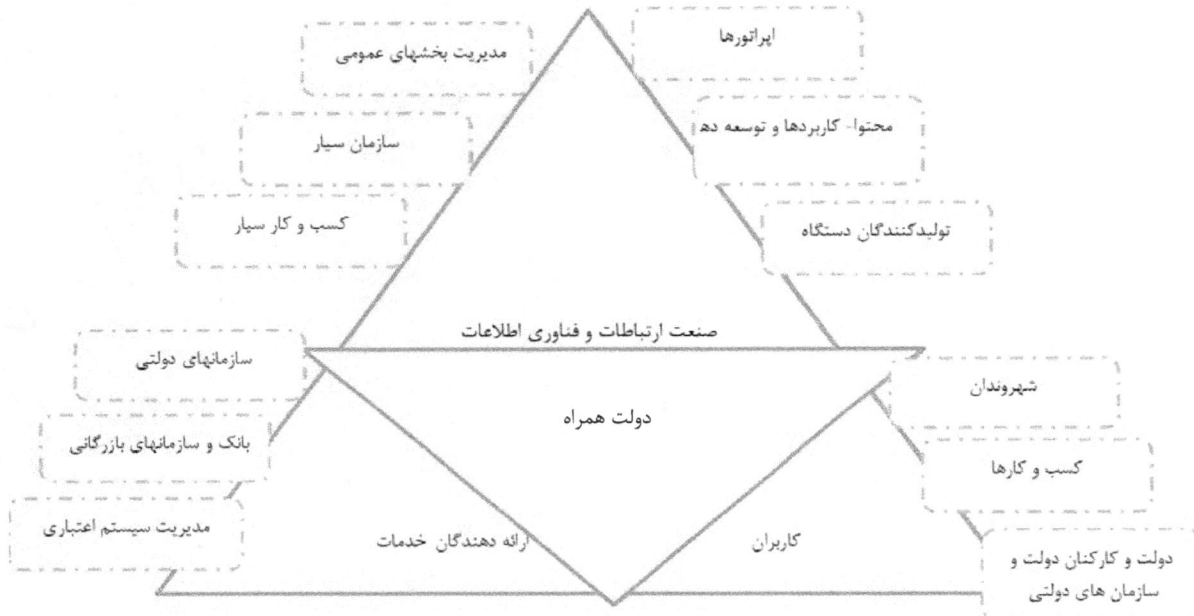

شکل ۲-۱۶- مدل ارائه شده در نقشه راه دولت امارات

این مدل شامل سه گروه از ذینفعان می‌باشد:

۱. صنعت ارتباطات و فناوری اطلاعات، توسعه‌دهندگان خدمات و تولیدکنندگان دستگاه‌ها
۲. کاربران شامل شهروندان- کسب و کارها و دولت و کارکنان دولت و سازمان‌های دولتی
۳. ارائه‌دهندگان خدمات شامل سازمان‌های دولتی، بانک‌ها و سازمان‌های بازرگانی و مدیریت سیستم‌های اعتباری

[1] .Smart Government

۲-۵- مقایسه اکوسیستم‌های مختلف دولت همراه

در جدول ۲-۱ مقایسه مدل‌های اکوسیستم‌های مختلف خدمات دولت همراه آمده است.

جدول ۲-۱- مقایسه اکوسیستم‌های مختلف سرویس‌های دولت همراه

بازیگران / مدل	اپراتورها	تامین کنندگان محتوا	تولید کنندگان دستگاه ها	بازیگران جدید (OTT)	مبلغان	واسطه ها	دولت	نهادهای عمومی	شهروندان	کسب و کارها	کارمندان دولت	سرمایه گذاران بخش خصوصی	استانداردها	سیاست ها (مقررات)	جهانگردان	فناوری	پذیرش فناوری	تامین کنندگان زیرساخت
بلو اسکای	√	√	√	√			√	√	√	√				√				√
جنی کارول	√	√	√				√	√	√	√	√					√	√	
دولت هند	√	√					√	√	√	√	√	√	√	√				
انیستیو سوزان کیبل	√	√	√				√	√	√	√	√	√	√	√		√		√
ان تی تی ژاپن	√	√	√				√	√	√	√	√	√			√	√	√	√
دولت امارات	√	√	√				√	√	√	√	√						√	√

۲-۶- سرانجام فصل دوم

در این فصل تلاش بر آشنایی با مفاهیم اکوسیستم، اکوسیستم دولت همراه، مولفه‌های آن و مدل‌های مختلف اکوسیستم دولت همراه بود که براساس آن در فصل بعد برای طراحی مدل اکوسیستم دولت همراه با بررسی وضعیت کشور در حوزه ICT مدلی برای دولت همراه در کشور با شرایط موجود ارائه خواهد شد و پس از آن به ارزیابی مدل ارائه شده با روش‌های موجود خواهیم پرداخت.

۳- مدل شهروندمحور انتخاب سرویس در اکوسیستم دولت همراه

۳-۱- سرآغاز فصل سوم

در این فصل برای طراحی مدل اکوسیستم دولت همراه، با بررسی وضعیت کشور در حوزه ICT، مدلی برای دولت همراه در کشور با شرایط موجود ارائه خواهد شد و پس از مقایسه مدل ارائه شده با مدل‌های مختلف اکوسیستم دولت همراه موجود در دنیا، به ارزیابی مدل براساس روش‌های موجود خواهیم پرداخت.

۳-۲- مدل‌سازی برای دولت همراه

برای طراحی مدل اولیه دولت همراه و عوامل موثر بر ایجاد و پیاده‌سازی آن ابتدا لازم است ضمن شناسایی عوامل موجود، روابط بین این عوامل و پارامترها را مشخص نمود. بدین‌منظور با استفاده از اطلاعات موجود، مدلی برای معماری دولت همراه در کشور ارائه خواهد شد.

۳-۲-۱- وضعیت تلفن همراه:

پوشش جغرافیایی:

با بررسی وضعیت ICT در کشور درمی‌یابیم گستره جغرافیایی فناوری تلفن همراه نسبت به فناوری‌های پایه دولت الکترونیک نظیر دسترسی به اینترنت عامل مهمی در انتخاب شهروندان برای دریافت خدمات از طریق دولت همراه به شمار می‌رود.

ظرفیت‌سازی اپراتورهای تلفن همراه برای ارائه خدمات:

اپراتورهای تلفن همراه بازیگران مهمی در اکوسیستم دولت همراه می‌باشند. لذا توسعه اپراتورها در ظرفیت‌سازی و قابلیت‌سازی اپراتورها می‌توانند عامل تعیین‌کننده‌ای در توسعه اکوسیستم دولت همراه به شمار روند.

ضریب نفوذ گوشی‌های هوشمند:

قابلیت‌های موجود گوشی‌های هوشمند و امکان اتصال به اینترنت و کاهش قیمت آن‌ها سبب شده است که ضریب نفوذ گوشی‌های هوشمند به سرعت افزایش یابد و از تعداد ۸ میلیون گوشی هوشمند در سال ۹۲ به حدود ۳۵ میلیون گوشی هوشمند در سال ۹۴ برسیم. همچنین این نوع گوشی عامل مهمی در استفاده از خدمات دولت همراه توسط کاربران و شهروندان می‌باشد.

ضریب نفوذ اتصالات ماشین به ماشین:

ایجاد شهر هوشمند و پیاده‌سازی پروژه‌های مبتنی‌بر اینترنت ایستا و یا ماشین به ماشین سبب خواهد شد که خدمات دولت همراه از این مسیر توسعه و گسترش یابد. به‌عنوان مثال قرائت از راه دور انواع کنتورها و ارسال قبوض آب و برق و گاز و پرداخت بهای آن از این طریق می‌تواند یکی از مصادیق خدمات ماشین به ماشین باشد.

استفاده از پهنای باند کاربر با استفاده از نسل‌های ۳ و ۴ :

با گسترش شبکه‌های نسل سوم و چهارم پهنای باند دسترسی به شبکه در اختیار کاربران تلفن همراه افزایش می‌یابد که این منجر به افزایش سرعت خدمات به کاربران و به ویژه امکان استفاده از این بستر برای ارائه خدمات و دولت و نهادهای عمومی به کاربران شود.

۳-۲-۲- بررسی وضعیت کنونی ارتباطات و فناوری اطلاعات کشور

ساختار حاکمیتی و مدیریتی ارتباطات و فناوری اطلاعات کشور را در سه لایه چشم‌انداز، استراتژی و فرآیندی نشان می‌دهد شکل ۳-۱. دولت الکترونیک، تجارت الکترونیک و سلامت الکترونیک و فضای فرهنگ ایران اسلامی در لایه راهبردی موردتوجه خاص قرار گرفته است. مطابق جدول ۳-۱- شاخص‌های دولت الکترونیک ارتباط با شاخص‌های دولت الکترونیک طبق اسناد United E-government survey 2014 ایران در رتبه ۱۰۵ قرار گرفته است. این آمار فاصله زیادی تا اهداف دولت و حاکمیت دارد.
وضعیت توسعه فناوری اطلاعات و ارتباطات در ایران از منظر ارزیابی‌های بین‌المللی در

جدول ۳-۲ مشاهده می‌شود که در این شاخص‌ها ایران در بین کشورهای جهان وضعیت مناسبی ندارد. رشد ضریب نفوذ تلفن همراه مطابق

جدول ۳-۳ خوب و در وضعیت مناسب قرار دارد. همچنین رشد ضریب نفوذ اینترنت مطابق

جدول ۳-۴ از میانگین جهانی بالاتر است. از نظر هزینه ارتباطات و فناوری اطلاعات در سبد خانوار در سال ۲۰۱۳ ایران رتبه ۵۹ و در سال ۲۰۱٤ ایران رتبه ۱۲ را کسب کرده است. مطابق

جدول ۳-۵ می‌توان تلفن همراه به ویژه نسل‌های سوم و چهارم را عاملی برای جبران عقب‌ماندگی در بخش‌های دیگر از جمله دولت الکترونیک محسوب نمود.

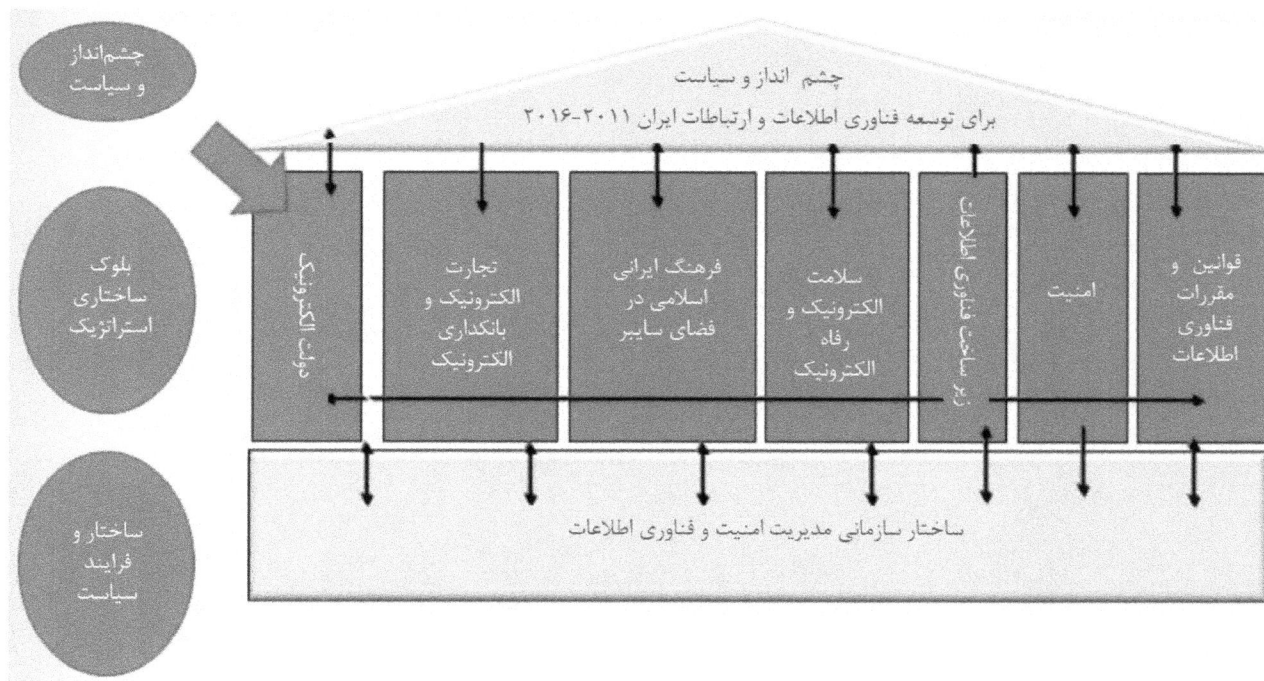

شکل ۳-۱- ساختار حاکمیتی و مدیریتی ارتباطات و فناوری اطلاعات

جدول ۳-۱- شاخص‌های دولت الکترونیک

شاخص‌های دولت الکترونیک طبق مناطق- آسیا						
رتبه	کشور	زیرمنطقه	EGDI	Online Service Component	Telecom Infrastructure Component	Human Capital Component
۱۰۵	ایران	آسیای جنوبی	۰,۴۵۰۸	۰,۳۷۰۱	۰,۲۹۴۰	۰,۶۸۸۲
شاخص خدمات آنلاین و مولفه‌های آن						
کشور	OSI	Stage1	Stage2	Stage3	Stage4	جمع
ایران	۰,۳۷۰۱	۵۹	۴۸	۱۹	۱۸	۳۵

جدول ۳-۲- وضعیت توسعه فناوری اطلاعات و ارتباطات

نام شاخص ارزیابی	مرجع	سال گزارش	معیار اندازه‌گیری	تعداد کشور	امتیاز کشور اول جهان	امتیاز متوسط جهان	امتیاز ایران	رتبه ایران
شاخص توسعه فناوری اطلاعات و ارتباطات	ITU	۲۰۱۳	امتیاز از ۱۰	۱۵۷	۵۷/۸	۳۵/۴	۷۹/۳	۹۰
شاخص توسعه دولت الکترونیک	UN	۲۰۱۴	امتیاز از یک	۱۹۳	۰,۹۴۶۲	۰,۴۷۱۲	۰,۴۵۰۸	۱۰۵
شاخص آمادگی شبکه‌ای	Word Economic Forum	۲۰۱۴	امتیاز از ۷	۱۴۸	۰۴/۶	۴,۰۱	۴۲/۳	۱۰۴
شاخص رقابت‌پذیری	Word Economic Forum	-۲۰۱۳ ۲۰۱۴	امتیاز از ۷	۱۴۸	۶۷/۵	۱۸/۴	۰۷/۴	۸۲
شاخص سبد هزینه فناوری اطلاعات و ارتباطات	ITU	۲۰۱۳	درصد از میزان درآمد ملل	۱۶۹	۰,۲	۱/۲۲	۲	۵۹
شاخص جوانان دیجیتالی (۱۵ تا ۲۴ سال)	ITU	۲۰۱۳	درصد جمعیت جوان که از IT استفاده می-کنند.	۱۸۰	۹۵,۹	۳۰,۷	۲۱,۶	۱۰۱

جدول ۳-۳- وضعیت ضریب نفوذ تلفن همراه در بین کشورهای جهان ۲۰۱۴

Ranked by Total Mobile Subscription	Total Polulation (MM)	Mobile Subscriptions (MM)	Smartphone % of Mobile Subscriptions
China	1,356	1,301	39%
India	1,236	907	15
Indonesia	254	343	19
Brazil	203	274	35
Russia	142	253	23
Pakistan	196	144	6
Nigeria	177	143	16
Vietnam	93	124	17
Philippines	108	113	26
Mexico	120	110	27
Egypt	87	103	19
Iran	81	99	10
Thailand	68	99	29
South Africa	48	73	31
Turkey	82	70	33
Total Mobile Subscriptions (MM)		4.153MM	
Weighted-Avg. of Smartphone as % of Mobile Subs			26%

جدول ۳-۴- ضریب نفوذ اینترنت – کشورهای دارای ضریب نفوذ بالای ۴۵٪، ۲۰۱۴

Established 'Big' Internet Markets (China / USA / Japan / Brazil / Russia) =
+6% Growth in 2014 vs. +7% Y/Y = Slowing, Most Well Past 50% Penetration

Countries with Internet Penetration >45%, 2014

Rank	Country	2014 Internet Users (MM)	2014 Internet User Growth	2013 Internet User Growth	Population Penetration	Total Population (MM)	Per Capita GDP ($000)
1	China	632	7%	10%	47%	1,356	$13
2	United States	269	2	2	84	319	$55
3	Japan	110	0	9	86	127	$37
4	Brazil	105	4	12	52	203	$16
5	Russia	87	15	9	61	142	$25
6	Germany	68	0	1	84	81	$46
7	United Kingdom	57	4	1	90	64	$40
8	France	54	-1	5	82	66	$40
9	Iran (I.R.)	49	8	16	60	81	$17
10	Egypt	43	15	13	50	87	$11
11	Korea (Rep.)	42	1	1	85	49	$35
12	Turkey	38	4	6	46	82	$20
13	Italy	36	1	2	58	62	$35
14	Spain	34	0	7	72	48	$34
15	Canada	30	0	5	86	35	$45
	Top 15	1,653	5%	7%	59%	2,800	
	World	2,793	8%	10%	39%	7,176	

جدول ۳-۵- نرخ توسعه فناوری اطلاعات

ICT Development in I.R. of Iran according to the international indices

International Index	Year report	Upper bound score /metrics	Number of countries	First country	Average	Score of Iran	Rank of Iran
ITU, ICT Development Index (IDI)	2014	10	166	8.86	4.77	4.29	94
UN E-Government ,Development Index (EGDI)	2014	1	193	0.9462	0.4712	0.4508	105
WEF ,Networked Readiness Index (NRI)	2015	7	143	6	4.07	3.06	96
ITU/ABI, Global Cybersecurity Index (GCI)	2014	1	194	0.824	0.284	0.294	19
WEF ,Global Competitiveness Index	2015	7	144	5.70	4.21	4.03	83
ITU, ICT Price Basket (IPB)	2014	As % of GNI p.c.	166	0.2	9.04	0.6	12

با استفاده از مفروضات مدلی را برای معماری دولت همراه در ایران معرفی می‌نمائیم.

۳-۲-۳- معماری دولت همراه در ایران

با توجه به بررسی وضعیت و فرصت‌های پیش‌روی دولت همراه در ایران برای ایجاد شناخت بهتر از وضعیت دولت همراه در این مرحله تلاش می‌شود تا با مستندسازی وضع موجود نمایی از معماری دولت همراه به همراه بازیگران آن به نمایش گذاشته شود.

سیاست‌های کلان ملی و حاکمیتی:

این سیاست‌ها شامل اسناد و مستندات مربوط به سیاست‌های کلی شبکه‌های اطلاع‌رسانی، قوانین و مصوبات حوزه فناوری اطلاعات کشور، سند راهبردی نظام جامع فناوری اطلاعات کشور، سند دولت الکترونیکی و بهینه‌سازی اندازه دولت، سند توسعه کاربرد فناوری اطلاعات ۱ و ۲، سند امنیت فضای تبادل اطلاعات، سند برنامه جامع تجارت الکترونیکی، سند برنامه پنجم توسعه، راهبردهای مربوط به سبک زندگی و اقتصاد مقاومتی و نقشه راه ارتباطات و فناوری اطلاعات مربوط به استان‌ها است.

سطوح مختلف اجرایی:

خدمات دولت همراه در سه سطح کشوری، استانی و شهری تعریف و قابلیت اجرا و پیاده سازی دارد. بعضی خدمات به صورت یکپارچه و در سطح ملی توسط دستگاه‌های اجرایی و وزارتخانه‌ها تعریف، ابلاغ و اجرا می‌گردند. برخی خدمات در محدوده استانی و برای شهروندان در یک استان ارائه می‌شوند که در ارتباط با سطح ملی بیش از ۲۴۰۰ خدمت از نوع اطلاع‌رسانی، تعاملی و تراکنشی شناسایی که تعداد قابل‌توجهی امکان ارائه از طریق تلفن همراه امکان ارائه خدمت می‌باشد. در ارتباط با خدمات استانی

سند راهبردی ارتباط و فناوری اطلاعات هر استان با همکاری مدیر کل فناوری اطلاعات هر استان تهیه و خدماتی که امکان ارائه آن بر بستر تلفن همراه می‌باشد قابل احصاء است. همچنین در سطح سوم خدمات شهری مختص هر شهر است.

چارچوب رگلاتوری و تنظیم مقررات:

سازمان‌های تنظیم مقررات و ارتباطات رادیویی، فناوری اطلاعات، برنامه و بودجه، شورای عالی فناوری اطلاعات، شورای عالی فضای مجازی و کمیسیون اجتماعی دولت نهادهای تنظیم مقررات و رگولاتوری هستند که می‌توانند در این حوزه تاثیرگذار باشند.

قوانین و زیرساخت‌های حقوقی:

در حال حاضر قوانین مختص دولت همراه با توجه به نوظهور بودن این پدیده در کشور شکل نگرفته است، اما قوانین و آیین‌نامه‌های زیر را می‌توان در حوزه دولت همراه تعمیم داد:

- سیاست تجارت الکترونیک جمهوری اسلامی ایران
- قانون تجارت الکترونیک
- بخشنامه ابلاغ مشخصات کیف پول الکترونیک
- آیین‌نامه گسترش بهره‌برداری از خدمات پول الکترونیک
- قانون جرائم رایانه‌ای
- مواد ۴۶، ۴۸ و ۴۹ قانون برنامه پنجم
- سیاست‌های کلی امنیت فضای تولید و تبادل اطلاعات و ارتباطات

حوزه‌های تحقیقاتی و پژوهشی:

- پژوهشگاه ارتباطات و فناوری اطلاعات
- دانشگاه‌ها و مراکز آموزش عالی
- شرکت‌های تحقیقاتی بخش خصوصی
- بخش‌های تحقیقاتی اپراتورهای تلفن همراه
- فناوری‌های تلفن همراه
- نسل‌های ۲، ۳ و ۴ تلفن همراه
- رایانش ابری
- وای فای

زیرساخت‌ها:

- شرکت زیرساخت
- شرکت ایرانیان نت
- شرکت مخابرات ایران

- وزارت نیرو
- شرکت کنترل ترافیک

اپراتورها:

- شرکت ارتباطات سیار (همراه اول)
- شرکت ایرانسل
- شرکت رایتل
- شرکت تالیا

تولید کنندگان محتوا:

- شرکت های خصوصی
- سازمان های دولتی
- سازمان های عمومی

سرویس‌های ارائه شده بر بستر:

- مرکز تماس یا تلفن گویای تعاملی (IVR)
- خدمات بر بستر پیامک (SMS)
- خدمات بر بستر کدهای دستوری (USSD)
- خدمات بر بستر مالتی مدیا (MMs)

ترمینال‌ها و اپراتورهای کاربری:

- انواع گوشی تلفن همراه معمولی
- انواع گوشی تلفن همراه هوشمند
- انوع PDA

کاربران:

- شهروندان
- بازار کسب و کار
- بخش های دولتی و کارمندان دولت

بازار کاربر نهایی:

- بخش‌های اجتماعی

- بخش‌های دولتی
- بخش‌های کوچک و متوسط بخش خصوصی
- سازمان‌های مردم نهاد NGO

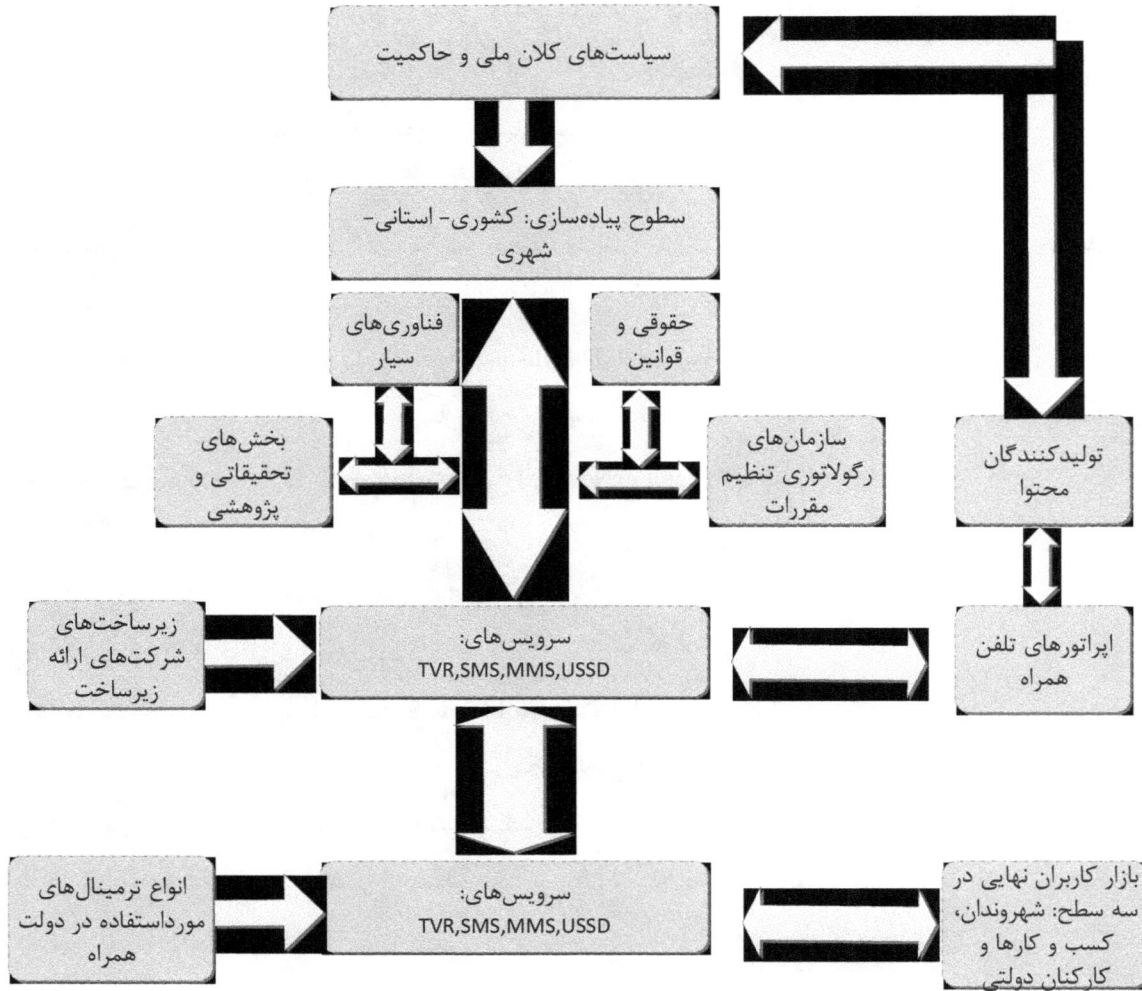

شکل ۳-۲- معماری دولت همراه در ایران

با بررسی وضع موجود دولت همراه و معرفی مدل معماری دولت همراه در شکل ۳-۲- معماری دولت همراه در ایران برای ترسیم وضع مطلوب با استفاده از دولت همراه و اینکه چه سرویس‌ها و خدماتی توسط دولت و یا بخش‌های عمومی بر بستر تلفن همراه ارائه شود تا با درنظرگرفتن منافع ذینفعان به وضع مطلوب برسیم لازم است با تفکر و رویکرد سیستمی به ارائه راه حل برسیم. بدین منظور با استفاده از مفهوم اکوسیستم و طراحی مدلی برای اکوسیستم دولت همراه تلاش می‌شود تا با شناسایی بازیگران و ذینفعان اصلی بتوان ابزاری برای ترسیم وضع مطلوب آماده نمود.

۳-۳- مدل پیشنهادی اکوسیستم دولت همراه:"نسل اکوسیستم جدید دولت همراه"[1]

قبل از معرفی مدل به بررسی نقش بازیگران جدید در حوزه تلفن همراه که می‌توانند بر اکوسیستم دولت همراه تأثیرگذار باشند می‌پردازیم. بسیاری از موضوعات مربوط به کسب و کار در حوزه ارتباطات توسط بازیگران حوزه وب تحت چالش قرار می‌گیرد که گاهی اوقات آن‌ها را OTT می‌نامیم. آن‌ها سرویس‌های ارتباطی را ارائه می‌نمایند ولی این سرویس‌ها مستقل از شبکه‌ها هستند.

در سال‌های اخیر (Over- The-Top (OTT مفهومی بسیار متداول در صنعت ارتباطات و صنعت اینترنت سیار شده است. این کلمه از ورزش بسکتبال آمده است که بدین معنی است که بازیکنان توپ را از بالای سر دیگر بازیگران پاس می‌دهند تا بتوانند توپ را به مقصد برسانند. این بدین‌معنی است که شرکت‌های اینترنتی سرویس‌های ارزش افزوده را بدون وابستگی به اپراتور به مصرف‌کننده نهایی برسانند. ارائه‌دهندگان سرویس‌ها نیاز دارند در اوج بمانند و بتوانند نوآوری لازم را در زمان لازم داشته باشند و این در اتحاد با OTT امکان‌پذیر می‌شود (Madanmohan Rao, 2012). هم‌اکنون کانال‌های ارتباطی متعددی برروی کاربران به‌ویژه برای کاربران تلفن‌های هوشمند باز شده است. تا سال ۲۰۱۶ ضریب نفوذ گوشی‌های هوشمند به ۳۹ درصد خواهد رسید، این بدین معنی است که بیش از یک سوم کاربران تلفن همراه قادر خواهند بود از سرویس‌های OTT استفاده کنند. همچنان که سرویس‌های OTT توسعه و گسترش می‌یابند شرکت‌ها و توسعه‌دهندگان[2] وارد عمل شده و بازار را با سرویس‌های OTT تسخیر می‌کنند. این دوره را می‌توان دوره تکه تکه شدن ارتباطات نام‌گذاری کرد و اپراتورهای تلفن همراه خوب می‌فهمند که چه عاقبتی برای سرویس‌های صوت و پیامک آن‌ها حادث خواهد شد.

مطابق تحقیقات صورت پذیرفته توسط Mobile Squared ، ۷۹ درصد از اپراتورها اعتقاد دارند که OTT ها با گوشی‌های هوشمند تهدید جدی برای سرویس‌های پیامکی SMS و سرویس‌های صوت پایه هستند. ۷۳/۷ درصد از اپراتورها پیامک را به عنوان سرویسی که بیشترین چالش را با OTT خواهد داشت شناسایی کرده‌اند. مطابق پیش‌بینی Mobile Squared تا سال ۲۰۱۷ رشد OTT ها ۷ برابر خواهد شد و درآمد آن‌ها از ۷/۹ میلیارد دلار به ۵۳/۷ میلیارد دلار خواهد رسید.

امروزه با ظهور OTT[3]ها در حوزه تلفن همراه اکوسیستم تلفن همراه دچار دگرگونی شده است. OTT خطر بزرگ برای درآمد اپراتورها هستند. در طی یکسال اخیر تعداد کاربران OTT به شدت افزایش یافته است، به‌گونه‌ای که تا پایان سال ۲۰۱۳ تعداد دارندگان تلفن‌های هوشمند به ۱/۶ میلیارد و تا سال ۲۰۱۷ به ۳/۱ میلیارد خواهد رسید. تعداد دارندگان تلفن‌های هوشمند که از امکانات OTT استفاده می‌کنند به ۹۲۵/۵ میلیون نفر و تا سال ۲۰۱۷ به ۲/۱میلیارد نفر خواهد رسید. تحقیقات نشان می‌دهد که ۴۳٪ از کاربران موبایل از اسکایپ[4] که مهمترین تهدید برای درآمد اپراتورها است استفاده می‌کنند. اسکایپ در حال حاضر بیش از ۲۸۰ میلیون مشترک فعال دارد که بیش از ۲ میلیارد دقیقه در روز در اسکایپ هستند که معادل ۷۳۰ میلیارد دقیقه در سال است به صورت میانگین هر مشترک فعال حدود ۷ دقیقه در روز و ۲۵۵۵ دقیقه در سال از اسکایپ استفاده می‌کنند و این هزینه‌ای

---

1 NGEMG
2 . Developer
3 .OTT Over the top
4 . Skype

معادل ۱۰۰ میلیون دلار در روز و ۳۶/۵ میلیارد دلار در سال برای صنعت تلکام دارد. بررسی‌ها نشان می‌دهد که به طور مشخص بخش عمده‌ای از اپراتورهای موبایل یک طرح OTT را در استراتژی و راهبردهای خود قرار داده‌اند و تعداد کمتری از اپراتورها موضوعاتی مثل دریافت مبالغ اضافی و یا بستن OTT را در برنامه خود قرار داده‌اند و بیش از ۳۶٪ از اپراتورها توافق نامه همکاری با OTT ها را امضاء کرده‌اند.

۳-۴- مدل مفهومی پیاده‌سازی اکوسیستم دولت همراه:

با توجه به نکات اشاره شده در ارتباط با بازیگران جدید در این اکوسیستم مدل پیشنهادی NGEMG مطابق شکل ۳-۳ پیشنهاد می‌شود. همچنین در شکل ۳-۴ مدل مفهومی پیاده‌سازی اکوسیستم دولت همراه در چهار قدم که دو قدم آن اساسی است نشان داده شده است.

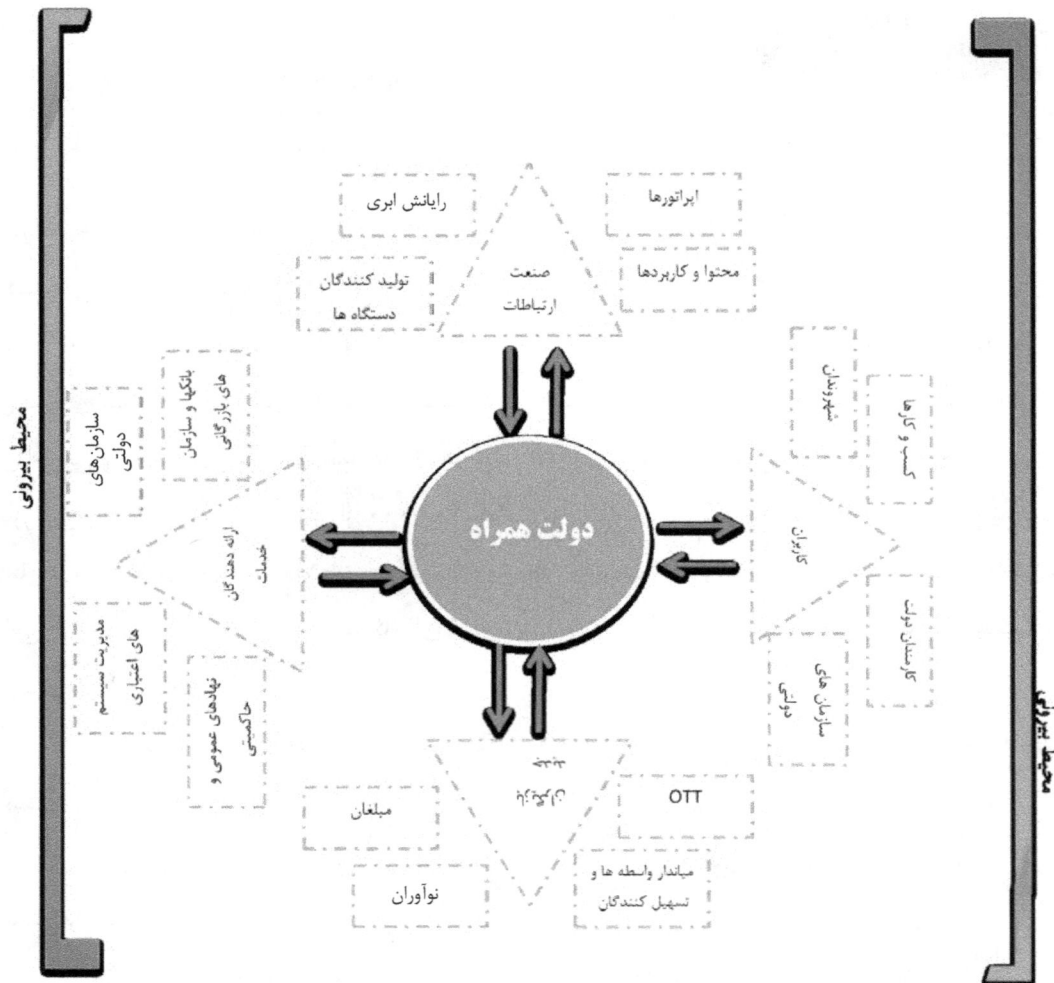

شکل ۳-۳- مدل اکوسیستم پیشنهادی "نسل اکوسیستم جدید دولت همراه"

به دست آوردن رضایت و خشنودی
مشتریان
ایجاد زمینه لازم برای به اشتراک
گذاری خدمات
قابلیت های دسترسی برای دستگاه
ها و سازمان‌ها
ایجاد یک محیط برای
شکوفایی دولت همراه

شکل ۳-۴- مدل مفهومی برای پیاده‌سازی اکوسیستم دولت همراه

۱. ایجاد یک محیط مناسب برای دولت همراه

۲. قابلیت دسترسی برای همه سازمان‌ها

در سند نقشه راه ارتباطات و فناوری کشور و به ویژه سند مربوط به استان‌ها اقداماتی برای رسیدن توسط نگارنده با همکاری مدیران کل فناوری استان‌ها صورت پذیرفته است که نتیجه آن ۳۱ مستند جامع که در قدم اول شناسایی دستگاه‌ها و نحوه اتصال دستگاه‌های اجرایی و ایجاد دسترسی برای همه دستگاه‌ها شامل شبکه ملی سلامت، شبکه ملی مدارس، شبکه علمی کشور، شبکه تجارت و بازرگانی و ... که در برگیرنده بیش از ۴۰۰/۰۰۰ نقطه برای ارتباط با یکدیگر بود ایجاد گردید و لذا محیط مناسبی برای تعامل سازمان‌ها برای گردش مناسب اطلاعات ایجاد شد. البته باید پذیرفت که دولت همراه همواره جایگزین کاملی برای دولت نیست. تمامی کاربردها را نمی‌توان بر روی دستگاه‌های سیار پیاده نمود و تمامی ارتباطات بی‌سیم به لحاظ قیمت و امنیت قابل رقابت با سیستم‌های ارتباطات با سیم نیست، ضمن اینکه:

۱. صنعت ارتباطات و فناوری اطلاعات سیار دارای محدودیت‌های منابع و فناوری برای ارائه کلیه خدمات دولت هستند.

۲. کاربران باید پذیرش لازم را داشته باشند و از این نظر مولفه‌های زیادی در پذیرش خدمات توسط کاربران تأثیرگذار خواهد بود.

۳. ارائه‌دهندگان خدمات نیز به دلیل محدودیت منابع شامل منابع مدیریتی، زیرساختی و امنیتی قادر به ارائه همه خدمات نیستند.

علاوه‌برآن، مولفه‌های اقتصادی، اجتماعی، فرهنگی، حقوقی و اسناد فرادستی در انتخاب خدمت و ارائه آن بر بستر تلفن همراه تأثیرگذاراند.

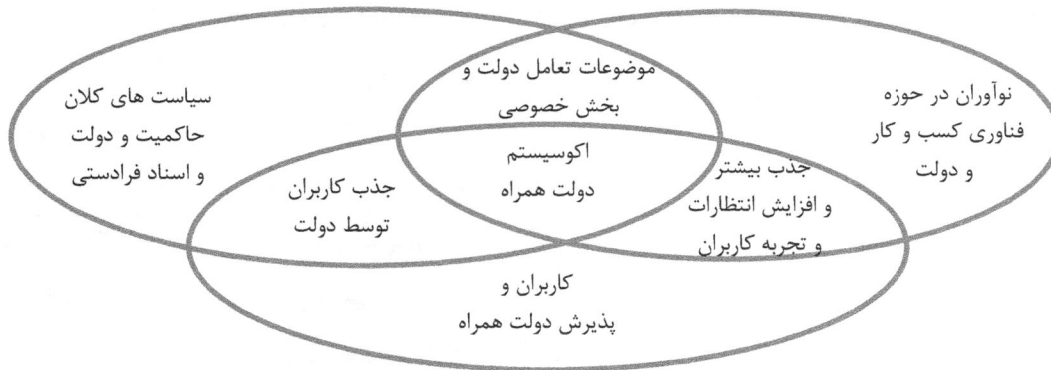

شکل ۳-۵- نقاط مشترک منافع ذینفعان دولت همراه

در جدول ۳-۶ مقایسه مدل‌های اکوسیستم‌های مختلف خدمات دولت همراه با مدل پیشنهادی NGEMG آمده است. همانگونه که مشاهده می‌شود مدل پیشنهادی NGEMG بخش بیشتری از بازیگران اکوسیستم را پوشش می‌دهد.

جدول ۳-۶- مقایسه اکوسیستم‌های مختلف سرویس‌های دولت همراه با مدل پیشنهادی NGEMG

بازیگران اکو سیستم / مدل	اپراتورها	تامین کنندگان محتوا	تولید کنندگان دستگاه ها	بازیگران جدید OTT	مبلغان	واسطه ها	دولت	نهادهای عمومی	شهروندان	کسب و کارها	کارمندان دولت	سرمایه گذاران بخش خصوصی	استانداردها	سیاست ها (مقررات)	جهانگردان	فناوری	پذیرش فناوری	تامین کنندگان زیرساخت
بلو اسکامی	√	√	√	√			√	√	√	√				√				√
جنی کارول	√	√	√				√	√	√	√	√					√	√	
دولت هند	√	√					√	√	√	√	√	√	√	√				
انیستیو سوزان کیبل	√	√	√				√	√	√	√	√	√	√	√		√		√
ان تی تی دوکومو ژاپن	√	√	√				√	√	√	√	√	√			√	√	√	√
دولت امارات	√	√	√				√	√	√	√	√						√	√
مدل پیشنهادی NGEMG	√	√	√	√	√	√	√	√	√	√	√	√	√	√		√	√	√

۳-۵- ارزیابی و اعتبارسنجی مدل اکوسیستم پیشنهادی

یکی از روش‌های متداول جهت ارزیابی اکوسیستم کسب و کار ارزیابی سلامت اکوسیستم است که براساس سه پارامتر پایایی و قدرت، بهره‌وری و ظرفیت ایجاد تنوع و قابلیت پی‌ریزی شده است و همانگونه که در تعاریف مربوط به سلامت اکوسیستم اشاره شد مطابق تعریف و مدل Iansiti and Levien ده مولفه مختلف را بررسی و برای هر یک سنجه‌هایی تعریف نمود که همگی آن‌ها کمی است و احصاء آن‌ها برای اکوسیستم دولت همراه مقدور نمی‌باشد. روش دیگر جدول مقایسه است که در این این بخش کتاب مقایسه‌ای بین اکوسیستم‌های مختلف صورت پذیرفته است.

برای اطمینان از اینکه مدل پیشنهادی به‌ویژه بازیگران جدیدی که به مدل اضافه شده است در اکوسیستم تاثیرگذارند و مورد تایید نخبگان و دست‌اندرکاران حوزه می‌باشد تحقیقی با طراحی پرسشنامه (موجود در بخش پیوست ۱، ۲، ۳) انجام پذیرفت.

این افراد از بین کارشناسان همراه اول (اپراتور اول تلفن همراه)، ایرانسل (اپراتور دوم) و سه شرکت فعال در حوزه فناوری اطلاعات به ویژه سرویس‌های ارزش افزوده خدمات دولت الکترونیک بودند.۴۰۰ پرسشنامه تهیه و در اختیار فعالان حوزه‌های یاد شده قرار گرفت و ۳۶۳ پاسخ دریافت گردید.

پاسخ‌ها به ترتیب ۱۳۶ مورد مربوط به همراه اول، ۱۰۱ مورد ایرانسل و ۱۲۶ مورد مرتبط با شرکت‌های اشاره شده می‌باشد.

خلاصه‌ای از آمارهای استخراجی از پرسشنامه به شرح زیر است:

جنسیت افراد پاسخ‌دهنده طبق جدول زیر ۲۱۹ نفر مرد، ۱۴۲ زن و ۲ نفر نیز جنسیت خود را اعلام نکرده‌اند.

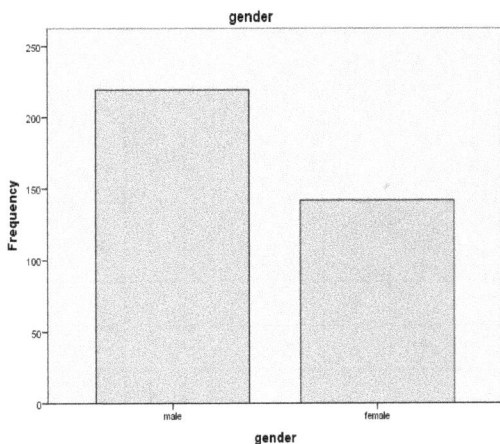

gender

		Frequency	Percent	Valid Percent	Cumulative Percent
Valid	male	219	60.3	60.7	60.7
	female	142	39.1	39.3	100.0
	Total	361	99.4	100.0	
Missing	99	2	.6		
Total		363	100.0		

سطح تحصیلات پاسخ‌دهندگان به پرسشنامه به صورت زیر است:

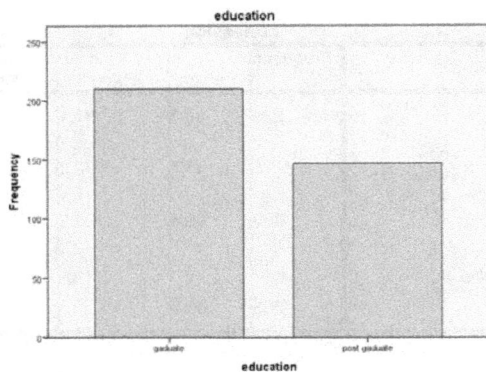

education

		Frequency	Percent	Valid Percent	Cumulative Percent
Valid	gaduate	210	57.9	58.8	58.8
	post gaduate	147	40.5	41.2	100.0
	Total	357	98.3	100.0	
Missing	99	6	1.7		
Total		363	100.0		

میزان سابقه کار پاسخ‌دهندگان طبق جدول بدین صورت است:

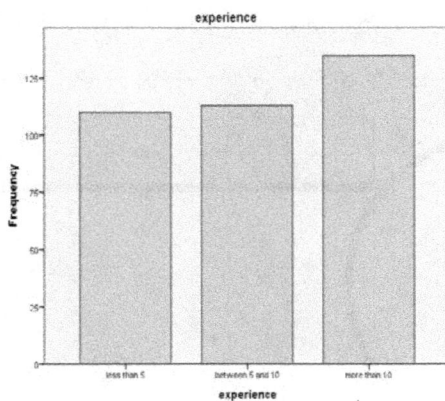

experience

		Frequency	Percent	Valid Percent	Cumulative Percent
Valid	less than 5	110	30.3	30.7	30.7
	between 5 and 10	113	31.1	31.6	62.3
	more than 10	135	37.2	37.7	100.0
	Total	358	98.6	100.0	
Missig	99	5	1.4		
Total		363	100.0		

تخصص پاسخ‌دهندگان طبق جدول زیر اینگونه است که ۲۳۵ نفر فوق تخصص فنی و ۱۱۵ نفر در حوزه غیر فنی هستند.

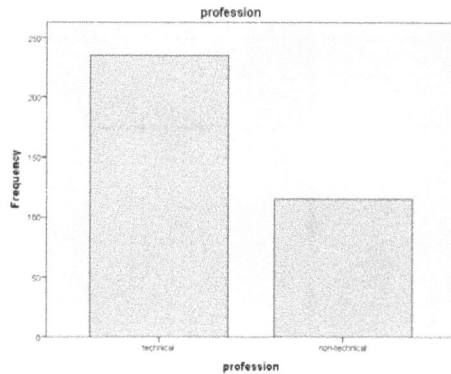

profession		Frequency	Percent	Valid Percent	Cumulative Percent
Valid	technical	235	64.7	67.1	67.1
	non-technical	115	31.7	32.9	100.0
	Total	350	96.4	100.0	
Missing	99	13	3.6		
Total		363	100.0		

لذا ۴ عامل جنسیت، تحصیلات، تجربه کاری و تخصص در این پرسشنامه مورد توجه قرار گرفته است.

از ۲۹ سؤال مطرح شده در پرسشنامه تقسیم‌بندی به صورت زیر است:

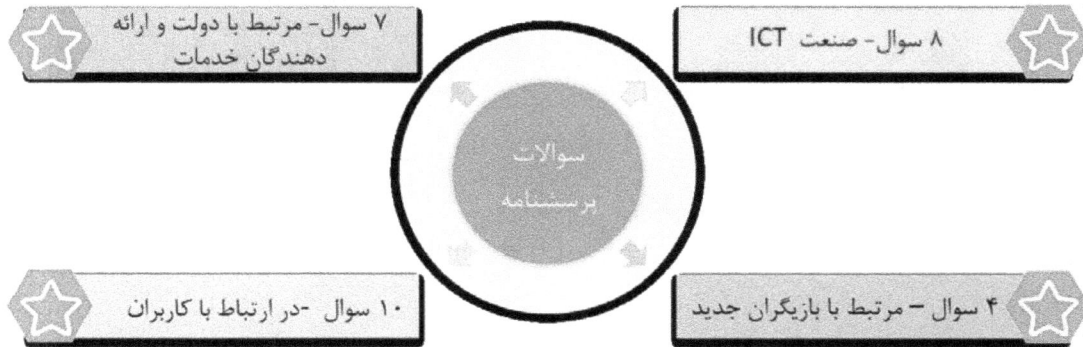

شکل ۳-۶- تقسیم‌بندی سوالات پرسشنامه

با بررسی پاسخ‌ها در جدول زیر درمی‌یابیم که بیش از ۶۸/۸ درصد مصاحبه‌شوندگان معتقدند گوشی‌های معمولی نمی‌توانند تاثیری در پیاده‌سازی دولت همراه داشته باشند و اگر تا حدودی را در نظر بگیریم ۸۷/۹ درصد از مصاحبه شوندگان تاثیر این نوع گوشی را کم می‌دانند.

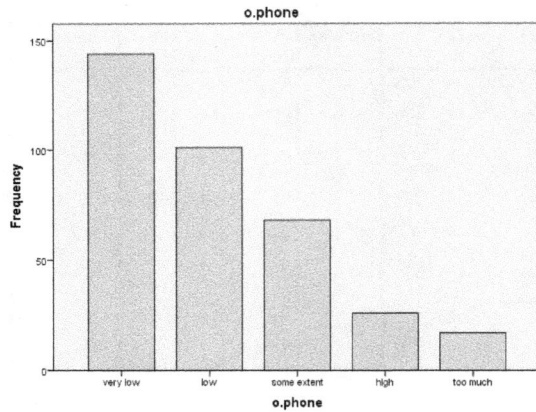

o.phone
o.phone

o.phone

		Frequency	Percent	Valid Percent	Cumulative Percent
Valid	very low	144	39.7	40.4	40.4
	low	101	27.8	28.4	68.8
	some extent	68	18.7	19.1	87.9
	high	26	7.2	7.3	95.2
	too much	17	4.7	4.8	100.0
	Total	356	98.1	100.0	
Missing	99	7	1.9		
	Total	363	100.0		

مطابق جدول زیر در ارتباط با گوشی‌های هوشمند و تاثیر آن بر پیاده‌سازی دولت همراه ۹۱٪ افراد معتقدند که این نوع گوشی تاثیر زیاد و یا بسیار زیاد در پیاده‌سازی دولت همراه دارد.

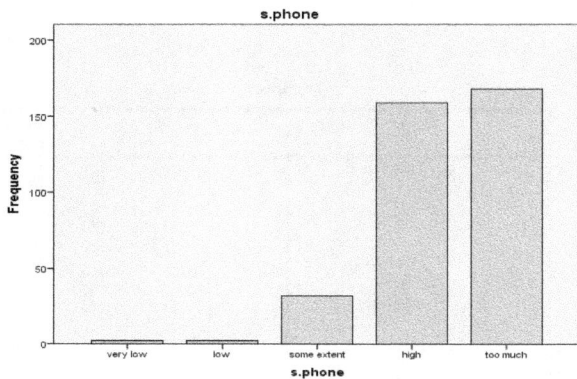

s.phone
s.phone

s.phone

		Frequency	Percent	Valid Percent	Cumulative Percent
Valid	very low	2	.6	.6	.6
	low	2	.6	.6	1.1
	some extent	32	8.8	8.8	9.9
	high	159	43.8	43.8	53.7
	too much	168	46.3	46.3	100.0
	Total	363	100.0	100.0	

تحقیقی توسط (Ingrams, 2015) که در ارتباط با نقش تلفن همراه و هوشمند با افریقای جنوبی صورت پذیرفته است، تلفن همراه نقش مهم و حساسی را در این کشور ایفا می‌نماید.

نقشه اپراتورها در توسعه دولت همراه:

۸۱/۶ درصد افراد معتقدند که اپراتورها در پیاده‌سازی دولت همراه تاثیر زیاد و بسیار زیاد دارند و ۱۵/۷ درصد نقش اپراتورها را تا حدودی موثر و ۲/۵ درصد از مخاطبین نقش اپراتورها را کم و یا خیلی کم می‌دانند.

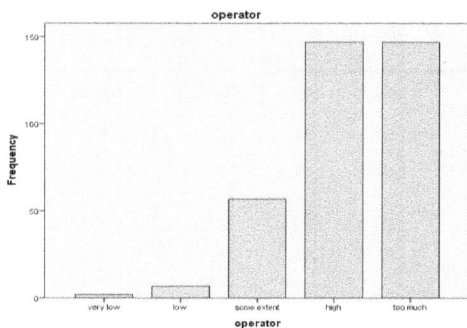

oprator		Frequency	Percent	Valid Percent	Cumulative Percent
Valid	very low	2	.6	.6	.6
	low	7	1.9	1.9	2.5
	some extent	57	15.7	15.8	18.3
	high	147	40.5	40.8	59.2
	too much	147	40.5	40.8	100.0
	Total	360	99.2	100.0	
Missing	99	3	.8		
	Total	363	100.0		

رایانش ابری و دولت همراه:

در سؤال مربوط به تاثیر رایانش ابری در دولت همراه همانگونه که مشاهده می‌شود از مجموع ۳۶۳ نفر ۳۳۰ نفر به این سؤال پاسخ دادند.

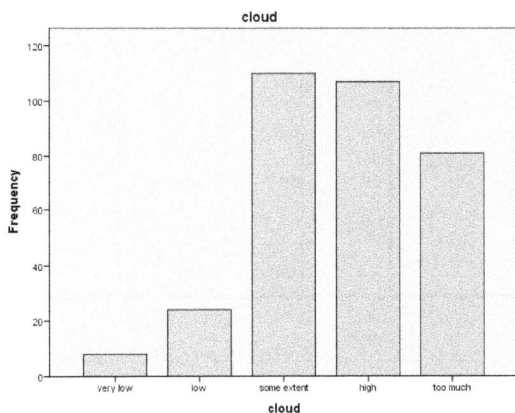

cloud		Frequency	Percent	Valid Percent	Cumulative Percent
Valid	very low	8	2.2	2.4	2.4
	low	24	6.6	7.3	9.7
	some extent	110	30.3	33.3	43.0
	high	107	29.5	32.4	75.5
	too much	81	22.3	24.5	100.0
	Total	330	90.9	100.0	
Missing	99	33	9.1		
	Total	363	100.0		

تولیدکنندگان محتوا:

همانگونه که در جدول زیر مشاهده می‌شود ۷۱ درصد تاثیر تولیدکنندگان محتوا را زیاد و خیلی زیاد و ۲۲ درصد نیز تا حدودی موثر می‌دانند، لذا ۹۳ درصد تولیدکنندگان محتوا نقش بالایی در پیاده‌سازی دولت همراه داشته و ۵/۵ درصد نیز کم و خیلی کم می‌دانند.

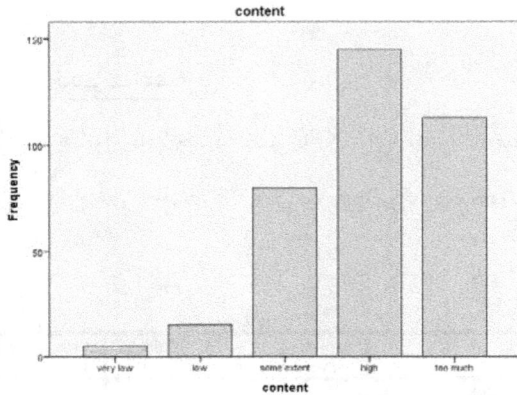

content

		Frequency	Percent	Valid Percent	Cumulative Percent
Valid	very low	5	1.4	1.4	1.4
	low	15	4.1	4.2	5.6
	some extent	80	22.0	22.3	27.9
	high	145	39.9	40.5	68.4
	too much	113	31.1	31.6	100.0
	Total	358	98.6	100.0	
Missing	99	5	1.4		
	Total	363	100.0		

سازمان‌های دولتی و نهادهای عمومی:

سازمان‌های دولتی و نهادهای عمومی ارائه‌دهندگان سرویس به کاربران در دولت همراه می‌باشند، لذا ۹۰ درصد پرسش‌شوندگان نیز بر این عقیده‌اند که این سازمان‌ها در پیاده‌سازی خدمات دولت همراه موثرند، ۱۰/۶ درصد اعتقاد دارند تاثیر کم و یا خیلی کم در ارائه خدمات دارند.

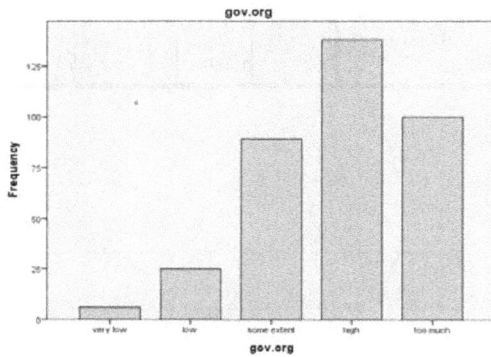

gov.org

		Frequency	Percent	Valid Percent	Cumulative Percent
Valid	very low	6	1.7	1.7	1.7
	low	25	6.9	7.0	8.7
	some extent	89	24.5	24.9	33.5
	high	138	38.0	38.5	72.1
	too much	100	27.5	27.9	100.0
	Total	358	98.6	100.0	
Missing	99	5	1.4		
	Total	363	100.0		

بانک‌ها و بخش‌های بازرگانی:

۷۰/۵ درصد از خبرگان وجود بانک‌ها و بخش‌های بازرگانی را دارای تاثیر زیاد و بسیار زیاد و ۲۳/۷ درصد تا حدودی موثر دانسته‌اند.

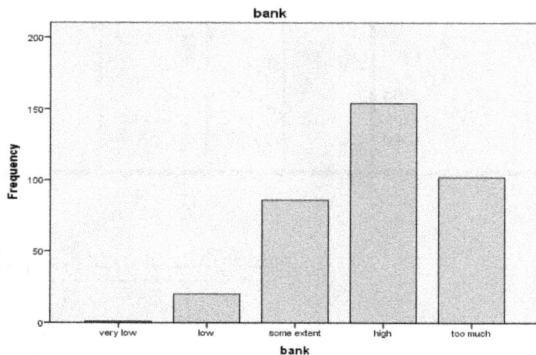

bank

		Frequency	Percent	Valid Percent	Cumulative Percent
Valid	very low	1	.3	.3	.3
	low	20	5.5	5.5	5.8
	some extent	86	23.7	23.7	29.5
	high	154	42.4	42.4	71.9
	too much	102	28.1	28.1	100.0
	Total	363	100.0	100.0	

مدیریت خدمات اعتباری:

استفاده از فناوری‌های جدید نظیر NFC برای مدیریت خدمات اعتباری می‌تواند تسهیل‌کننده تجارت الکترونیک و خدمات دولتی مبتنی‌بر تلفن همراه باشد، ۷۱/۶ درصد از خبرگان معتقدند که خدمات اعتباری تاثیر زیاد و بسیار زیاد در پیاده‌سازی دولت همراه دارد.

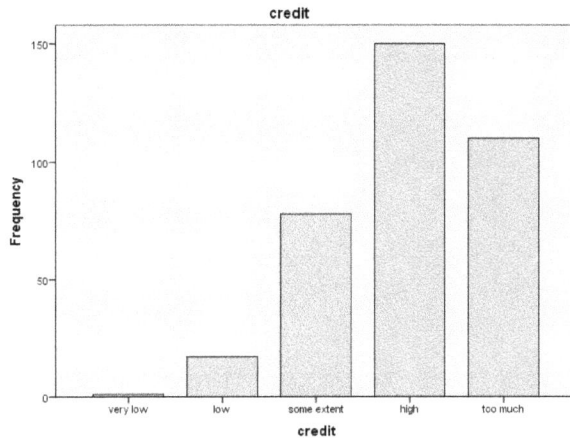

credit

		Frequency	Percent	Valid Percent	Cumulative Percent
Valid	very low	1	.3	.3	.3
	low	17	4.7	4.8	5.1
	some extent	78	21.5	21.9	27.0
	high	150	41.3	42.1	69.1
	too much	110	30.3	30.9	100.0
	Total	356	98.1	100.0	
Missing	99	7	1.9		
	Total	363	100.0		

تبلیغ‌کنندگان:

بازیگران جدید اکوسیستم دولت همراه که تبلیغ‌کنندگان نیز در این حوزه قرار می‌گیرند مطابق نظر خبرگان از جمله عوامل موثر در پیاده‌سازی دولت همراه می‌باشند. ۶۸ درصد از شرکت‌کنندگان موافق تاثیر زیاد و خیلی زیاد این گروه در دولت همراه هستند.

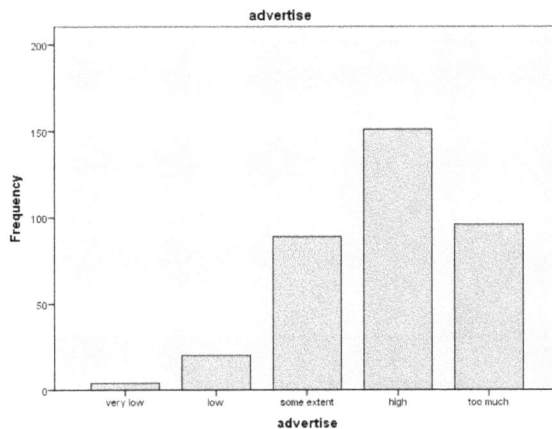

advertisers

		Frequency	Percent	Valid Percent	Cumulative Percent
Valid	very low	4	1.1	1.1	1.1
	low	20	5.5	5.6	6.7
	some extent	89	24.5	24.7	31.4
	high	151	41.6	41.9	73.3
	too much	96	26.4	26.7	100.0
	Total	360	99.2	100.0	
Missing	99	3	.8		
	Total	363	100.0		

تنظیم مقررات و استانداردها:

دولت و سازمان‌های وابسته به دولت دو نقش در پیاده‌سازی دولت همراه ایفاد می‌نمایند: ۱. ارائه‌دهندگان سرویس و خدمات؛ ۲. تنظیم مقررات و استانداردها برای ارائه خدمات. همچنین میزان آمادگی دستگاه‌های دولتی و ایجاد یک پلتفرم برای به اشتراک-گذاری اطلاعات و منابع برای عرضه سرویس‌ها بسیار مهم است، به‌عنوان‌مثال بسیاری از خدمات نیاز به ارائه کد ملی افراد دارد که می‌بایست از طریق سازمان ثبت احوال صورت پذیرد. بسیاری از مقررات توسط سازمان برنامه و بودجه و سازمان فناوری اطلاعات تدوین و ابلاغ می‌شود. به‌همین‌منظور مطابق جدول زیر در نظرسنجی ۶۶/۴ درصد افراد معتقدند که تنظیم مقررات و استانداردها تاثیر زیاد و بسیار زیاد در پیاده‌سازی دولت همراه دارد، همچنین با منظور نمودن خبرگانی که تا حدودی دولت همراه را تاثیرپذیر از تنظیم مقررات دانسته‌اند در مجموع ۹۲ درصد افراد این عامل را مهم دانسته‌اند و ۶/۷ درصد افراد اثر آن را کم و بسیار کم مطرح کرده‌اند.

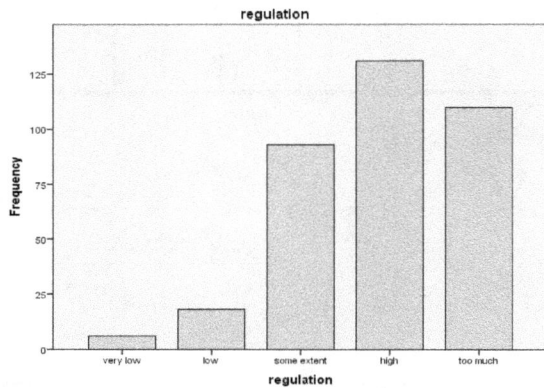

regulation

		Frequency	Percent	Valid Percent	Cumulative Percent
Valid	very low	6	1.7	1.7	1.7
	low	18	5.0	5.0	6.7
	some extent	93	25.6	26.0	32.7
	high	131	36.1	36.6	69.3
	too much	110	30.3	30.7	100.0
	Total	358	98.6	100.0	
Missing	99	5	1.4		
	Total	363	100.0		

واسطه‌ها:

همانگونه که از معنی واسطه برمی‌آید نقش آن‌ها ایجاد ارتباط بین دو بخش از جامعه می‌باشد. واسطه‌ها بازیگران بسیار مهمی از اکوسیستم دولت همراه بوده و طبق نظر خبرگان ۸۵/۴ درصد تاثیر واسطه‌ها را در دولت همراه تایید و ۱۳/۵ درصد آن‌را کم و یا خیلی کم درنظرگرفته‌اند.

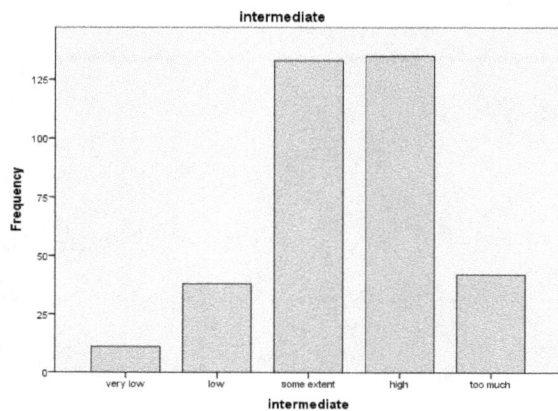

intermediaries

		Frequency	Percent	Valid Percent	Cumulative Percent
Valid	very low	11	3.0	3.1	3.1
	low	38	10.5	10.6	13.6
	some extent	133	36.6	37.0	50.7
	high	135	37.2	37.6	88.3
	too much	42	11.6	11.7	100.0
	Total	359	98.9	100.0	
Missing	99	4	1.1		
	Total	363	100.0		

OTT ها:

۷۹/۷ درصد خبرگان معتقدند که OTT ها و یا سرویس‌ها و خدمات مبتنی‌بر OTT تاثیر زیاد و بسیار زیاد بر پیاده‌سازی دولت همراه دارد. با منظور کردن افرادی که تا حدودی این عامل را موثر دانسته‌اند ۹۶/۲ درصد افراد نسبت به خطور این بازیگر نظر مثبت دارند.

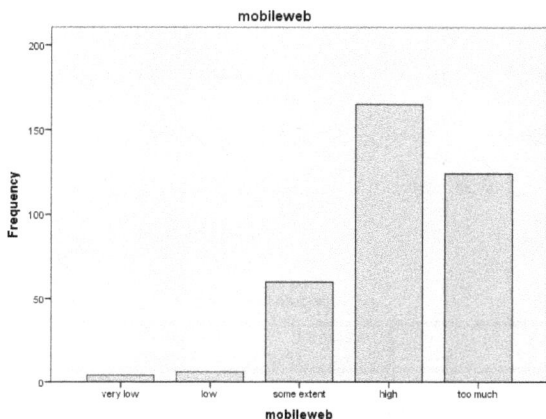

Mobileweb-OTT

		Frequency	Percent	Valid Percent	Cumulative Percent
Valid	very low	4	1.1	1.1	1.1
	low	6	1.7	1.7	2.8
	some extent	60	16.5	16.7	19.5
	high	165	45.5	46.0	65.5
	too much	124	34.2	34.5	100.0
	Total	359	98.9	100.0	
Missing	99	4	1.1		
	Total	363	100.0		

پلتفرم و ارائه‌دهندگان پلتفرم:

خبرگان با ۶۴/۷ درصد نظر تاثیر زیاد و بسیارزیاد و با احتساب افرادی که تاحدودی نقش را موثر می‌دانند به ۸۸/۱ درصد می‌رسد.

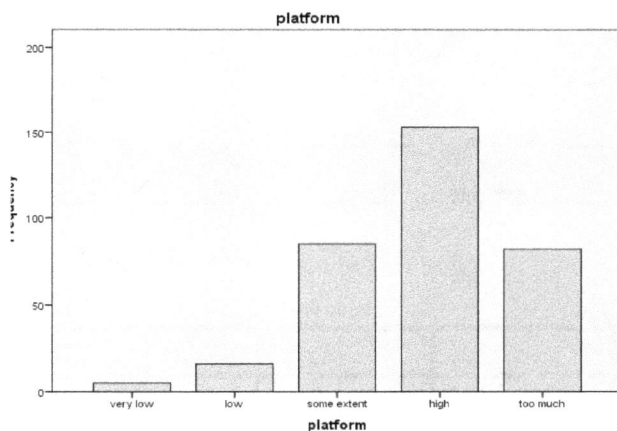

platform

		Frequency	Percent	Valid Percent	Cumulative Percent
Valid	very low	5	1.4	1.5	1.5
	low	16	4.4	4.7	6.2
	some extent	85	23.4	24.9	31.1
	high	153	42.1	44.9	76.0
	too much	82	22.6	24.0	100.0
	Total	341	93.9	100.0	
Missing	99	22	6.1		
	Total	363	100.0		

فناوری:

با ورود فناوری‌های جدید و توسعه نسل‌های ۳، ۴ و LTE و ارائه خدمات پهن باند بر روی تلفن همراه قابلیت‌های جدیدی برای ارائه‌دهندگان سرویس و خدمات مبتنی‌بر تلفن همراه ایجاد شده است. این تاثیر مطابق نظر خبرگان ۸۶/۵ درصد زیاد و بسیار زیاد است.

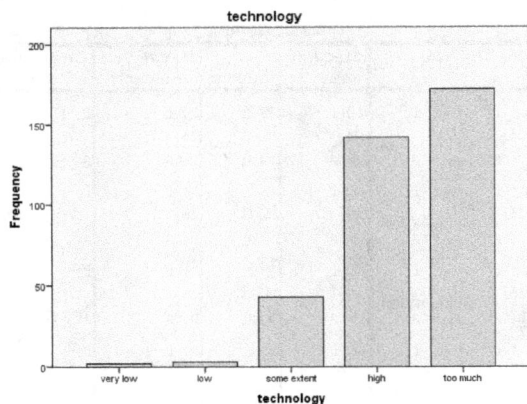

technology		Frequency	Percent	Valid Percent	Cumulative Percent
Valid	very low	2	.6	.6	.6
	low	3	.8	.8	1.4
	some extent	43	11.8	11.9	13.3
	high	142	39.1	39.2	52.5
	too much	172	47.4	47.5	100.0
	Total	362	99.7	100.0	
Missing	99	1	.3		
	Total	363	100.0		

نوآوری و نوآوران:

نقش نوآوری و نوآوران در ارائه خدمات جدید بسیار قابل توجه می‌باشد. در جدول زیر، ۷۵/۲ درصد از خبرگان نظر به تاثیر زیاد و خیلی زیاد نوآوران در پیاده‌سازی دولت همراه داده‌اند و با احتساب نظرات تا حدودی موثر این نسبت به ۹۲/۳ درصد می‌رسد.

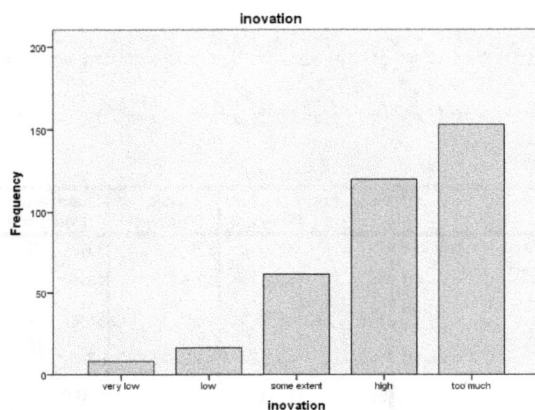

innovators		Frequency	Percent	Valid Percent	Cumulative Percent
Valid	very low	8	2.2	2.2	2.2
	low	16	4.4	4.5	6.7
	some extent	62	17.1	17.3	24.0
	high	120	33.1	33.4	57.4
	too much	153	42.1	42.6	100.0
	Total	359	98.9	100.0	
Missing	99	4	1.1		
	Total	363	100.0		

جنسیت کاربران:

از موضوعات مهم پیاده‌سازی دولت همراه بحث پذیرش است. از آنجایی که در ارائه طراحی اکوسیستم برای تحلیل شبکه ذینفعان نیاز به اطلاعات کافی در ارتباط با پذیرش شهروندان می‌باشد، در این پرسشنامه سؤالاتی نیز در این مورد مطرح گردید. جدول زیر پاسخ خبرگان نشان می‌دهد تاثیر جنسیت در پیاده‌سازی دولت همراه شاخص نیست به‌گونه‌ای که ۲۵/۴ از افراد تاثیر زیاد و خیلی زیاد این پارامتر را در پیاده‌سازی دولت همراه موثر می‌دانند و ۵۲/۳ درصد افراد تاثیر این پارامتر را کم و خیلی کم می‌دانند.

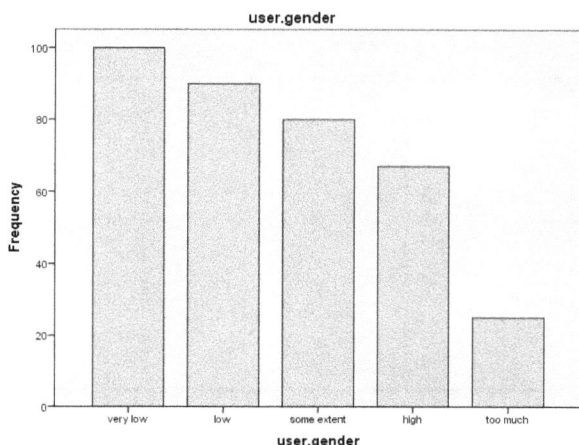

user.gender

		Frequency	Percent	Valid Percent	Cumulative Percent
Valid	very low	100	27.5	27.6	27.6
	low	90	24.8	24.9	52.5
	some extent	80	22.0	22.1	74.6
	high	67	18.5	18.5	93.1
	too much	25	6.9	6.9	100.0
	Total	362	99.7	100.0	
Missing	99	1	.3		
	Total	363	100.0		

تحصیلات کاربران:

پارامتر دیگری که می‌تواند در پذیرش کاربران در دولت همراه موثر باشد میزان تحصیلات کاربر است. مطابق جدول زیر این پارامتر می‌تواند در پیاده‌سازی و یا به‌عبارتی در بکارگیری دولت همراه تاثیرگذار باشد، به‌گونه‌ای که ۸۳/۶ درصد از خبرگان معتقدند که تا حدودی زیاد و خیلی زیاد می‌تواند در دولت همراه موثر باشد و ۱۶ درصد نیز تاثیر این پارامتر را کم و خیلی کم می‌دانند.

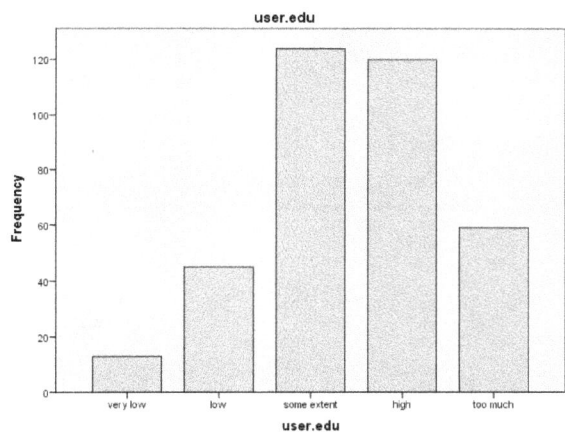

user.edu

		Frequency	Percent	Valid Percent	Cumulative Percent
Valid	very low	13	3.6	3.6	3.6
	low	45	12.4	12.5	16.1
	some extent	124	34.2	34.3	50.4
	high	120	33.1	33.2	83.7
	too much	59	16.3	16.3	100.0
	Total	361	99.4	100.0	
Missing	99	2	.6		
	Total	363	100.0		

سن کاربران:

سن کاربران می‌تواند در میزان پذیرش دولت همراه موثر باشد. به‌همین‌منظور ۸۳/۲ درصد از خبرگان نسبت به تاثیر این پارامتر نظر مثبت دارند و ۱۶/۳ درصد تاثیر آن را کم و خیلی کم می‌دانند.

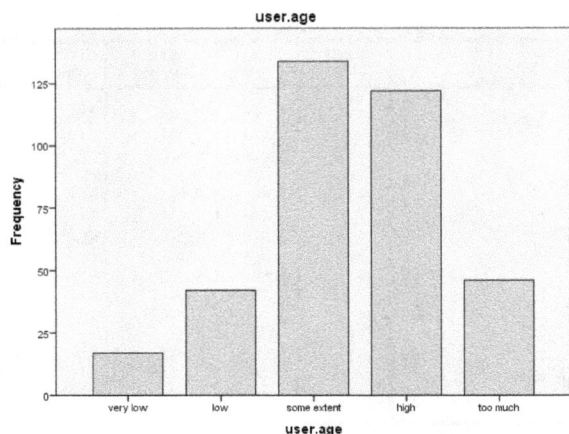

user.age		Frequency	Percent	Valid Percent	Cumulative Percent
Valid	very low	17	4.7	4.7	4.7
	low	42	11.6	11.6	16.3
	some extent	134	36.9	37.1	53.5
	high	122	33.6	33.8	87.3
	too much	46	12.7	12.7	100.0
	Total	361	99.4	100.0	
Missing	99	2	.6		
Total		363	100.0		

تجربه کاربران در بکارگیری انواع کاربردها(APPS) :

تجربه کاربران در بکارگیری انواع کاربردها توسط تلفن همراه می‌تواند در پذیرش دولت همراه و موفقیت پیاده‌سازی آن موثر باشد. ۶۷ درصد خبرگان معتقدند که این عامل تاثیر زیاد و خیلی زیاد دارد و ۹۴/۳ درصد نظر مثبت نسبت به تاثیرگذاری عامل در پذیرش دولت همراه دارند.

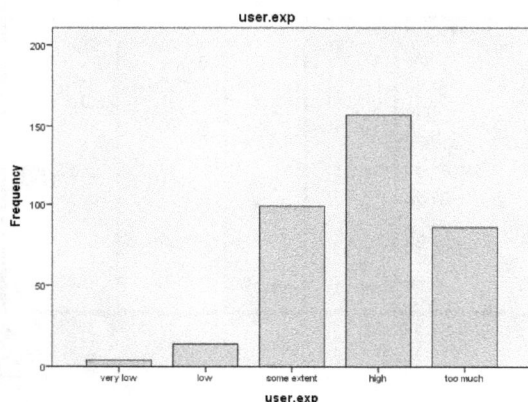

user.exp		Frequency	Percent	Valid Percent	Cumulative Percent
Valid	very low	4	1.1	1.1	1.1
	low	14	3.9	3.9	5.0
	some extent	99	27.3	27.5	32.5
	high	157	43.3	43.6	76.1
	too much	86	23.7	23.9	100.0
	Total	360	99.2	100.0	
Missing	99	3	.8		
Total		363	100.0		

سادگی کاربرد:

پارامتر دیگری که می‌تواند در پذیرش دولت همراه و موفقیت آن تاثیر داشته باشد سادگی کاربرد است. ۷۸/۸ درصد از خبرگان تاثیر آن را زیاد و خیلی زیاد و ۵ درصد افراد تاثیر آن را کم و خیلی کم می‌دانند.

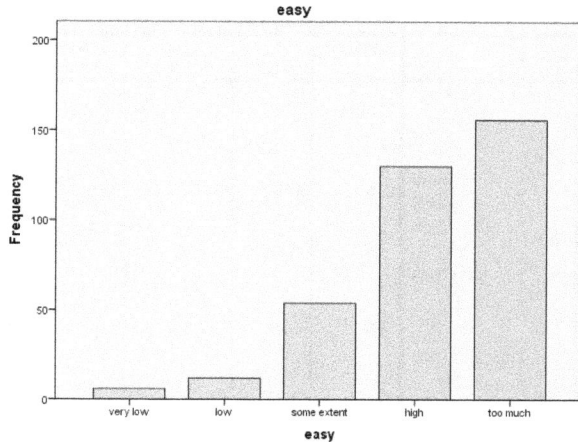

easy		Frequency	Percent	Valid Percent	Cumulative Percent
Valid	very low	6	1.7	1.7	1.7
	low	12	3.3	3.4	5.0
	some extent	54	14.9	15.1	20.1
	high	130	35.8	36.3	56.4
	too much	156	43.0	43.6	100.0
	Total	358	98.6	100.0	
Missing	99	5	1.4		
	Total	363	100.0		

امنیت و رعایت حریم خصوصی:

به‌منظور تبادل اطلاعات کاربران و سازمان‌های دولتی و حفظ حریم خصوصی و نیز اطلاعاتی که می‌تواند به لحاظ ملی از حساسیت بالایی برخوردار باشد این پارامتر می‌تواند در پذیرش پیاده‌سازی و موفقیت دولت همراه از منظر کاربر دولت با اهمیت باشد. مطابق جدول زیر و نظرات خبرگان حوزه، ۹۲/۸ این پارامتر را تا حدودی زیاد و خیلی‌زیاد موثر و ۵ درصد کم و خیلی کم می‌دانند.

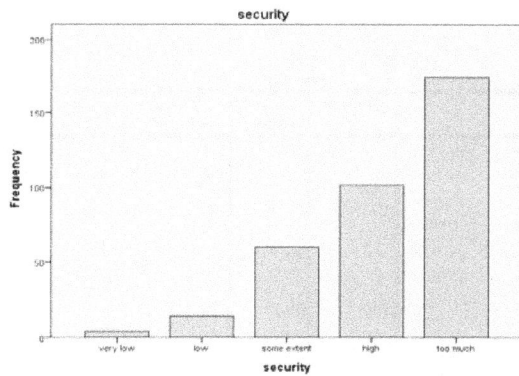

security		Frequency	Percent	Valid Percent	Cumulative Percent
Valid	very low	4	1.1	1.1	1.1
	low	14	3.9	3.9	5.1
	some extent	60	16.5	16.9	22.0
	high	102	28.1	28.7	50.7
	too much	175	48.2	49.3	100.0
	Total	355	97.8	100.0	
Missing	99	8	2.2		
	Total	363	100.0		

اعتماد:

بالاترین تاثیرگذاری از دید خبرگان اعتماد بوده و ۵۰/۴ درصد به تاثیر بسیار زیاد آن در پذیرش، پیاده‌سازی و موفقیت دولت معتقدند.

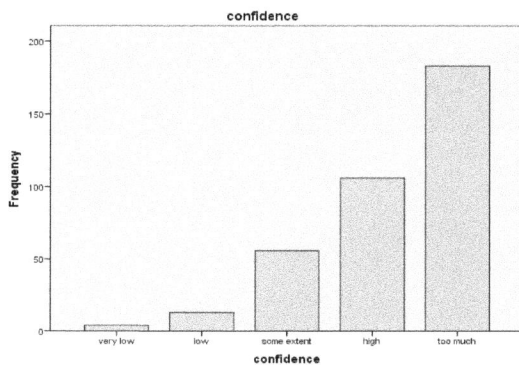

confidence		Frequency	Percent	Valid Percent	Cumulative Percent
Valid	very low	4	1.1	1.1	1.1
	low	13	3.6	3.6	4.7
	some extent	56	15.4	15.5	20.2
	high	106	29.2	29.3	49.4
	too much	183	50.4	50.6	100.0
	Total	362	99.7	100.0	
Missing	99	1	.3		
	Total	363	100.0		

دولت الکترونیک و آمادگی الکترونیک:

از دیگر عواملی که می‌تواند در پیاده‌سازی و موفقیت دولت همراه موثر باشد، ایجاد زیرساخت‌های دولت الکترونیک و آمادگی دولت الکترونیک است. مطابق جدول، ۸۱ درصد از خبرگان معتقد به تاثیر زیاد و خیلی زیاد این عامل بوده و ۳/۸ درصد از افراد اثر آن را کم و خیلی کم می‌دانند.

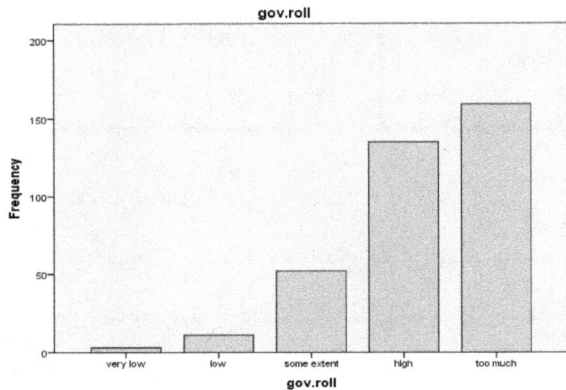

gov.roll

		Frequency	Percent	Valid Percent	Cumulative Percent
Valid	very low	3	.8	.8	.8
	low	11	3.0	3.1	3.9
	some extent	52	14.3	14.4	18.3
	high	135	37.2	37.5	55.8
	too much	159	43.8	44.2	100.0
	Total	360	99.2	100.0	
Missing	99	3	.8		
	Total	363	100.0		

پذیرش کاربران:

تاثیر پذیرش کاربران در پیاده‌سازی و موفقیت دولت همراه نیز موردتوجه بسیاری از محققین در ارتباط با دولت همراه قرار گرفته است و به‌دلیل عوامل مختلفی که بر پذیرش موثر است، در کشورهای مختلف میزان پذیرش بسته به شرایط فرهنگی متفاوت است. لذا همانگونه که در جدول مشاهده می‌شود ۷۴/۹ درصد از خبرگان تاثیر آن را زیاد و یا خیلی زیاد می‌دانند.

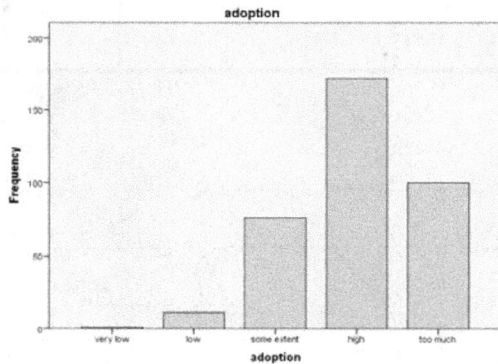

adoption

		Frequency	Percent	Valid Percent	Cumulative Percent
Valid	very low	1	.3	.3	.3
	low	11	3.0	3.1	3.3
	some extent	76	20.9	21.1	24.4
	high	172	47.4	47.8	72.2
	too much	100	27.5	27.8	100.0
	Total	360	99.2	100.0	
Missing	99	3	.8		
	Total	363	100.0		

زیرساخت‌های حقوقی:

برای بکارگیری ابزارهای الکترونیکی لازم است زیرساخت‌های حقوقی مناسب با دولت همراه آماده شود تا فرد با اعتماد از خدمات دولت همراه بهره‌برداری نماید. تاثیر زیاد و بسیار زیاد زیرساخت‌های حقوقی به‌گونه‌ای است که ۶۶/۴ از خبرگان به آن نظر داده‌اند.

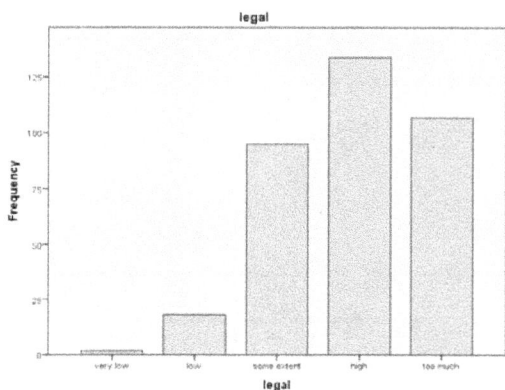

legal

		Frequency	Percent	Valid Percent	Cumulative Percent
Valid	very low	2	.6	.6	.6
	low	18	5.0	5.1	5.6
	some extent	95	26.2	26.7	32.3
	high	134	36.9	37.6	69.9
	too much	107	29.5	30.1	100.0
	Total	356	98.1	100.0	
Missing	99	7	1.9		
	Total	363	100.0		

زیرساخت‌های ارتباطی:

از آنجا که سرویس‌های دولت همراه باید بر بستر ارتباط مناسب با پهنای باند کافی و پوشش کامل صورت پذیرد و فرد بتواند در هر مکان و زمان ارتباط برقرار و خدمات دریافت نماید، تاثیر بسیار زیاد و زیاد آن را مشاهده می‌کنیم و ۸۲/۹ درصد از خبرگان بر این موضوع تاکید کرده‌اند.

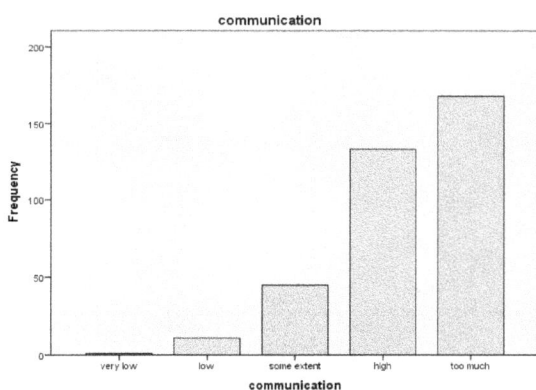

communication

		Frequency	Percent	Valid Percent	Cumulative Percent
Valid	very low	1	.3	.3	.3
	low	11	3.0	3.1	3.4
	some extent	45	12.4	12.6	15.9
	high	133	36.6	37.2	53.1
	too much	168	46.3	46.9	100.0
	Total	358	98.6	100.0	
Missing	99	5	1.4		
	Total	363	100.0		

فرهنگ:

نقش فرهنگ در پذیرش، پیاده‌سازی و موفقیت دولت همراه بسیار شاخص است. فواید و مزایای استفاده از خدمات دولت همراه و تاثیرات آن در کاهش هزینه‌ها، سرعت در کارها و کاهش ترددها و کاهش آلودگی محیط زیست و شفافیت در امور اداری می‌تواند بخشی از فرهنگ‌سازی باشد.

۷۸ درصد از خبرگان مطابق جدول زیر تاثیر آن را زیاد و خیلی زیاد و ۴/۲ درصد آن را کم و یا خیلی کم اثر می‌دانند.

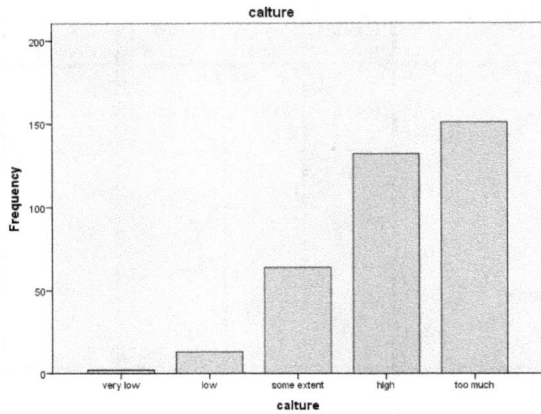

calture

		Frequency	Percent	Valid Percent	Cumulative Percent
Valid	very low	2	.6	.6	.6
	low	13	3.6	3.6	4.1
	some extent	64	17.6	17.7	21.8
	high	132	36.4	36.5	58.3
	too much	151	41.6	41.7	100.0
	Total	362	99.7	100.0	
Missing	99	1	.3		
	Total	363	100.0		

سیاست‌های کلان ملی:

سیاست‌های کلان ملی در ارتباط با فناوری اطلاعات، دولت الکترونیک، دولت همراه و چالش‌های حاکمیت در پیاده‌سازی دولت همراه تاثیر دارد. ۵/۶۹ درصد کاربران تاثیر زیاد و خیلی زیاد سیاست‌های کلان ملی را تایید و ۶/۴ درصد تاثیر آن را کم و خیلی کم می‌دانند.

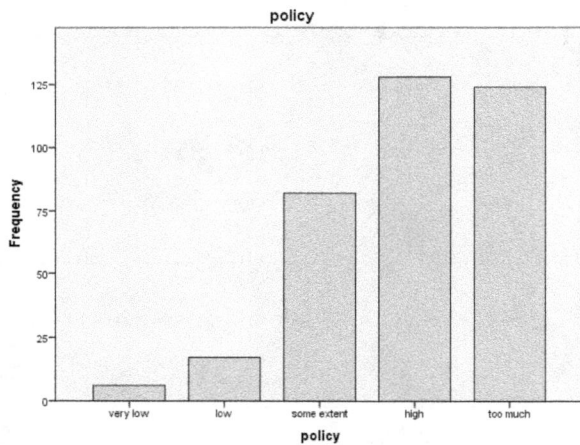

policy

		Frequency	Percent	Valid Percent	Cumulative Percent
Valid	very low	6	1.7	1.7	1.7
	low	17	4.7	4.8	6.4
	some extent	82	22.6	23.0	29.4
	high	128	35.3	35.9	65.3
	too much	124	34.2	34.7	100.0
	Total	357	98.3	100.0	
Missing	99	6	1.7		
	Total	363	100.0		

موقعیت جغرافیایی:

کشورهایی نظیر ایران که از وسعت قابل‌ملاحظه‌ای برخوردار می‌باشند به‌لحاظ پوشش ارتباطی، ملاحظات فرهنگی و استراتژی‌های محلی که در ارائه خدمات می‌تواند تاثیرگذار باشد و یا بعضی از خدمات اختصاصی به یک منطقه جغرافیایی خاص دارد می‌تواند تاثیر در پیاده‌سازی خدمات مبتنی‌بر تلفن همراه داشته باشد. لذا این عامل نیز از منظر ۷۱ درصد خبرگان تا حدی، زیاد و خیلی زیاد بر پذیرش، موفقیت و پیاده‌سازی دولت همراه موثر شناخته شده است.

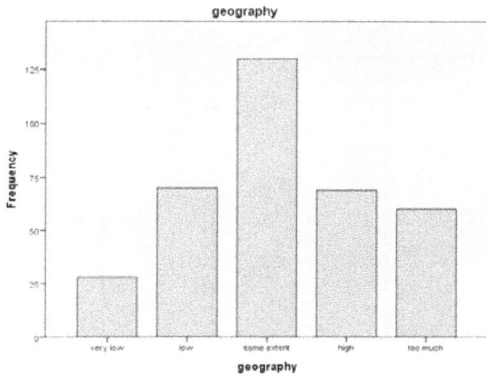

geography		Frequen cy	Percent	Valid Percent	Cumulative Percent
Valid	very low	28	7.7	7.8	7.8
	low	70	19.3	19.6	27.5
	some extent	130	35.8	36.4	63.9
	high	69	19.0	19.3	83.2
	too much	60	16.5	16.8	100.0
	Total	357	98.3	100.0	
Missin g	99	6	1.7		
	Total	363	100.0		

۳-۵-۱- آزمون استقلال

با استفاده از تحلیل مدل لگ خطی (Log Linear) فرض عدم تاثیر محل کار، جنسیت، میزان تحصیلات، تخصص با تجربه کاری بر متغیر نوآوران همانگونه که در جداول زیر نشان داده شده است هیچ‌یک از پارامترهای فوق در سطح ۵٪ دارای تاثیر معنی دار نیستند، لذا می‌توان نتیجه گرفت نوآوری و نوآوران فارغ از پارامترهای پنج گانه بالا می‌تواند به عنوان یکی از بازیگران مدل اکوسیستم انتخاب شود. زیرا خبرگان با اطمینان ۹۵٪ ، حداقل ۷۲٪ و حداکثر ۸۰٪ تاثیر این بازیگر را زیاد، خیلی زیاد معرفی کرده‌اند.

در ارتباط با OTT نیز با اطمینان ۹۵ درصد، حداقل ۷۷ درصد و حداکثر ۸۵ درصد خبرگان تاثیر این بازیگر (OTT) را زیاد و خیلی زیاد می‌دانند.

تاثیر واسطه‌ها با اطمینان ۹۵ درصد و حداقل ۴۴ درصد و حداکثر ۵۴ درصد تاثیر زیاد و خیلی زیاد این بازیگر مورد تایید خبرگان قرار گرفته است. مبلغان نیز با اطمینان ۹۵ درصد با حداقل ۶۴ درصد و حداکثر ۷۳ درصد تاثیر زیاد و خیلی زیاد بر پیاده سازی دولت همراه دارند.

	Tests of Model Effects		
Source	Type III		
	Wald Chi-Square	df	Sig.
job	2.633	2	.268
gender	.251	1	.616
education	1.395	1	.238
profession	.779	1	.378
experience	.266	2	.876

Dependent Variable: Mobile-web OTT

Model: (Threshold), job, gender, education, profession, experience

عدم وابستگی متغیر OTT به محل کار، جنسیت، تحصیلات، تخصص وسابقه کار پرسش‌شونده

Tests of Model Effects

Source	Type III		
	Wald Chi-Square	df	Sig.
job	.547	2	.761
gender	.777	1	.378
education	.135	1	.713
profession	1.024	1	.312
experience	.324	2	.851

Dependent Variable: innovators

Model: (Threshold), job, gender, education, profession, experience

عدم وابستگی متغیر نواوران به محل کار، جنسیت، تحصیلات، تخصص و سابقه کار پرسش-شونده

Tests of Model Effects

Source	Type III		
	Wald Chi-Square	df	Sig.
job	9.023	2	.011
gender	.007	1	.934
education	.272	1	.602
profession	8.669	1	.003
experience	1.057	2	.590

Dependent Variable: advertisers

Model: (Threshold), job, gender, education, profession, experience

عدم وابستگی متغیر مبلغان به محل کار، جنسیت، تحصیلات، تخصص و سابقه کار پرسش شونده

Tests of Model Effects

Source	Type III		
	Wald Chi-Square	df	Sig.
job	.644	2	.725
gender	2.239	1	.135
education	3.148	1	.076
profession	.033	1	.856
experience	5.199	2	.074

Dependent Variable: intermediaries

Model: (Threshold), job, gender, education, profession, experience

عدم وابستگی متغیر واسطه به محل کار، جنسیت، تحصیلات، تخصص و سابقه کار پرسش شونده

جدول ۳-۷- حد بالا و پایین متغیرها

Case Processing Summary

	Cases					
	Valid		Missing		Total	
	N	Percent	N	Percent	N	Percent
adver	351	96.7%	12	3.3%	363	100.0%
inter	351	96.7%	12	3.3%	363	100.0%
mobile	351	96.7%	12	3.3%	363	100.0%
inov	351	96.7%	12	3.3%	363	100.0%

Descriptives

			Statistic	Std. Error
adver	Mean		.6895	.02473
	95% Confidence Interval for Mean	Lower Bound	.6408	
		Upper Bound	.7381	
inter	Mean		.4957	.02673
	95% Confidence Interval for Mean	Lower Bound	.4432	
		Upper Bound	.5483	
mobile	Mean		.8120	.02089
	95% Confidence Interval for Mean	Lower Bound	.7709	
		Upper Bound	.8530	
inov	Mean		.7635	.02271
	95% Confidence Interval for Mean	Lower Bound	.7189	
		Upper Bound	.8082	

۳-۵-۲- مدل تحلیل عاملی

برای تحلیل دقیق‌تر داده‌های حاصل از پرسشنامه خبرگان و رسیدن به نتایج علمی‌تر و در عین حال عملیاتی‌تر و صحه‌گذاری بر اینکه در مدل ارائه شده چهار بازیگر معرفی شده در قالب بازیگران جدید از نقش آفرینان موثر در پیاده‌سازی دولت همراه می‌باشند، از مدل تحلیل عاملی استفاده می‌کنیم. بدین منظور اگر:

$$X = \begin{pmatrix} X1 \\ X2 \\ X3 \\ X4 \\ X5 \\ X6 \\ X7 \\ X8 \\ X9 \\ X10 \\ X11 \\ X12 \\ X13 \\ X14 \\ X15 \\ X16 \\ X17 \\ X18 \\ X19 \\ X20 \\ X21 \\ X22 \\ X23 \\ X24 \\ X25 \\ X26 \\ X27 \\ X28 \\ X29 \end{pmatrix}$$

X برداری با ۲۹ درایه باشد که قبلاً درایه‌ها مورد پرسش قرار گرفته‌اند.

$X = LF + 4$ که X بردار فوق و L بردار بارها (Load)، F عامل مشترک در تمام درایه‌های X است و ۴ بردار خطای مدل تحلیل عاملی انجام و پس از برآورد درایه‌های L و درایه‌های F (با روش حداکثر درست‌نمایی یا روش رگرسیون وزنی) امتیازهایی برای درایه‌های بردار X محاسبه شده است که در

جدول ۳-۸ امتیازها نشان داده شده است.

همچنین در شکل ۳-۷ درایه‌های X برحسب این امتیازها ترسیم شده‌اند. همانگونه که در

جدول ۳-۸ مشاهده می‌شود کمترین امتیاز مربوط به تلفن‌های معمولی (Basic Mobile Phone) و بیشترین امتیاز مربوط به اعتماد است. بازیگران جدید شامل ۴ بازیگر نوآوران OTT ها واسطه‌ها و مبلغان در میانه جدول قرار گرفته‌اند.

جدول ۳-۸- امتیاز متغیرها

Discrimination Measures		
	Dimension	
	1	Mean
o.phone	.036	.036
s.phone	.232	.232
cloud	.175	.175
content	.242	.242
operator	.199	.199
gov.org	.244	.244
bank	.301	.301
credit	.330	.330
advertise	.210	.210
regulation	.284	.284
intermediate	.256	.256
mobileweb	.308	.308
platform	.291	.291
technology	.272	.272
inovation	.311	.311
user.gender	.073	.073
user.edu	.122	.122
user.age	.120	.120
user.exp	.184	.184
easy	.292	.292
security	.370	.370
confidence	.478	.478
gov.roll	.427	.427
adoption	.267	.267
legal	.437	.437
communication	.372	.372
calture	.323	.323
policy	.343	.343
geography	.130	.130
Active Total	7.629	7.629

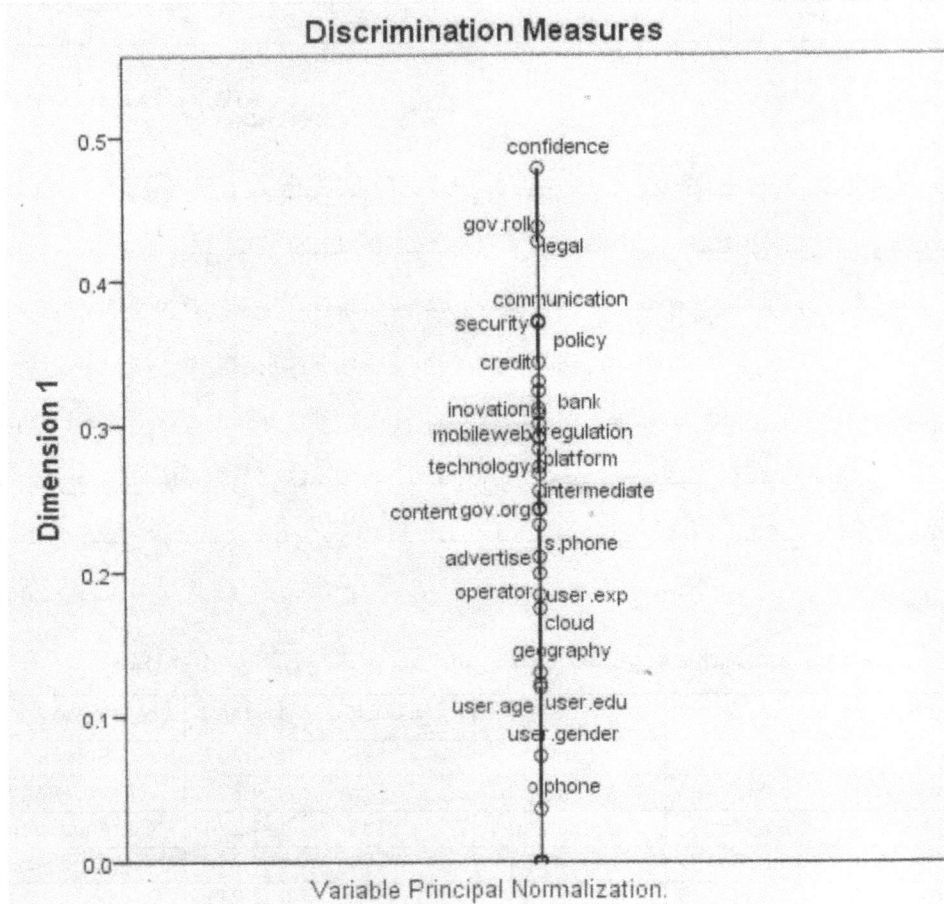

شکل ۳-۷- درایه‌ها بر اساس امتیازها

۳-۶- روش تحلیل

برای تحلیل داده‌ها از نرم‌افزارهای IBM SPSS 22 و LISREL 8.50 استفاده شده است. تحلیل‌های انجام شده با نرم‌افزار IBM SPSS 22 شامل محاسبه میانگین و انحراف معیار سنجه‌های پرسشنامه، آزمون استقلال به منظور بررسی تأثیر متغیرهای دموگرافی پاسخ‌دهندگان بر پاسخ‌ها، محاسبه آلفای کرونباخ برای سنجش قابلیت اطمینان نتایج می‌باشد. همچنین برای ساخت و آزمون مدل معادلات ساختاری از نرم‌افزار LISREL 8.50 استفاده شده است.

به‌منظور بررسی قابلیت اطمینان پاسخ‌ها، از روش آلفای کرونباخ استفاده شده است و مقادیر این معیار در جدول ۳-۹ آمده است. همانگونه که از این جدول مشخص است قابلیت اطمینان کلی سؤالات بالاتر از ۸۵ درصد می‌باشد. همچنین در صورت حذف سؤال تأثیر گوشی معمولی از بخش صنعت ICT آلفای کرونباخ آن نیز افزایش یافته و به ۰٫۶۹۳ خواهد رسید.

جدول ۳-۹- مقادیر آلفای کرونباخ نتایج نظرسنجی

بازیگران اصلی	صنعت ICT	کاربران- پذیرش	دولت و سازمانهای دولتی	بازیگران جدید	کل سنجه‌ها
تعداد سنجه	۸	۱۰	۷	۴	۲۹

مقدار آلفای کرونباخ	۰,۶۲۵	۰,۷۵۸	۰,۷۷۲	۰,۵۳۸	۰,۸۶۸

۳-۷- یافته‌ها و نتایج

قبل از انجام تحلیل‌های اصلی مربوط به تأثیر عوامل شناسایی شده بر اکوسیستم دولت همراه، ابتدا جهت اطمینان از داده‌های جمع‌آوری شده و عدم تأثیر ویژگی‌های خبرگان و کارشناسان بر داده‌ها، آزمون استقلال بین این ویژگی‌ها (جنسیت، سطح تحصیلات، تخصص و سابقه کار) بر پاسخ سنجه‌ها انجام شد و نتایج نشان می‌دهد هیچ یک از این ویژگی‌ها بر پاسخ‌ها تأثیر ندارد. بنابراین تحلیل‌های بعدی بدون تفکیک پاسخ‌ها براساس این ویژگی‌ها انجام شده است.

مقایسه میانگین و انحراف معیار پاسخ‌ها نشان می‌دهد عامل‌های گوشی هوشمند، فناوری و زیرساخت‌های ارتباطاتی بالاترین میانگین تأثیر را دارند و سه عامل گوشی معمولی، جنسیت کاربر و موقعیت جغرافیایی کمترین میانگین تأثیر را دارند. همچنین انحراف معیار عامل گوشی هوشمند، پایین‌ترین انحراف معیار است. در جدول ۳-۱۰ میانگین و انحراف معیار تأثیر ۲۹ عامل شناسایی شده آمده است.

جدول ۳-۱۰- میانگین و انحراف معیار تأثیر عاملهای شناسایی شده اکوسیستم دولت همراه

عامل	میانگین	انحراف معیار	عامل	میانگین	انحراف معیارت
Sphone	4.347	.7096	bank	3.926	.8716
Technology	4.323	.7576	legal	3.916	.9030
Communication	4.274	.8185	regulation	3.897	.9544
Confidence	4.246	.9193	advertise	3.875	.9071
Security	4.211	.9375	platform	3.853	.8889
Govroll	4.211	.8607	userexp	3.853	.8659
Operator	4.194	.8115	govorg	3.841	.9671
Easy	4.168	.9197	cloud	3.694	.9986
Calture	4.152	.8754	useredu	3.463	1.0216
Mobileweb	4.111	.8180	intermediate	3.443	.9374
Innovation	4.097	.9854	userage	3.382	1.0045
Adoption	3.997	.7987	geography	3.176	1.1610
Credit	3.986	.8639	usergender	2.522	1.2613
Policy	3.972	.9595	ophone	2.076	1.1469
Content	3.966	.9130			

به منظور بررسی مدل تأثیر بازیگران اصلی اکوسیستم دولت همراه، از مدل معادلات ساختاری استفاده شده است. بارهای عاملی این مدل و همچنین نتایج آزمون t برای این ضرایب به ترتیب در شکل ۳-۸ و شکل ۳-۹ آمده است. شاخص RMSEM و مقدار p مدل به‌ترتیب برابر با 0.092 و 0.0000 می‌باشد که نشان‌دهنده معتبر بودن مدل است. نتایج اجرای مدل نشان می‌دهد بازیگران اصلی اکوسیستم دولت همراه، دولت و ارائه‌دهندگان خدمات، بازیگران جدید شناسایی شده و پذیرش کاربران می‌باشند و تأثیر صنعت ICT در مدل معنادار نیست. میزان تأثیر این بازیگران در این اکوسیستم براساس بارهای عاملی (ضرایب مدل) محاسبه شده به‌ترتیب برای دولت و ارائه‌دهندگان خدمات، بازیگران جدید شناسایی شده و پذیرش کاربران و صنعت ICT، ۰,۸۹، ۱,۰۵، ۱,۲۰ و

۰٬۰۴ می‌باشد. همچنین ضرایب محاسبه شده برای ۲۹ عامل شناسایی شده نشان می‌دهد که عامل‌های گوشی معمولی، تبلیغات و تبلیغ کنندگان، جنسیت کاربران و سازمان‌های دولتی و نهادهای عمومی تأثیر معنی‌داری بر اکوسیستم دولت همراه ندارند.

همچنین نتایج این مدل نشان می‌دهد در بررسی عامل‌های مرتبط با صنعت ICT، عامل بستر و ارائه‌دهندگان آن، بیشترین بار عاملی را دارد و پس از آن عامل رایانش ابری قرار دارد. از بین عامل‌های دولت و ارائه‌دهندگان خدمات، عامل زیرساخت‌های حقوقی بزرگترین ضریب را در مدل دارد. عامل نوآوری و نوآوران بیشترین ضریب را بین عامل‌های بازیگران جدید دارد و عامل‌های اعتماد و امنیت، بالاترین ضریب عاملی بین عوامل پذیرش کاربر دارند. در سطح کلی‌تر، ابتدا پذیرش کاربر و سپس بازیگران جدید شناسایی شده ضریب عاملی بالاتری در مدل دارند.

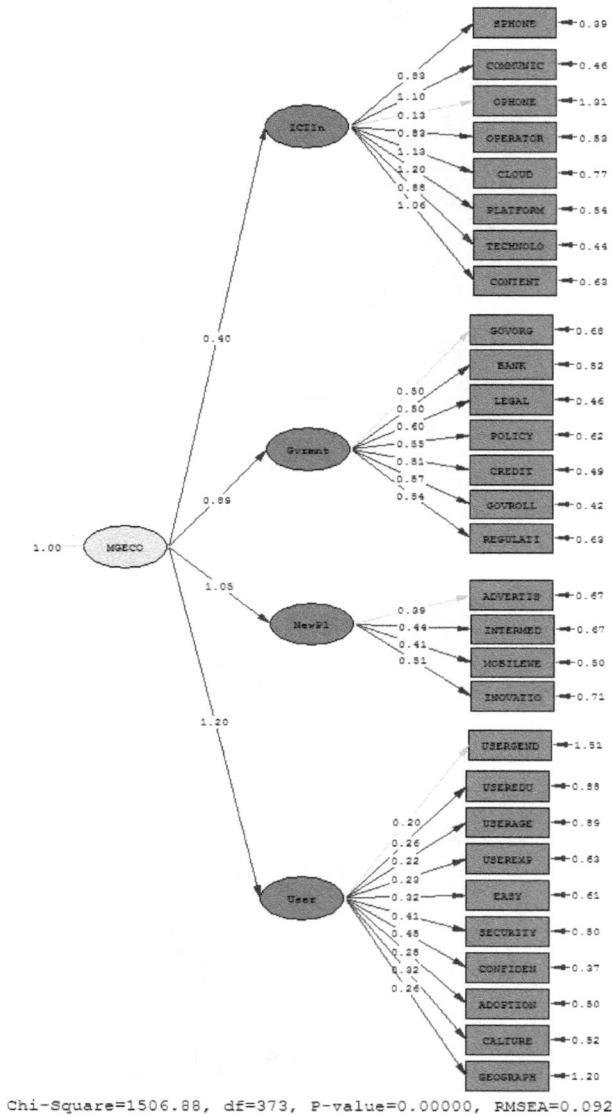

Chi-Square=1506.88, df=373, P-value=0.00000, RMSEA=0.092

شکل ۳-۸- مدل معادلات ساختاری و ضرایب آن

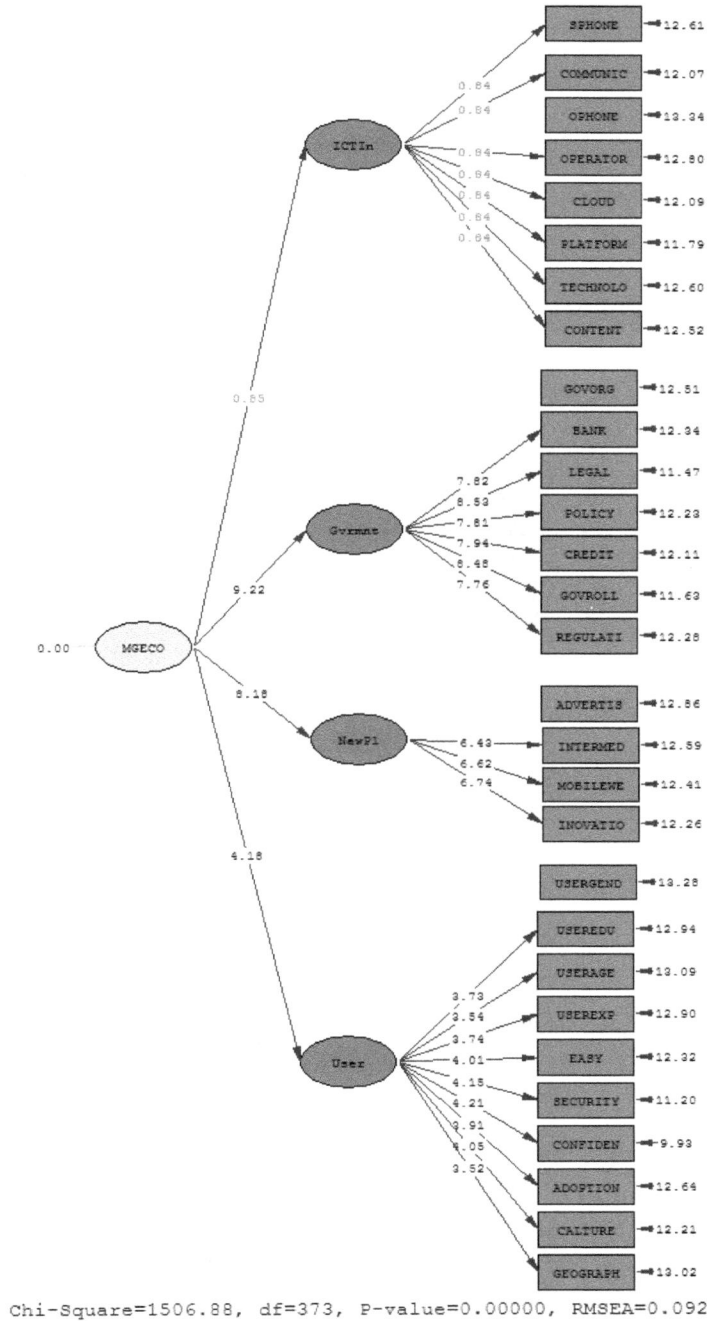

Chi-Square=1506.88, df=373, P-value=0.00000, RMSEA=0.092

شکل ۳-۹- نتایج آزمون t برای ضرایب مدل معادلات ساختاری

۳-۸- سرانجام فصل سوم

در این فصل پس بررسی ابعاد مدل‌سازی برای دولت همراه، یک مدل جدید برای اکوسیستم دولت همراه ارائه شد. سپس با استفاده از نظرسنجی از خبرگان، نقش هریک از عوامل شناسایی شده در این اکوسیستم مورد تحلیل قرار گرفت. مهمترین نتایج

بدست آمده حاکی از آن است که داشتن گوشی هوشمند، فناوری و زیرساخت‌های ارتباطی دارای بیشترین تأثیر در اکوسیستم هستند اما ضریب عاملی آن‌ها در مدل ایجاد شده پایین است.

یکی از اهداف این بخش از کتاب، بررسی تأثیر و نقش بازیگران جدید در اکوسیستم دولت همراه است که این بازیگران شامل عوامل تبلیغات و تبلیغ‌کنندگان، واسطه‌های بین دولت و مردم (بیمه‌ها وبانک‌ها)، رویکردهای جدید در سرویس‌های Mobile Web و OTT و نوآوری و نوآوران می‌باشد. نتایج مدل معادلات ساختاری نشان می‌دهد که به جز عامل تبلیغ و تبلیغ‌کنندگان، سه عامل دیگر ضرایب معنی‌داری در مدل دارند. به نظر می‌رسد نقش و تأثیر عامل تبلیغ و تبلیغ‌کنندگان که می‌تواند به عنوان عامل تولیدکننده جریان مالی و درآمدی و همچنین اطلاع‌رسانی در اکوسیستم عمل کند در حال حاضر در اکوسیستم دولت همراه دارای ابهام می‌باشد و این موضوع می‌تواند به عنوان دلیلی بر ضریب پایین آن در مدل باشد.

در بین عوامل مرتبط با پذیرش کاربران، عوامل اعتماد، امنیت سیستم‌ها بالاترین بار عاملی را دارند و این موضوع نشان‌دهنده این است که برای رشد و توسعه اکوسیستم دولت همراه باید توجه ویژه‌ای به این دو عامل شود. در مجموع به نظر می‌رسد جهت پیاده‌سازی دولت همراه باید بر پذیرش کاربران، دولت و ارائه‌دهندگان خدمات تمرکز نمود ضمن اینکه نقش بازیگران جدید نیز حائز اهمیت می‌باشد.

در این بخش از کتاب عوامل و بازیگران اصلی اکوسیستم دولت همراه شناسایی شد و تحلیل مقدماتی روی تأثیر آن‌ها در این اکوسیستم انجام شد. در ادامه بر شناسایی نقش هریک از بازیگران اصلی در این اکوسیستم و ارتباط بین آن‌ها تمرکز کرده و با ایجاد این شناخت در راستای برنامه‌ریزی جهت حداکثرسازی ارزش ایجاد شده در این اکوسیستم حرکت خواهیم کرد تا موجب رشد این اکوسیستم و پیاده‌سازی موفقیت آمیز دولت همراه شود.

۴- مدل پذیرش دولت همراه با رویکرد فرهنگ و سیاست‌های ملی

٤-١- سرآغاز فصل چهارم

پذیرش فناوری‌های تلفن همراه و خدمات وابسته به آن به عوامل و فاکتورهای زیادی بستگی دارد. فاکتورهایی نظیر سیاست‌ها، استانداردها، گرایش‌های فرهنگی، دسترسی‌پذیری، هزینه‌ها، اقتصاد، اعتماد، تجربه کاربر و امنیت.

رابطه عوامل مختلف به‌ویژه پذیرش فناوری تلفن همراه بسیار مهم می‌باشد. دولت‌ها یک نگرش راهبردی را برای پیاده‌سازی دولت همراه درنظرگرفته‌اند. اولین قدم تاثیر سیاست‌های داخلی و بین‌المللی برای افزایش ضریب نفوذ را مورد توجه قرار می‌دهد. هنگامی که دولت‌ها بازار تلفن همراه را برای رقابت باز می‌گذارند و در پروژه‌های تلفن همراه سرمایه‌گذاری می‌کنند دسترسی و در همان زمان قیمت محصولات افزایش می‌یابد. با اعمال سیاست کاهش تعرفه‌ها و یا حتی برداشتن تعرفه‌های گمرگی سعی در حمایت از مصرف‌کنندگان دارند تا هزینه مصرف‌کنندگان را کاهش دهند. پذیرش با ایجاد یک درگاه (پرتال) ارائه خدمات از طریق آن توسط تولید محتوای مفید و قابل دسترس افزایش می‌یابد. فاکتورهای اقتصادی می‌تواند میزان پذیرش تلفن همراه را در بعضی از ابعاد نشان دهد. به عنوان مثال قدرت خرید کاربران و بکارگیری آن با افزایش تولید ناخالص داخلی (GDP) ارتباط مستقیم دارد. دولت-ها با در نظر گرفتن این موضوع و دیگر شرایط اقتصادی می‌توانند تمرکز بیشتری به کاربردهای تلفن همراه و راه‌حل‌های مبتنی‌بر تلفن همراه برای توسعه اقتصادی و کاهش فقر داشته باشند. عدم دسترسی و هزینه‌های مرتبط با خطوط ثابت و کامپیوترها می-تواند دید بهتری برای استفاده از تلفن همراه در بسیاری از نقاط ایجاد نماید. هزینه‌های کمتر انعطاف‌پذیری جغرافیایی، مقیاس-پذیری و سهولت پذیرش بعضی از مزایای فناوری تلفن همراه است.

فاکتورهای فرهنگی برای مناطق جغرافیایی مختلف و گروه‌های کاربری نیز باید مورد توجه قرار گیرد. تحقیق نشان می‌دهد که در کشورهایی که از نظر هرم جمعیتی جوان‌تر می‌باشند پذیرش بالاتری نسبت به کشورهایی که از نظر سنی پیرتر می‌باشند وجود دارد.

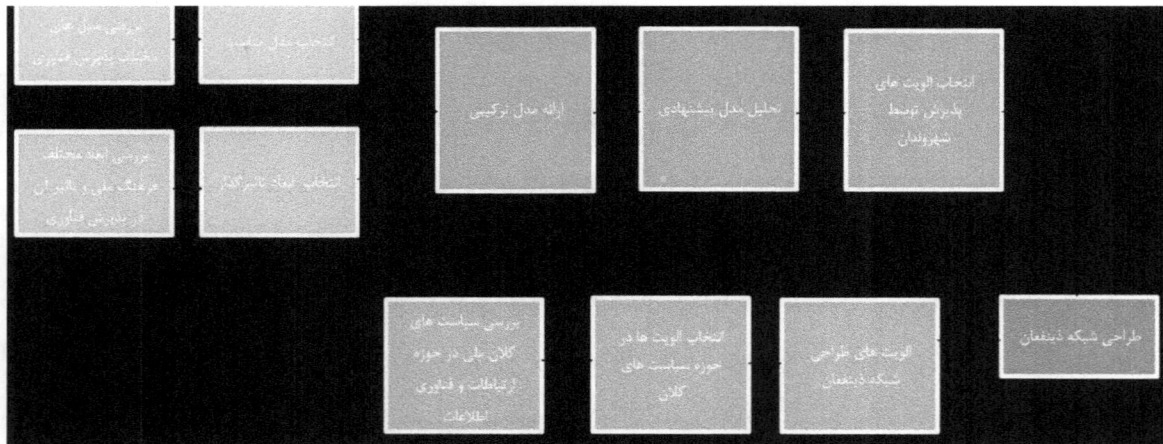

شکل ۴-۱- مدل بررسی، انتخاب و تحلیل تاثیر سیاست‌های کلان ملی و پذیرش دولت همراه

٤-٢- پذیرش دولت همراه

تعهد دولت همراه این است که دسترسی به خدمات دولت را در هر زمان و مکان امکان‌پذیر سازد که بسیار برای درگیر شدن شهروندان در دولت مهم می‌باشد (Emmanouilidou & Kreps, 2010). در حقیقت کاربردهای کوچک برروی دستگاه‌های سیار (همراه) سبب افزایش پذیرش شهروندان و تعامل آن‌ها با دولت می‌شود (Sandoual Almazanet al, 2012). مزایا و فواید متعددی برای پذیرش دولت همراه از جمله دسترسی بیشتر و وسیع‌تر، همیشه فعال و آماده‌بودن، شخصی بودن بیشتر[1]، هزینه‌بری کمتر، جریان اطلاعات سریع‌تر، افزایش دموکراسی، ارائه راه‌حل‌های کاهش شکاف دیجیتال و منحنی یادگیری آسانتر تعریف شده است (Goyal & Purohit, 2012).

یکی از چالش‌های مهم دولت‌ها هنگامی که قصد سرمایه‌گذاری در دولت همراه دارند، مدل کسب و کار در ارتباط با پذیرش آن است (Nataliani costopulv & Karestsos, 2008). امروزه کاملاً مشخص است که به دست آوردن اطلاعات، پردازش، نگهداری، سازماندهی و نمایش آن به‌صورت اطلاعات قابل استفاده بین دولت و شهروندان از موضوعات و دغدغه‌های مهم دولت‌ها برای جذب بیشتر شهروندان با استفاده از فناوری اطلاعات و ارتباطات است. تحقیقی که (AL- Hujran, 2012) در اردن انجام داد عوامل پذیرش و موفقیت دولت همراه را: ۱. اعتماد، ۲. آگاهی عمومی، ۳. هزینه، ۴. عوامل زیرساختی، ۵. زیرساخت‌های حقوقی اعلام کرد.

همچنین (Thunibat et al, 2011) تحقیقی را در مالزی انجام داد و مهمترین عوامل موثر در موفقیت پذیرش دولت همراه را آگاهی از سرویس‌های دولت همراه (اطلاع رسانی)، امنیت، هزینه و کیفیت، سرویس سرعت دسترسی را مهمترین فاکتورهای پذیرش دولت همراه مطرح نمود.

(Sandy & Mcmillan, 2005) عوامل موفقیت دولت همراه را در ۶ فاکتور خلاصه می‌کند که عبارتند از: ۱. هزینه، ۲. بازمهندسی کسب و کار، ۳. تحصیلات، ۴. پذیرش، ۵. امنیت، ۶. دسترسی تحقیقات نشان می‌دهد که سازمان‌های دولتی حرکت از سمت مشارکت الکترونیک (e- Participation) به مشارکت همراه (M- Participation) را آغاز کرده‌اند (De Reuvera Steinb et al 2013). دولت همراه اجازه ارتباطات به صورت Just in time را می‌دهد و نیز همکاری بخش بزرگی از شهروندان و ساکنین با پاسخگویان و مسئولین در صورت بروز حوادث را ایجاد می‌نماید (Jaeger et al 2007). دولت‌ها در سراسر دنیا شروع به استفاده از شبکه‌های اجتماعی برای مشارکت و درگیر کردن شهروندان و کارکنان کرده‌اند (Janine Basha, 2011). بکارگیری فناوری‌هایی نظیر تلفن همراه، لپ تاپ و استفاده از اینترنت به سازمان‌ها اجازه می‌دهد که خدمات موثرتر و با بهره‌وری بالاتری را به شهروندان ارائه نمایند. (Gupta & Dasgupta, 2008) بنابراین دولت‌ها در سراسر جهان در ایجاد دولت همراه سرمایه‌گذاری می‌نمایند. هرچندکه بکارگیری و ارائه خدمات مبتنی‌بر تلفن همراه سبب ایجاد خدمات سریع‌تر با هزینه کمتر به شهروندان شده اما **مشکل اساسی پذیرش شهروندان** است. پذیرش فناوری اطلاعات از سوی کاربران

---

[1] . More personalization

به عنوان مهمترین مولفه عوامل اجتماعی مطرح است. همچنین پذیرش فناوری اطلاعات از سوی کاربران به عنوان حیاتی‌ترین فاکتور در توضیح موفقیت یا شکست سیستم‌های اطلاعاتی موردنظر است (عبد خدا و همکاران، ۱۳۹۲).

با توجه به موارد اشاره شده، هرچند اکثر کشورهای جهان دارای کاربران تلفن همراه با ضریب نفوذ بالای ۹۰ درصد هستند اما هنوز در حوزه دولت همراه در ابتدای راه قرار داشته و باید تلاش بیشتری برای پذیرش آن توسط شهروندان صورت پذیرد.

تاکنون اکثر سرمایه‌گذاری‌ها در ارتباط با دولت همراه در بخش فنی و فناوری بوده است. هرچند که ایجاد زیرساخت‌های فنی و حقوقی و ایجاد امنیت و اعتماد بسیار مهم و با اهمیت می‌باشد، اما همواره ریسک سرمایه‌گذاری بدون درنظرگرفتن پذیرش از طرف شهروندان بسیار بالاتر می‌باشد.

٤-٢-١- پیشران‌های دولت همراه

پیشران‌های متعددی که در پذیرش دولت همراه موثر هستند تعریف شده‌اند، به‌عنوان نمونه پیشرفت در فناوری تلفن همراه یکی از پیشران‌های دولت همراه می‌باشد ((Kushchu & Kuscu, 2003), (Carroll, 2005)). از دیگر پیشران‌های موثر ضریب نفوذ بالای تلفن همراه می‌باشد. همچنین نیاز شهروندان و انتظار آنان از توسعه و دسترسی به خدمات و سرویس‌های عمومی از طریق دستگاه‌های تلفن همراه نیز به عنوان یک پیشران برای دولت همراه به شمار می‌رود (Deep & Sohoo, 2011). نیاز به توسعه اثربخشی و کارایی در ارائه سرویس و خدمات عمومی به عنوان پیشران دیگر توسط (Carroll, 2005) معرفی شده است.

از دیگر عوامل توسعه دولت همراه مساعدت به مشارکت شهروندان را ((Trimi & Sheng, 2008) (Goyal & Purohit, 2012)) مطرح کردند. ایجاد انگیزه و کمک به شهروندان به‌عنوان عامل دیگر توسط ((Goyal & Purohit, 2012), (Elkiki & Lawrence, 2006)) مطرح گردیده‌است که به‌عنوان یکی از فواید دولت همراه برای شهروندان می‌باشد. (Goyal & Purohit, 2012) دولت همراه را در جهت کاهش فساد و کاستن فاصله بین شهروندان و دولت می‌داند.

امروزه یک تقاضا از طرف دولت‌ها مطرح است که با استفاده از ظرفیت تلفن همراه بتوانند خدمات بهتری را به شهروندان بدهند ((OECD/ ITU, 2011), (Linders, 2012)) انتقال از دولت الکترونیک (شهروند به عنوان یک مشتری) به سمت دولت ما (شهروند به عنوان یک پارتنر) را پیشنهاد کرد.

بکارگیری ابزارهای فناوری اطلاعات و ارتباطات کمک می‌کند که از حالت بروکراتیک به سمت پارادایم e- Government حرکت کنیم (Ho, 2002). یکی از مصادیق این پارادایم شیفت از حالت بروکراتیک به سمت e- Government حرکت از سرویس‌های مستند پایه (document- base) به سمت مبادلات الکترونیک است که علاوه بر کاهش هزینه‌ها به سمت رضایت کامل شهروندان و کنترل بیشتر شفافیت می‌رویم، تلفن‌های همراه همواره روشن هستند که برای شهروندان بسیار ساده و آسان است که بتوانند خدمات دولت را به صورت پیامک (SMS) و در هر زمان دریافت نمایند (Lallana, 2004).

به عنوان جمع‌بندی سه عامل را برای رشد دولت همراه به عنوان پیشران مطرح می‌نمایند:

۱. رشد و توسعه فناوری سیار
۲. وسعت پذیرش فناوری سیار توسط مردم

۳. توسعه خدمات و کاربردهای (APPs) دولتی

برای توسعه پذیرش توسط کاربران می‌توان بیان نمود که شناسایی فاکتورهایی که تاثیر در پذیرش کاربران در دولت همراه دارد برای توسعه استراتژی دولت همراه بسیار مهم و با ارزش است (AL Hadidi & Rezgui, 2010). متاسفانه حتی اگر سرویس‌های دولت همراه به خوبی طراحی شده باشند ولی پذیرش آن‌ها از طرف شهروندان به اندازه کافی نباشد با شکست مواجه خواهد شد که ریسک مرتبط با منابع مالی، نیروی انسانی، منابع فنی افزایش خواهد داد و پروژه‌ها را غیرموجه می‌کند (Colclough, 2007).

(Korpelainen, 2011) با تحلیل دقیق بر روی ۳۳۰ مقاله به این نتیجه رسید که مدل پذیرش فناوری (Davis, 1989)، تئوری عمل منطقی (Fishbein & Ajzen, 1975)، تئوری انتشار نوآوری‌ها (Roger's, 1983)، تئوری رفتار برنامه‌ریزی شده (Ajzen, 1991)، تئوری یکپارچه پذیرش و استفاده از فناوری مدل فرایندهای پیاده‌سازی فناوری اطلاعات (Cooper & Zmud, 1990) و مدل موقعیت سیستم‌های اطلاعات (Delone and Mclean, 1992) مدل‌هایی هستند که در مطالعات سیستم‌های اطلاعات به‌صورت گسترده‌ای استفاده شده‌اند. در پژوهش‌های پذیرش دولت الکترونیک و دولت همراه مدل‌ها عمدتاً بر اساس مدل‌های معروف پذیرش فناوری مانند مدل پذیرش فناوری، انتشار نوآوری‌ها، تئوری رفتار برنامه‌ریزی شده، تئوری یکپارچه پذیرش و استفاده از فناوری، تئوری عمل منطقی و اعتماد هستند. (Rana et al, 2011) با بررسی بر پایه تحلیل ۷۰ مقاله دریافتند که مدل پذیرش فناوری، تئوری انتشار نوآوری‌ها، تئوری رفتار برنامه‌ریزی شده، تئوری یکپارچه پذیرش و استفاده از فناوری، تئوری عمل منطقی و اعتماد پرکاربردترین مدل‌هایی هستند که در زمینه پذیرش دولت الکترونیک و دولت همراه استفاده شده‌اند.

٤-۲-۲- مدل‌های مطرح پذیرش دولت الکترونیک و دولت همراه

٤-۲-۲-۱- تئوری رفتار منطقی Theory of Reasoned Action (TRA)

این تئوری توسط (Fishbein & Ajzen, 1975) معرفی شد که بعدها توسط محققین دیگری نظیر (Venkatesh & Smith, 1999) نیز مورد استفاده قرار گرفت. مطابق این تئوری مهم‌ترین عامل در انجام عمل توسط شخص تمایل آن شخص است که توسط دو عامل نگرش شخص نسبت به رفتار و هنجارهای ذهنی شخص تحت تاثیر قرار می‌گیرد.

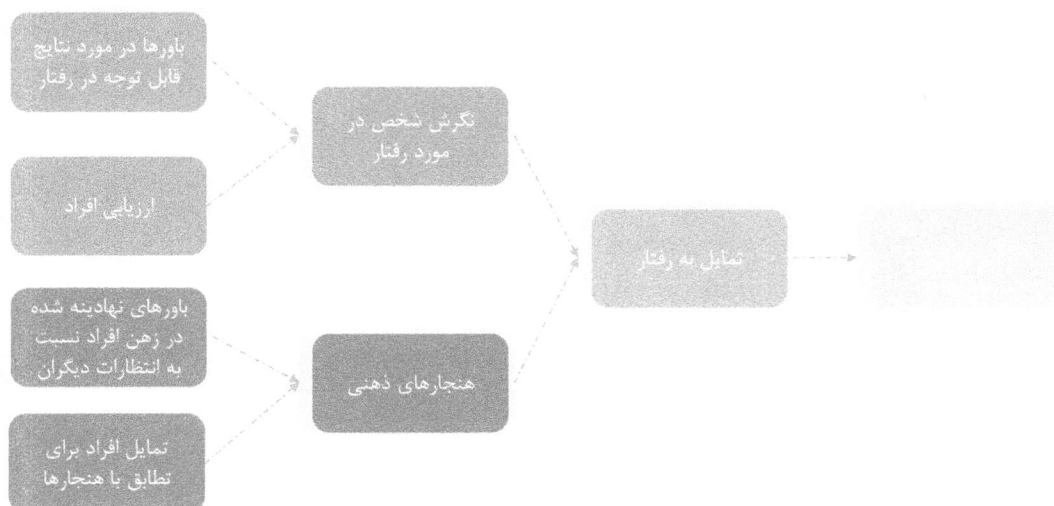

شکل ۴-۲- تئوری رفتار منطقی

براساس این فرضیه افراد به‌گونه‌ای منطقی عمل می‌کنند. افراد تمامی اطلاعات در دسترس درباره رفتار هدف را جمع‌آوری و به‌طور منظم ارزیابی می‌کنند و همچنین اثر و مشخصه اعمال را درنظر می‌گیرند، سپس بر اساس استدلال خود تصمیم می‌گیرند که عملی را انجام دهند یا ندهند. در این مدل نگرش و هنجارهای ذهنی فرد عوامل تعیین‌کننده قصد رفتاری می‌باشند و رفتار استفاده از فناوری تنها متاثر از قصد رفتاری استفاده از آن فناوری محسوب می‌شود. توسعه و آزمون تئوری عمل مستدل مبنی‌بر این فرض است که رفتارهای مورد مطالعه تحت کنترل بوده و کاملاً ارادی هستند (Davis et al, 1989). در تئوری عمل مستدل رفتار فرد تحت نیت و اراده فردی است. (Fishbein & Ajzen, 1970) مدلی را به صورت زیر توسعه دادند که تمامی عوامل مهم در پیش‌بینی رفتار را شامل می‌شود.

B~BI= (Aact) wo+ (NBCME) w1

که عبارت است از:

B: رفتار آشکار

B1: قصد رفتاری برای انجام رفتار

Aact: نگرش نسبت به انجام رفتاری معین در یک موقعیت کنشی معین

NB: عقاید هنجاری یا عقایدی که دیگران فکر می‌کنند فرد باید یا نباید آن رفتار را انجام دهد

MC=C: انگیزش برای پیروی از هنجار

W0, W1: وزن‌های رگرسیون که باید به طور تجربی تعیین شود

اگر بتوان تمام متغیرهای کمی مدل را به طور دقیق اندازه‌گیری کرد، این امکان وجود دارد که پیش‌بینی‌های نسبتاً دقیقی از قصد رفتار و به تبع آن رفتار واقعی به عمل آورد (مورین و ۱۳۸۱). آنچه که این نظریه را شاخص می‌کند قابلیت پیش‌بینی و تشریح رفتار انسان در زمینه‌های مختلف است. برمبنای این نظریه می‌توان دلایل استفاده افراد از فناوری‌ها را تشریح کرد.

٤-۲-۲-۲- نظریه رفتار برنامه‌ریزی شده

این تئوری توسط AJzen توسعه داده شده است که به فهم چگونگی تغییر رفتار انسان‌ها کمک می‌نماید. AJzen با استفاده از این تئوری به اندازه‌گیری مستقیم نگرش‌ها، هنجارهای ذهنی، عوامل موثر بر رفتار و کنترل رفتاری درک شده پرداخت. کنترل رفتاری درک شده به معنای تعیین تمایلات رفتاری و رفتار استفاده کننده است، این مدل شامل اندازه‌گیری غیرمستقیم نگرش‌ها، هنجارهای ذهنی و کنترل رفتاری درک شده نیز هست (Smarkola, 2008). براساس این نظریه عمل انسان با سه نوع ملاحظه هدایت می‌شود. عقایدی در ارتباط با عواقب احتمالی رفتار، انتظارهای بهنجار از دیگران (باورهای اصولی)، حضور عواملی که ممکن است بر اجرای رفتار اثرگذار باشند (باورهای کنترل شده) باورهای رفتاری نگرش مطلوب یا نامطلوبی را نسبت به رفتار ایجاد می‌کنند. باورهای اصولی به درک فشار اجتماعی یا هنجارهای ذهنی منجر شده و باورهای کنترلی به افزایش کنترل رفتاری درک شده درک سهولت یا سختی اجرای رفتار می‌انجامد.

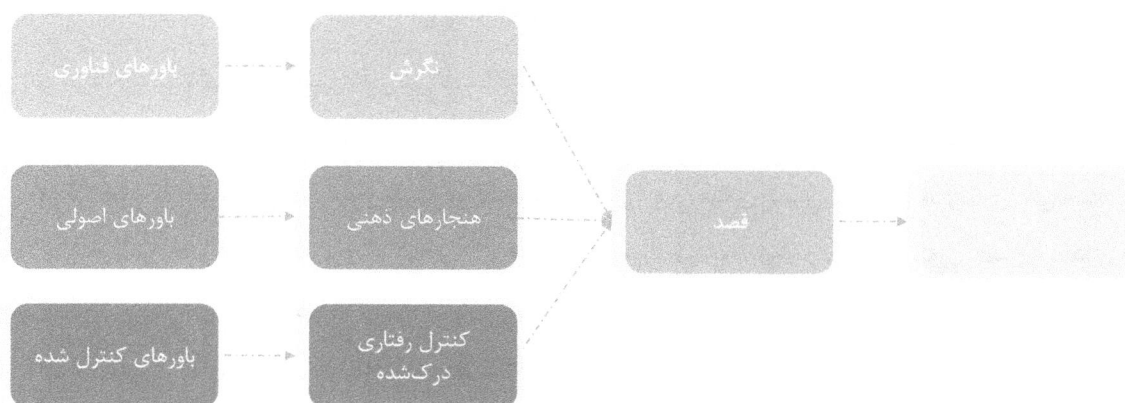

شکل ۴-۳- مدل رفتار برنامه‌ریزی Ajzen

تئوری رفتار برنامه‌ریزی شده کاربردهای فراوانی در بخش‌های مختلف دارد. از جمله در دولت همراه تحقیقاتی (Abinwi Nchise, 2012) انجام پذیرفته است. در ارتباط با پذیرش فناوری و تاثیر فناوری‌های جدید از جمله اینترنت و تلفن همراه در تغییر دیدگاه‌های افراد برای پذیرش دموکراسی برمبنای الکترونیک و یا تحقیقاتی که توسط (Ramayah & Yusoff, 2009) در کشور مالزی برای پرداخت‌کنندگان مالیات با استفاده از گوشی تلفن همراه یا پست الکترونیک انجام شده است، این تحقیق بر روی ۱۲۵ نفر از مودیان مالیاتی صورت پذیرفته و استفاده از ابزارهای الکترونیکی و تاثیر آن‌ها در پرداخت مالیات و پذیرش توسط مودیان مورد بررسی قرار گرفته است.

همچنین تحقیقی توسط (Nrioendra et al, 2012) انجام گرفته است که با بررسی بیش از ۱۰۳ مقاله مختلف از روش‌های بکارگیری شده برای بررسی پذیرش مدل تئوری رفتار برنامه‌ریزی شده بعد از مدل پذیرش فناوری که از بین مقالات فوق ۵۳ مقاله را به خود اختصاص داده است حد نصاب قابل قبولی را به دست آورده است. لذا به نظر می‌رسد این مدل را می‌توان با درنظر گرفتن تغییراتی که نقاط ضعف و محدودیت‌های آن را پوشش دهد بکارگیری نمود.

جدول ۴-۱- بکارگیری تئوری رفتار برنامه‌ریزی شده

نام محقق	زمینه تحقیق
Morris & Venkatesh (2000)	Technology Usage by Workers
Fortin (2000)	Clipping Online Coupons
Troung (2009)	Online Video and TV Services
Yen Chiu & Chang (2006)	Online Shopping behavior
Lee, Cerreto & Lee (2010)	Use computer by teachers
Irani & O'Malley (1998)	Online Learning
Ventatesh (2002)	Distance education
Renzi & Klobs (2008)	Online social interaction
O'Connor & White (2010)	Using student's Pod casts
Godin & Kok (1996)	Health Sciences
Hagger et al (2003)	Leisure studies
Pavlou & Fygenson (2006)	Marketing

٤-٢-٢-٣- تئوری نفوذ نوآوری (Innovation Diffusion Theory (IDT))

اگر چه این مدل قبلاً کاربرد بیشتری در جامعه شناسایی داشته است، اما در حوزه‌های انسان‌شناسی، آموزش، ارتباطات و بازاریابی تئوری نفوذ نوآوری ((Innovation Diffusion Theory (IDT) به صورت گسترده در نوآوری فناوری کاربرد دارد.

از نگاه روگرز نوآوری یک دید، یک تمرین و هدف است که توسط دیگران به عنوان موضوع جدید درک می‌شود و مورد پذیرش قرار می‌گیرد. از دید روگرز پذیرندگان نوآوری می‌بایست قبل از بکارگیری پذیرش آن آموزش لازم را در ارتباط آن کسب کنند.

این فرایند پذیرش شامل پنج مرحله است:

- آگاهی (Awaremess): افراد ایده‌های جدید می‌آموزند و سعی می‌کنند که کمبودهای اطلاعاتی خود در این زمینه را افزایش دهند.

- انگیزه (Interest): افراد در معرض ایده‌های جدید قرار می‌گیرند و تلاش می‌کنند اطلاعات بیشتری را در این ارتباط کسب کنند.

- ارزیابی (Evalvation): افراد ایده‌های جدیدی را مطرح می‌کنند و با توجه به وضعیت حال و آینده تصمیم می‌-گیرند که آن را ادامه بدهند و یا خیر.

- آزمایش کردن (Trial): افراد سعی می‌کنند با انجام آزمایش در سطح کوچک از تمامی امکانات ایده استفاده نمایند تا پی به تمامی امکانات آن ببرند.

- پذیرش (Adoption): آخرین مرحله زمانی که افراد تصمیم به پذیرش ایده می‌گیرد و متعهد به استفاده از آن می‌شود.

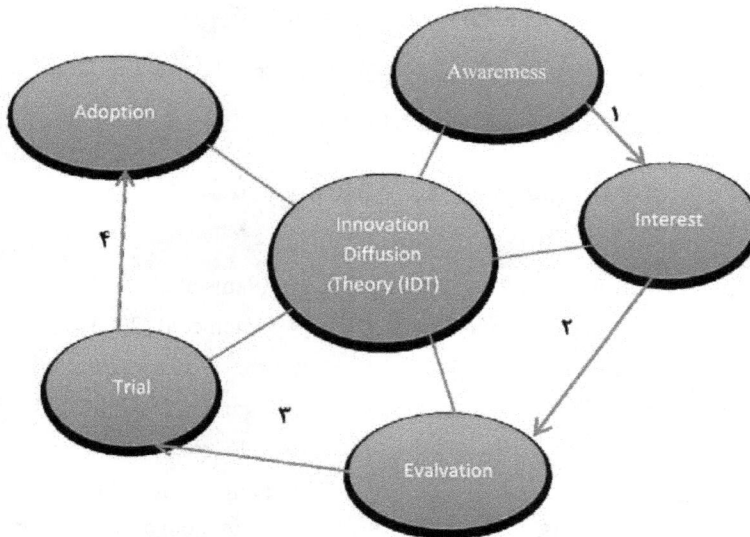

شکل ۴-۴- مدل تئوری نفوذ نوآوری

تصمیم افراد برای اینکه مطابق تئوری روگرز از نوآوری استفاده کنند به منافع حاصل از نوآوری باز می‌گردد. از جمله مزایای مربوطه (Relative advantage)، سازگاری (compatibility)، پیچیدگی (Complexity)، آزمایش‌پذیری- قابلیت انجام آزمایشی داشتن (Trialability)، مشاهده پذیری (Observability) است.

٤-٢-٢-٤- نظریه پذیرش فناوری دیویس (TAM) Technology Acceptance Model

نظریه پذیرش فناوری برای تشریح رفتار استفاده از رایانه توسعه یافت. سیاست‌گذاران متوجه شدند که بسیاری از سرمایه‌گذاری‌های فناورانه در موسسه‌های پژوهشی بدون استفاده مانده‌است (Rao, 2007). چالش‌هایی از این نوع باعث شد تا دیویس در سال ١٩٨٩ نظریه پذیرش فناوری از کاربردی‌ترین نظریه‌ها در حوزه پذیرش فناوری را توسعه دهد. (Davis, 1993) معتقد است هدف بیشتر نظام‌های اطلاعاتی، ارتقای عملکرد شغلی است. پذیرش فناوری توسط کاربر عامل ضروری و تعیین‌کننده در موفقیت یا شکست یک نظام اطلاعاتی به شمار می‌رود. این مدل نه‌تنها به‌تشریح دلایل نپذیرفتن یک خدمت مبتنی‌بر فناوری توسط کاربران می‌پردازد، بلکه به بررسی چگونگی ارتقای میزان پذیرش کاربران از طریق طراحی نظام می‌پردازد. شکل ٤-٥ مدل پیشنهادی دیویس و عناصر آن را نشان می‌دهد:

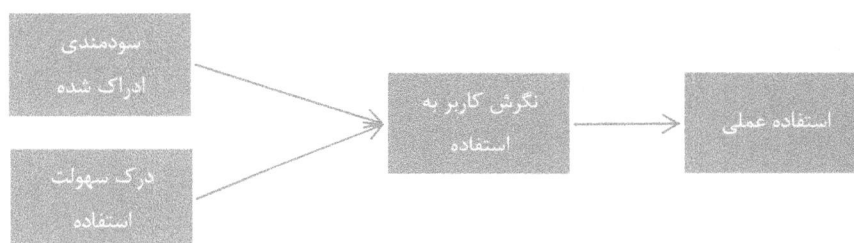

شکل ٤-٥- مدل پذیرش فناوری دیویس (١٩٩٣)

مدل پذیرش فناوری در تحقیقات بسیاری از محققین در ارتباط با سرویس و خدمات مورد استفاده قرار گرفته است. این مدل به تشریح ماهیت روابط باور- نگرش- قصد و رفتار و ارتباط آن‌ها با میزان پذیرش استفاده‌کننده از فناوری می‌پردازد.

جدول ٤-٢- بکارگیری مدل پذیرش فناوری (TAM)

ردیف	نام محقق	زمینه تحقیق
١	Adams et al (2007)	پست الکترونیکی E-mail
٢	Gefen et al (2003)	تجارت الکترونیک e-Commerce
٣	Martins and Kellermans (2004)	آموزش الکترونیکی e-Learning
۴	Al-Sukar and Hassan 2005	Internet banking
۵	Fu et al 2006	دولت الکترونیک
۶	Fengy et al 20011	دولت الکترونیک
٧	Wu et al 2007	Mobile Health Care system (MHS)
٨	Althunibat et al 2014	M-government
٩	Abdelghaffar and Magdy 2012	M-government

٤-٢-٢-٥- نظریه استفاده از رایانه‌های شخصی Model of pc utilizational

این تئوری (MPCU) نخستین بار توسط (Thompson, 1991) که برگرفته از نظریات (Triandis, 1980) بود جهت افزایش تمایل در بکارگیری رایانه‌های شخصی مطرح گردید. این تئوری بر دو اصل گرایش‌ها و رفتار افراد پایه‌گذاری شده است. تریاندس رفتار افراد را متاثر از سه متغیر عادت، تمایلات و شرایط تسهیل‌گر می‌داند. افزون‌براین تمایلات نیز از متغیرهای احساس، عوامل اجتماعی و نتایج غیرقابل انتظار تاثیر می‌پذیرد. نتایج قابل‌انتظار تداعی‌کننده این است که آیا رفتار، نتایج قابل انتظار و ارزشمندی برای اجرا کننده آن درپی خواهد داشت؛ (Chang & Cheung, 2001) نتایج قابل انتظار را به صورت ذیل تعریف نمودند:

C= $C = \sum_{i=1}^{n}$ Pci Vci

C= ارزش نتایج قابل انتظار

PCI= احتمالات ذهنی از یک نتیجه خاص یک رفتار

VCI= ارزش یک نتیجه

I; n= تعداد عواقبی که یک موضوع به احتمال زیاد متاثر از یک رفتار خاص خواهد داشت

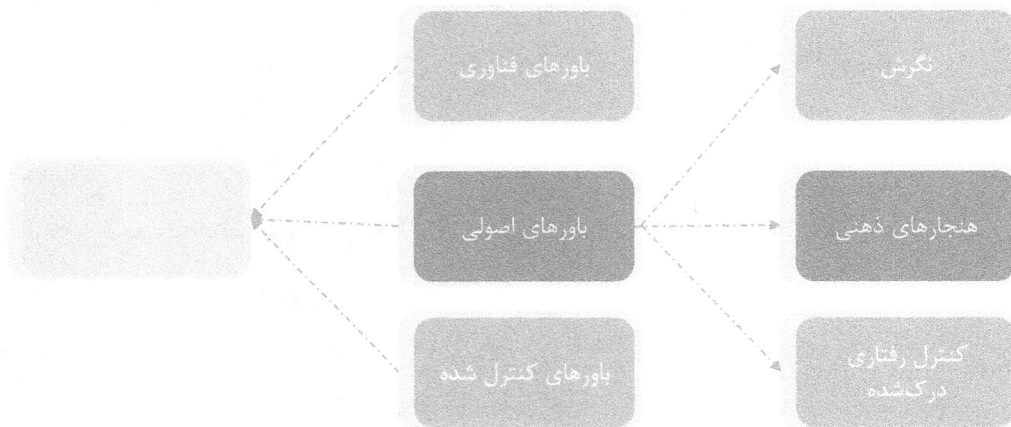

شکل ۴-۶- نظریه استفاده از رایانه شخصی

٤-٢-٢-٦- تئوری شناخت اجتماعی Social cognitive theory (SCT)

مبنای این تئوری (معروف به آلبرت پاندورا) یادگیری است و این ایده که مردم توسط مشاهده‌هایشان می‌آموزند که دیگران چه‌کار انجام می‌دهند. در این مدل چهار فاکتور جایگاه ویژه دارد: توجه[1]، به حافظه سپردن[2]، باز تولید[3]، انگیزش[4]

---

1. Attention
2. Rrtention
3. Reproduction
4. Motivation

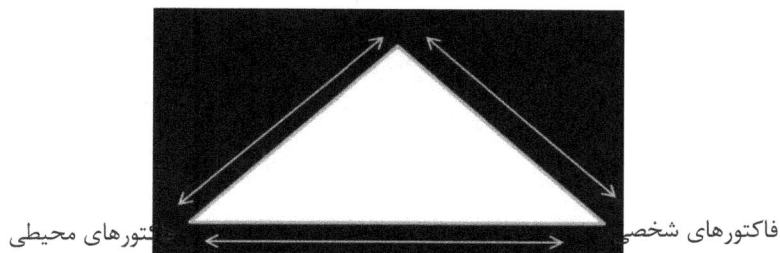

فاکتورهای شخص
تورهای محیطی

شکل ۴-۷- تئوری شناخت اجتماعی

٤-٢-٢-٧- تئوری یکپارچه پذیرش و استفاده فناوری

هدف این تئوری تشریح انگیزه‌های کاربر در استفاده از یک سیستم اطلاعاتی و رفتارهای استفاده‌ای متعاقب آن است .تئوری مذکور بیان می‌کند که چهار مولفه کلیدی (توقع عملکردی، توقع تلاش، تاثیر اجتماعی و شرایط تسهیل‌کننده) تعیین گروه‌های اصلی رفتار و انگیزه استفاده هستند. عواملی مانند جنسیت، سن و استفاده ارادی واسطه‌هایی در تاثیر مولفه‌های کلیدی در انگیزه استفاده رفتار هستند. تئوری فوق از طریق بررسی و ترکیب مولفه‌های هشت مدل تئوری عمل استدلالی، مدل پذیرش فناوری، مدل انگیزشی تئوری رفتار برنامه ریزی شده، ترکیبی از تئوری رفتار برنامه‌ریزی شده و مدل پذیرش فناوری، مدل بهره‌گیری از رایانه شخصی، تئوری گسترش نوآوری و تئوری شناخت اجتماعی بنا شده است (Venkatesh, 2003).

نظریه یکپارچه پذیرش و استفاده از فناوری شامل دو سازگار نظری است که بر اساس آن هنجار ذهنی می‌تواند به‌طور غیرمستقیم بر روی قصد افراد از طریق ادراک سودمندی اثر بگذارد. این نظریه بر این باور است که هنجارهای ذهنی می‌توانند بر روی تصور افراد تاثیر مثبتی داشته باشند زیرا زمانی که افراد مهم یک گروه اجتماعی فردی را متقاعد سازند که او باید فناوری جدید را بپذیرد، کاربر نیز این فناوری جدید را خواهد پذیرفت. تئوری پذیرش و استفاده یکپارچه از فناوری نسبت به دیگر تئوری‌ها جدیدتر می‌باشد و پایایی آن برای پژوهش‌های پذیرش فناوری در حوزه‌های گوناگون اثبات شده است.

در ارتباط با دولت همراه آنچه که مهم است این است که موفقیت دولت همراه بستگی زیادی به پذیرش شهروندان دارد و لذا ما تلاش می‌کنیم بیشتر از منظر تقاضا که همانا شهروندان می‌باشد وارد موضوع شویم.

(E1- Kiki & Lawrance, 2007) یک مدل مفهومی برای رضایت کاربران و بکارگیری خدمات دولت همراه را معرفی کرده‌اند. آن‌ها فاکتورهایی را که موثر در رضایت کاربران و پذیرش آن‌ها هستند را به صورت ذیل تعریف کرده‌اند:

قیمت، محتوا، کیفیت سرویس، آگاهی و اطلاع‌رسانی، دسترس‌پذیری، موجود بودن، پایایی، دقت و مسئولیت‌پذیری، تواضع و ادب، کمک بودن، تراکنش موثر و مفید مناسب و بجا بودن، اعتماد و حریم خصوصی، امنیت، قابلیت ارزیابی و شفافیت.

(Susanto & Goodwin, 2010) تحقیقی را در ارتباط با فاکتورهای موثر بر میزان پذیرش شهروندان (سرویس‌های دولت) مبتنی‌بر پیامک (SMS) را در ۲۵ کشور به انجام رسانید. نتیجه تحقیق نشان می‌دهد از بین ۱۵۹ پاسخ دهنده ۷۰ درصد پاسخ ها حاکی از اطلاع پاسخ‌دهنده از اینگونه سرویس‌ها بوده است. از بین پاسخ ها ۱۵ نظر در ارتباط با بکارگیری و یا عدم بکارگیری خدمات توسط شهروندان به عنوان عوامل موثر مطرح گردیدند. سادگی در کاربرد، اثربخشی در زمان و مسافت، ارزش پول، مسئولیت-

پذیری، آسودگی و راحتی، اعتماد به فناوری SMS، مفید بودن، کیفیت و پایایی اطلاعات، ریسک حریم خصوصی کاربر، پایایی شبکه سیار و عملکرد آن، رابطه و ارتباط ادراکی اعتماد دولت و کیفیت خدمات ارائه شده، دسترسی و زیرساخت، سازگاری، سودمندی تاثیر بکارگیری (SMS) از عوامل موثر در پذیرش و موفقیت (SMS) بوده است. جدول ۴-۳ موارد استفاده از تئوری پذیرش یکپارچه فناوری را نشان می‌دهد.

جدول ۴-۳- موارد بکارگیری تئوری پذیرش یکپارچه فناوری

ردیف	نام محقق	زمینه تحقیق
۱	Venkatesh et al 2003	User Acceptance of IT
۲	Yu- Lung et al 2007	Behavior of 3G mobile Communieation User
۳	Chiu & Wang 2008	Web- based Learning continuance intention
۴	Liu- G- et al 2008	User acceptance of Internent banking
۵	Al shafi & Weera 2010	E- government Adoption
۶	Yahya et al 2011	Measuring user Acceptance of E- syariah
۷	Al- Sobhi et al 2011	E- government
۸	Abdul- Rahman et al 2011	Intention to use Digital Library basedon Modified Utaut

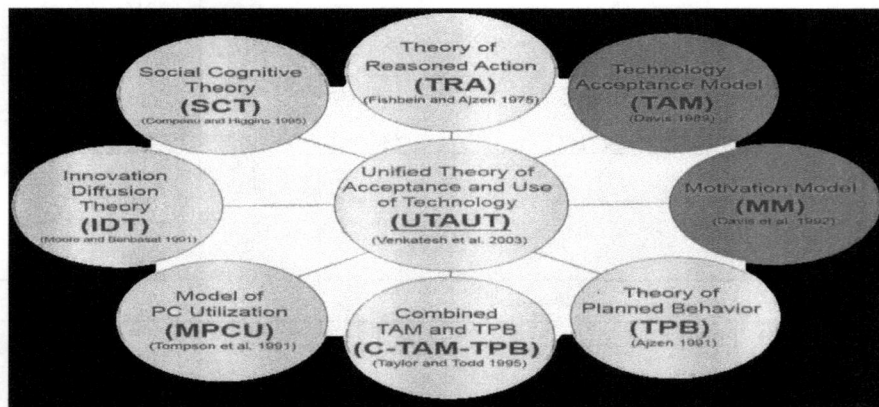

شکل ۴-۸- تئوری یکپارچه پذیرش فناوری

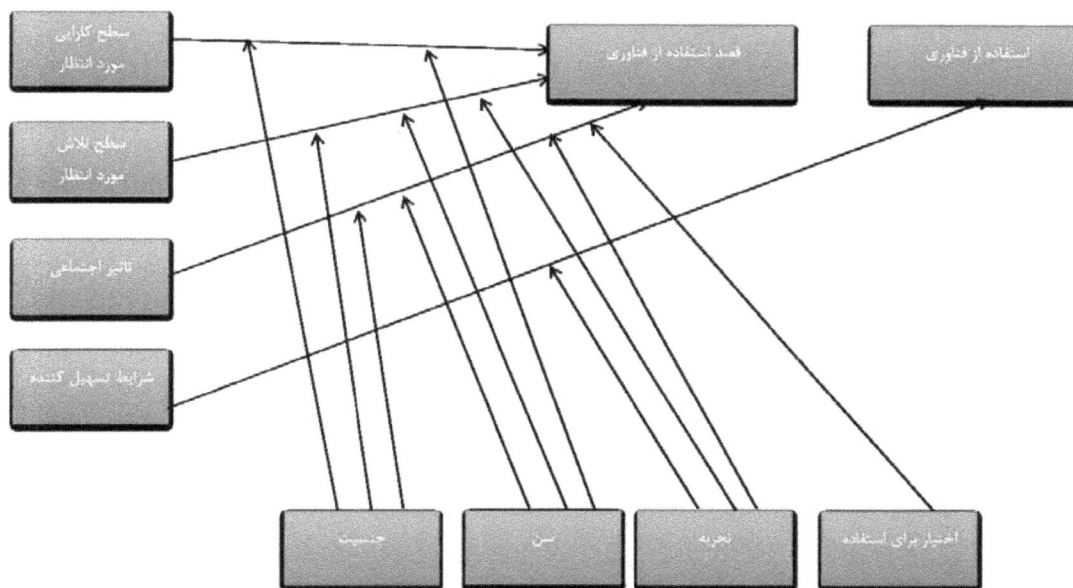

شکل ۴-۹- مدل تئوری یکپارچه‌ی پذیرش و استفاده از فناوری (Venkatesh et al., 2003)

٤-۲-۳- جمع‌بندی مطالعات صورت گرفته

جدول ۴-۴- جمع‌بندی مطالعات

مطالعات	سال	متغیرها	نتایج
Park Totolo Mckedhnie, et al	2010 2007 2006	سهولت استفاده ادراکی	بین سهولت استفاده و سودمندی ادراکی، رابطه مثبت و مستقیم وجود دارد.
Gu Liu, et al	2009 2004		سهولت استفاده و اعتماد، تأثیر زیادی بر سودمندی ادراکی و در نهایت، پذیرش و استفاده از فناوری دارند.
Yi & Hwang Chen, et al Venkatesh Davis, et al	2003 2002 1999 1989		سهولت استفاده ادراکی، به طور مستقیم یا به طور غیرمستقیم از طریق سودمندی بر قصد رفتاری اثر دارد.
Davis, et al	1989		میزانی که کاربر انتظار دارد استفاده از سیستم مورد نظر نیازی به تلاش نخواهد داشت.
Chung a, et al	2010	سودمندی ادراکی	در مطالعه خود نشان دادند که سودمندی ادراکی تأثیر مثبتی بر قصد رفتاری داشته و این رابطه در سنین مختلف متفاوت است.
Mckedhnie, et al	2006		تحقیقی بر روی ۳۰۰ نفراز استفاده کنندگان اینترنت به عنوان کانال توزیع برای خدمات مالی در انگلستان نشان داد، سودمندی ادراکی به همراه سهولت استفاده، منجر به نگرش مثبت در استفاده از فناوری می شود.
Pikkarainen, et al	2004		در پژوهش خود در زمینه بانکداری الکترونیک نشان داد که سهولت استفاده ادراکی از مهمترین فاکتورها در پذیرش و بکارگیری یک فناوری است.
Shin Lederer, et al Hu & Chau Jackson, et al	2004 2000 1999 1997	سودمندی ادراکی	در تحقیقات بسیار زیادی اثبات شده است که سودمندی ادراکی تأثیر زیادی بر نگرش نسبت به استفاده و در نهایت استفاده واقعی از فناوری های نوین دارد.
Venkatesh Davis	2000		بر اساس مدل پذیرش فناوری، درک شخص از سودمندی سیستم، تحت تأثیر این واقعیت است که وی درک کند استفاده از سیستم آسان است.

مطالعات	سال	متغیرها	نتایج
Jiang, et al	2000		پذیرش فناوری رابطه مثبتی با سودمندی ادراکی میان مدت و بلند مدت دارد.
Davis Taylor & Todd	1989 1993 1995		به عنوان درک فردی است که با استفاده از فناوری می تواند عملکرد خودش را بهبود بخشد.
Qazi & Hamner	2009	توانایی استفاده	بین میزان آموزش و استفاده از یک فناوری رابطه مستقیمی وجود دارد.
Totolo	2007	توانایی استفاده	توتولو در رساله دکتری خود دریافت که آموزش استفاده از کامپیوتر، عاملی بسیار مهم در پذیرش و استفاده از فناوری های آن لاین می‌باشد.
Pikkarainen, et al	2004	توانایی استفاده	میزان اطلاعات مشتریان در مورد فناوری جدید، به عنوان یک فاکتور مؤثر در پذیرش فناوری است.
Anadarajan, et al	2002	توانایی استفاده	مهارت رایانه‌ای که بر اثر آموزش حاصل شده بر سودمندی و سهولت تأثیر بالایی دارد.
Intrapairot, & Quaddus	1999	توانایی استفاده	توسعه فرایند یادگیری کاربران یک فناوری جدید، باعث افزایش پذیرش و استفاده از آن فناوری می‌شود.
Teo & Noys	2010	تمایل به استفاده	بررسی مقایسه‌ای نگرش معلمان دو کشور انگلستان و سنگاپور در استفاده از کامپیوتر نشان می‌دهد که عوامل موثر بر نگرش استفاده در دو کشور با توجه به تفاوت های فرهنگی متفاوت است.
Bajaj & Nidumolu Nelson & Adams	1998 1992	تمایل به استفاده	نگرش نسبت به استفاده، رابطه مثبت و مستقیمی در استفاده واقعی از یک فناوری را دارد.
Fishbein & Ajzen	1975	تمایل به استفاده	نگرش به‌عنوان احساس مثبت یا مفنی درباره انجام رفتار هدف تعریف شده است. نگرش فردی نسبت به رفتار، حاصلضرب باورهای نگرشی در ارزیابی پیامدهای آنان است.

٤-٣- فرهنگ ملی و دولت همراه

٤-٣-١- شهروندان و دولت همراه

فناوری اطلاعات در همه ابعاد زندگی و سیستم‌های اجتماعی، اقتصادی و فرهنگی تحولی بزرگ در شیوه زندگی، کار و فعالیت ایجاد می‌نماید. توانمندی شهروندان در بکارگیری و پذیرش خدمات الکترونیکی دولت اهمیت بسزایی دارد. افراد با استفاده از خدمات الکترونیکی دولت به‌ویژه خدمات دولت همراه با مهارت دارای شور و شوق و انگیزه، پاسخگو و نوآور می‌توانند در ارتقاء سطح کیفیت زندگی فردی و اجتماعی یک جامعه وظایف بزرگی را به‌عهده گیرند و به دور از هرگونه محدودیت جغرافیایی، فیزیکی و اقتصادی در کوتاه‌ترین زمان در هر مکانی از این ابزار پرقدرت بهره‌برداری نمایند.

جهت‌گیری‌های راهبردی در این حوزه به حفظ هویت در فضای الکترونیکی، گسترش و تعمیق آن و اشاعه فرهنگ ایرانی اسلامی تاکید می‌نماید. فراهم آوردن فرصت برابر، عادلانه و امن اطلاعاتی برای همه شهروندان جامعه بدون ملاحظه زمان و مکان با استفاده از ابزارهای گوناگون اطلاعاتی با استفاده از:

- توسعه خط و زبان فارسی و اشاعه فرهنگ ایرانی- اسلامی در فضای الکترونیکی
- فراهم کردن فرصت برابر، عادلانه و امن فناوری اطلاعات برای شهروندان با ایجاد شبکه ملی اطلاعات
- افزایش آگاهی عمومی و سواد دیجیتالی جامعه

- ایجاد امنیت جامعه و خانواده و اشخاص در استفاده از خدمات الکترونیکی

از راهبردهای مهم در سند جامع فناوری اطلاعات کشور می‌باشد.

در گذشته مدیریت دولتی توجه اصلی خود را به رخدادهای درون بروکراسی معطوف می‌داشت و عمدتاً مشکلات درونی بروکراسی را مساله اصلی می‌پنداشت. امروزه سیاست "شهروندان در اولویت اول در تمامی امورند" سیاست رایج کشورهایی شده است که نگاه خود را از درون بروکراسی دولتی برگرفته و به بیرون پرداخته‌اند و این سیاست موجب شده تا مشارکت سازنده و مبتنی‌بر اعتماد میان دولت و شهروندان به وجود آید (کارگر زنجانی، ۱۳۹۴). سیاست "شهروندان در اولویت اولند" با تمایز میان مشتری و شهروند به وجود آمده است. زمانی که افراد را به صورت مشتری نگاه می‌کنیم آن‌ها یک شیوه عمل دارند و زمانی‌که به آن‌ها شهروند می‌گوییم شیوه عمل متفاوتی از خود بروز می‌دهند (کارگر زنجانی، ۱۳۹۴).

"شهروندان اولویت اولند" افراد را ترغیب می‌کند تا مسئولیت اجتماعی خود را به عنوان یک شهروند بشناسند و از سوی دیگر مدیران دولتی نیز دریابند که چگونه نسبت به نظرات و مطالبات آنها حساس و پاسخگو باشند.

از دیدگاه شهروندان دولت همراه به بهبود سطح رفاه جوامع و دسترسی راحت‌تر به خدمات دولتی، توسعه عدالت با امکان دسترسی برابر به خدمات دولتی برای همه اقشار جامعه، کاهش حجم سفرهای درون شهری و کاهش ترافیک و آلودگی‌های مرتبط با آن، بهبود سلامت روانی جامعه با کاهش استرس از روش‌هایی مانند شفافیت و دسترسی به قوانین و مقررات، کاهش رفت و آمدهای شهری در ساعات پرترافیک، صرفه‌جویی در وقت و هزینه، دسترسی به فرصت‌های آموزشی و شغلی برابر و از همه مهمتر فراهم شدن زمینه استقرار و توسعه حکومت مردم سالار منجر خواهد شد.

از دیدگاه سازمان ملل متحد و از زاویه شهروندان و مردم دولت همراه سکویی برای توسعه ظرفیت‌های لازم برای مشارکت شهروندان، ایجاد شفافیت در تصمیمات دولتی و وسیله‌ای برای ایجاد اعتماد عمومی نسبت به دولت است.

٤-۳-۲- تاثیر فرهنگ بر پذیرش و اشاعه خدمات دولت همراه

در سال‌های اخیر خدمات تلفن همراه شاهد یک افزایش بی‌سابقه در توسعه بوده است و تاثیر آن بر بخش‌های اقتصادی، اجتماعی، سیاسی و جغرافیایی نیز کاملاً مشهود و مشخص است. اما نقش فرهنگ در اشاعه خدمات تلفن همراه هنوز کاملاً مورد مطالعه قرار نگرفته است. نرخ پذیرش و انتشار آن در کشورهای مختلف کاملاً متفاوت است. تلاش می‌شود به نقش فرهنگ بر پذیرش و توسعه خدمات دولت همراه بپردازیم برای این منظور از مطالعات محققین مختلف در این حوزه بهره‌برداری و استفاده خواهیم نمود. از بین محققین این حوزه ها فستد تحقیقات زیادی را انجام داده است به‌گونه ای که از ۳۶ محقق که در این حوزه فعال بوده‌اند ۲۴ نفر از تحقیقات هافستد استفاده کرده‌اند (Myers & Felix,2002).

در سال ۱۹۸۰ محقق مدیریت Geert Hofstede اولین تحقیق خود را در ارتباط با ۱۱۶۰۰۰ نفر از کارکنان شرکت چند ملیتی IBM در ۴۰ کشور دنیا منتشر کرد (Hofstede, 1980, 1983, 1984, 1991, 1997,2001).

هافستد فرهنگ ملی را این گونه تعریف می‌کند: "تجمیعی از برنامه‌های ذهنی که سبب تشخیص اعضا یک گروه یا طبقه‌ای از افراد از یکدیگر می‌شود (Hofestede,1991). به نظر هافستد مردم ویژگی‌ها و مشخصه‌های ملی را به اشتراک می‌گذارند. همچنین

((Feng, 2003), (Alharbi, 2006)) تاکید بر این نکته دارند که موضوعات و ملاحظات فرهنگی و فرهنگ از فاکتورهای مهمی است که باید هنگام بکارگیری یک فناوری جدید مورد توجه واقع گردد.

((Leidner & Kayworth, 2006), (Twati, 2006), (Al-Hujran,2011)) در تحقیقات خود به اهمیت فرهنگ و ارتباط آن با موفقیت پذیرش و کاربرد IT پرداخته‌اند. لذا نگاه به دولت همراه فقط از دیدگاه راه حل‌های فناوری یک اشتباه است، بلکه از دیدگاه فرهنگی و تاثیر شهروندان در شفاف‌سازی حکومت، دخالت شهروندان در فرآیندها و ازبین‌بردن فاصله‌ها موردتوجه ویژه قرار گیرد. در تحقیقی که توسط (Mariana Hatman et al., 2012) انجام شده است نشان می‌دهد که فرهنگ ملی تاثیری در پیاده سازی دولت الکترونیک در رومانی داشته است.

هافستد ابعاد مختلف فرهنگ را موردبررسی قرار داد و به صورت ویژه ۴ بعد را به صورت ذیل دسته‌بندی نمود:

۱. فردگرایی/ جمع گرایی[1]: شاخص فردگرایی یا بعد فردگرایی در مقابل جمع‌گرایی را اینگونه تعریف می‌کنند که یک فرهنگ فردگرا فرهنگی است که در آن روابط بین مردم سست است به‌گونه‌ای که آن‌ها اقدامات خود را برمبنای درک‌شان پایه‌گذاری می‌کنند (Earley, 1994). یک فرهنگ جمع گرا فرهنگی است که در آن مردم به گروه‌های منسجم قوی یکپارچه می‌شوند به‌طوری که آن‌ها خود اقداماتشان را برمبنای واکنش افراد پیرامون‌شان پایه‌گذاری می‌کنند (Lee & Peterson, 2000). مردم در کشورهای فردگرا تمایل به خود انتخابی دارند درحالی‌که مردم در کشورهای جمع‌گرا به راحتی مایل‌اند با معیارهای گروه مطابقت داشته باشند (Erumban & Jong, 2006). افراد در کشورهای فردگرا آزادانه به بیان دیدگاه‌های خود می‌پردازند و در جایی که هنگام تصمیم‌گیری نگرانی‌های جمعی بر دیدگاه‌های شخصی غالب است، بیشتر تمایل به نوآوری و اتخاذ ایده‌های جدید دارند (Erumban & Jong, 2006). این پدیده ما را به سمت این فرضیه سوق می‌دهد که کشورهای با فردگرایی بالا نرخ بالاتری از اشاعه تلفن همراه و خدمات مبتنی‌بر تلفن همراه نسبت به کشورهای با فرهنگ جمع‌گرا نشان می‌دهند. همچنین تحقیقی که توسط (Hadizadeh Moghadam, Assar, 2008) صورت پذیرفته در ایران در ارتباط با بعد فردگرایی در مقابل جمع‌گرایی اختلاف قابل‌توجهی بین رتبه‌بندی و اندازه شاخص فردگرایی در مقایسه با تحقیقی که هافستد در سال ۱۹۷۲ انجام داده است مشاهده می‌شود. به عقیده (Hadizadeh Moghadam, Assar, 2008) در هنگام شکل‌گیری انقلاب اسلامی و پس از آن علاقه زیادی به‌ویژه در جامعه جوان ایرانی برای نزدیک شدن و انجام کارها و فعالیت‌های جمعی صورت پذیرفت و لذا این بعد از ابعاد ارزش افزایش یافت و در بین جامعه دانشجویی به عدد ۱۰۳ در مقابل عدد ۴۱ هافستد رسید.

۲. مردگرایی/ زن گرایی[2]: فرهنگ مردانه فرهنگی است که در آن مردم وظیفه گرا هستند (Earley, 1994) و با رقابت و جاه طلبی و تمرکز روی عملکرد و ارزش مادی مشخص می‌شوند (Erumban & Jong, 2006). فرهنگ زنانه فرهنگی است که در آن مردم رابطه‌گر هستند (Gefen & Straub, 1997) و با همبستگی، برابری، اجماع‌یابی و نگرانی در مورد روابط اجتماعی مشخص می‌شوند (Erumban & Jong, 2006).

1. Individualism
2. Masculinity

۳. فاصله قدرت[1]: بعد فاصله قدرت به نابرابری توزیع قدرت در یک کشور اشاره دارد (Erumban, 2006). این بعد نشان‌دهنده تفاوت قدرت و نفوذ اجتماعی بین افراد و سطوح مختلف جامعه است. با کاهش فاصله قدرت دولت‌ها در جهت افزایش شفافیت قدم برمی‌دارند و تلاش می‌کنند خدمات بیشتری را به شهروندان ارائه دهند.

۴. اجتناب از عدم اطمینان (ابهام گریزی)[2]: اجتناب از عدم اطمینان معیاری است که میزان نگرانی و اضطراب افراد جامعه یا سازمان در رابطه با وضعیت‌های نامشخص و نامعلوم آینده را نشان می‌دهد. نوآوری با ابهام و عدم قطعیت ارتباط دارد و مردم در کشورهای با اجتناب زیاد از عدم اطمینان ریسک گریزترند و ایجاد تغییرات و یا انجام کاری برای اولین بار را تایید نمی‌کنند (Erumban & Jong, 2006) . مطالعه هافستد نشان داد که پتانسیل پذیرش ابهام و قبول تردید در زندگی و مناسبات آن در ایران نسبتاً بالاست، به عبارت دیگر شاخص اجتناب از عدم اطمینان در ایران مطابق ارزیابی هافستد ۵۹ می‌باشد و بنابراین ایرانی‌ها نمی‌توانند خود را با محیط تردیدآمیز وفق دهند. مطابق تحقیقات هافستد در ارتباط با کشورهای عرب و شاخص UA نشان می‌دهد که این شاخص در ارتباط با ایران به‌ویژه بعد از انقلاب اسلامی کاهش یافته است. می توان اینگونه تصور نمود که کشورهایی با شاخص بالای اجتناب از عدم قطعیت تمایل به پذیرش و تطبیق ICT و دولت همراه پایین است و بالعکس کشورهای با UA پایین‌تر رهبران پیاده‌سازی ICT می‌باشند.

٤-٣-٣- شاخص آینده‌نگری و توجه به آینده (Long term orientation)

این شاخص هنگامی‌که هافستد تحقیقات خود را در ارتباط با ابعاد فرهنگی در کشورها انجام می‌داده است جزو شاخص‌های اندازه‌گیری شده در ایران نبوده است اما بعد از آن محققینی که مطالعاتی را در این مورد انجام داده‌اند (Hadizadeh Moghadam, Assar, 2008) به این نتیجه رسیده‌اند ایران در بعد آینده‌نگری و توجه بیشتر به برنامه‌ریزی برای آینده به عنوان مثال صرفه‌جویی یا پس‌انداز، پیگیری اهداف و حساس بودن به ارتباطات اجتماعی و در مقابل آن کوتاه‌نگری و دید کوتاه‌مدت به برنامه‌ها و اهداف در بین کشورهای مختلف در میانه قرار دارد. لذا می‌توان گفت پیشرانی برای بکارگیری ICT در ایران وجود ندارد.

در مطالعه‌ای که توسط (چلبی، ۱۳۸۱) با نام بررسی تجربی نظام شخصیت در ایران انجام شده است، در بحث آینده‌نگری مشخص شده است برای حدود ۸۰ درصد از افراد آینده مهم است و به نحوی نگاه به آینده دارند. حدود ۱۰ درصد نیز اهمیت چندانی به آینده نمی‌دهند و حدود ۱۰ درصد بقیه به آینده توجهی ندارند. همچنین در مطالعه‌ای که توسط (موحدی، ۱۳۸۱) انجام شده است نشان داده شده که در نمونه‌های مورد مطالعه توسط محققین که بررسی سازمان‌های صنعتی برتر ایران بوده آینده‌گرایی یک گرایش غالب است و علاوه بر این گرایش به تفکر چند بعدی (در برابر تفکر تک بعدی) در نگرش زمان وجود دارد (موحدی، ۱۳۸۲). قبل از ورود به مقوله پذیرش لازم است محیط پذیرش را خوب شناسایی کنیم. محیط پذیرش می‌تواند اختیاری و محیط اجباری باشد.

---

[1]. Power distance
[2]. Uncertainly Avoidance

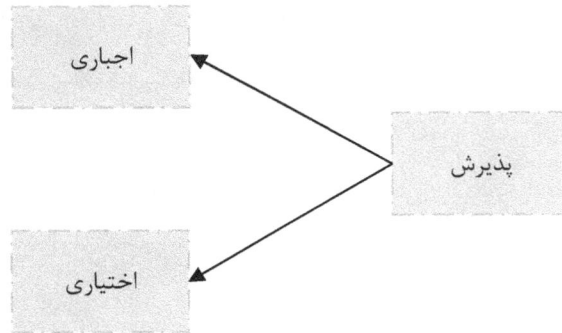

در محیط پذیرش اختیاری افرادی (Davis et al, 1989) مسیری را به صورت مفهومی و به شکل زیر ترسیم می‌نمایند.

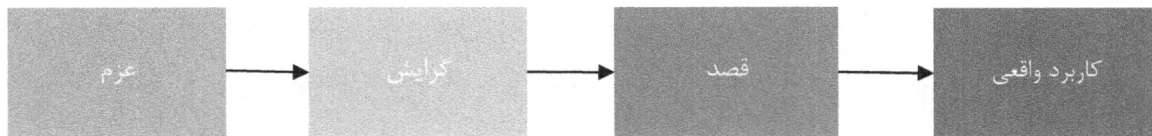

محققین دیگر در ادامه کار مدل فوق را به صورت ذیل خلاصه کردند:

در محیط پذیرش اجباری از آنجایی که کاربر می‌بایستی برای پیشبرد اهداف خود از فناوری استفاده نماید مسیر مفهومی پذیرش به صورت ذیل ترسیم می‌شود:

با استفاده از مدل هافستد و توجه به فاکتورهای فاصله قدرت (PD) و ابهام‌گریزی (UA) که دو بعد مهم چارچوب تئوری هافستد است و با استفاده از ماتریس (UA-PD) به بررسی موقعیت کشورها می‌پردازیم و سپس با استفاده از اطلاعات موجود در این ماتریس و تحقیقات هافستد تاثیر این فاکتورها را بر پذیرش اجباری و اختیاری ملاحظه خواهیم نمود. بدین منظور چند فرض را که توسط محققین به اثبات رسیده است را موردنظر قرار می‌دهید.

فرض اول: نیت و قصد پذیرش کاربر در ارتباط با یک فناوری تاثیر مثبت و بسزایی در رفتار بکارگیری آن در محیط اختیاری دارد.

فرض دوم: گرایش کاربر به سمت یک فناوری تاثیر مثبت و بسزایی در عملکرد کاربر در محیط اجباری دارد.

مطابق ماتریس UA- PD در ارتباط با فاصله قدرت کشورهای ایران، یونان، ایتالیا، ژاپن، پاکستان، کره جنوبی، اسپانیا و تایوان در یک گروه قرار می‌گیرند. همچنین در ارتباط با ابهام‌گریزی مطابق تحقیقات هافستد کشورهای ایران، فنلاند، استونیا، استرالیا، هلند و سوئیس در یک گروه قرار می‌گیرند.

در تحقیقات هافستد در بعد فاصله قدرت ایران در رتبه ۱۹در بین کشورهایی که هافستد موفق به اندازه‌گیری این پارامتر شده است قرار می‌گیرد و این بدین معنی است که مردم ایران در فاصله قدرت در میانه جدول و کمی تمایل به بالا قرار می‌گیرند. اما

مطابق تحقیقات (هدایتی، ۱۳۸۵) که در ۳۰ استان کشور و با دقت بیشتری انجام داده است، به این نتیجه رسیده است که فاصله قدرت در ایران با گرایش ۶۴ درصدی به سمت قدرت بالا دارد.

در کشورهایی که فاصله قدرت بالا است میزان شناخت و حمایت مدیران ارشد فاکتور بسیار مهمی در پذیرش می‌باشد.

فرض سوم: نگاه شهروندان به حمایت مدیران ارشد تاثیر مثبت نسبت به پذیرش دولت همراه در محیط پذیرش اختیاری دارد.

فرض چهارم: نگاه شهروندان به حمایت مدیران ارشد تاثیر مثبت نسبت به پذیرش دولت همراه اجباری دارد.

لذا نتیجه می‌گیریم که حمایت دولت و مدیران ارشد کشور کمک موثری به پیاده‌سازی دولت همراه خواهد نمود.

در قوانین و اسناد بالا دستی کشور از جمله در سند چشم‌انداز سیاست‌های کلی نظام و برنامه پنجم توسعه بر بکارگیری فناوری اطلاعات و ارتباطات و تحقق دولت الکترونیک به عنوان یکی از ملزومات اصلی توسعه کشور تاکید شده است، به‌گونه‌ای که در بند الف- ماده ۴۶ برنامه پنجم توسعه دستیابی به جایگاه دوم منطقه از نظر شاخص‌های فناوری اطلاعات و ارتباطات از جمله توسعه دولت الکترونیک را هدف‌گذاری کرده است. از مهمترین حمایت‌های دولت در این زمینه ایجاد شورای عالی فناوری اطلاعات که در راس آن ریاست جمهوری قرار دارد و اعضاء آن را وزرای دولت تشکیل می‌دهند است که مهمترین موضوعی را که در اولویت برنامه‌های خود قرار داده‌اند پیاده‌سازی دولت الکترونیک و دولت همراه می‌باشد. همچنین در سازمان فناوری اطلاعات ایران معاونت دولت الکترونیک تشکیل تا به عنوان بازوی اجرایی شورای عالی فناوری اطلاعات و سازمان برنامه و بودجه انجام وظیفه نماید.

لذا آنچه که در کشور ایران با فاصله قدرت نسبتاً بالا مهم است چه در ارتباط با پذیرش اجباری و پذیرش اختیاری میزان حمایت مدیران ارشد به لحاظ قانونی وجود دارد و ظرفیت‌های لازم را قانون‌گذار موردنظر قرار داده است. در تحقیقات انجام شده در ارتباط با پرهیز از ابهام یا ابهام‌گریزی بالا در بعضی از کشورها به عنوان مثال کشور ژاپن نشان می‌دهد که بالا بودن آن سبب کاهش سرعت نفوذ و پذیرش بعضی از فناوری‌ها نظیر E-mail در آن کشور شده است ((Straub, 1994),(Straub et al, 1997)) . در محیط‌هایی که ابهام‌گریزی بالا دارند کاربران معمولاً گرایش به پرهیز و یا مقاومت در ارتباط با فناوری‌های ناشناخته دارند.

فرض پنجم: درک کاربر در ارتباط با تجربه فناوری تاثیر بسزایی در پذیرش فناوری در محیط پذیرش اختیاری دارد.

فرض ششم: درک کاربر از تجربه فناوری تاثیر بسزایی در نگرش کاربرد به سمت فناوری در محیط پذیرش اجباری دارد.

بر اساس تحقیقات انجام شده توسط (Herbig & Dunphy, 1998) جوامعی که بتوانند محیط مناسب برای رشد ایده‌های نوآورانه ایجاد کنند با ویژگی‌های ذیل شناخته می‌شوند:

- فردگرایی بالاتر
- ریسک‌پذیری بیشتر
- آمادگی برای پذیرش تغییرات
- نگاه بلند مدت
- فاصله قدرت کمتر
- ابهام‌گریزی ضعیف
- نسبت به اطلاعات جدید باز هستند

کشورهای با PD بالا پذیرش کمتری نسبت به دولت همراه در مقایسه با کشورهای با PD پایین دارند. کشورهای با پرهیز از ابهام بالا (ابهام گریزی) پذیرش کمتری نسبت به دولت همراه در مقایسه با کشورهای با پرهیز از ابهام پایین دارند. کشورهای با فردگرایی بالا پذیرش بیشتری نسبت به دولت همراه در مقایسه با کشورهای با فردگرایی پایین دارند. کشورهای با گرایش مردانگی بالا در مقایسه با کشورهای با مردگرایی پایین پذیرش بالاتری نسبت به دولت همراه دارند.

همانگونه که قبلاً به آن اشاره شد امروزه پژوهشگران فناوری اطلاعات توجه ویژه‌ای به مقوله فرهنگ دارند زیرا عدم توجه به تفاوت های فرهنگی می‌تواند مانع از پذیرش فناوری اطلاعات شده و موجب افزایش خطر شکست در امر پذیرش شود (Akour, 2006).

هافستد در سال ۱۹۸۰ در پرسشنامه ۲۵ سؤالی خود کوشش کرد نمره هریک از چهار بعد فرهنگی را برای هریک از کشورهای مختلف به دست آورده و از این طریق فرهنگ کشورها را با هم مقایسه کند، ایران یکی از ۵۳ کشور مورد مطالعه بود. پس از اتمام تحقیقات جایگاه ایران در مدل هافستد بدین شرح شناسایی شد. در بعد فاصله قدرت که مالزی با ۱۰۴ و اتریش با ۱۱ نمره دارای بیشترین و کمترین فاصله قدرت بودند ایران با ۵۸ نمره در رده نوزدهم قرار گرفته است و نشان داد که مردم ایران با ۵۲ درصد نمره تقریباً در میانه متمایل به فاصله قدرت بالا بودند. در بعد ابهام گریزی یا تمام به احتیاط که یونان با ۱۱۲ و سنگاپور با ۸ نمره دارای بالاترین و پایین‌ترین حد ابهام گریزی بودند ایران با ۵۹ نمره ابهام‌گریزی و یا ریسک ناپذیری در رتبه ۳۲ قرار گرفته است و نشان داد که با ۵۳ درصد نمره احتیاط وضعیت متوسط به بالا را در این بعد دارا می‌باشد. در بعد فردگرایی که آمریکا با ۹۱ نمره بیشترین و گواتمالا با ۶ نمره کمترین تمایل فردگرایی را دارند، ایران با ۴۱ نمره در رتبه ۲۴ قرار داد و نشان داد که با ۴۵ درصد دارای تمایل به جمع گرایی بیشتری است (البته می‌بایستی همزمانی این نظر سنجی را انقلاب اسلامی ایران) مورد نظر قرار داد. در بعد مردگرایی که ژاپن با ۹۵ نمره بالاترین و سوئد با ۵ نمره کمترین گرایش مردگرایی را داشتند ایران با ۴۳ نمره در رده ۳۵ قرار گرفت که این بدین معنی است که فرهنگ ایران با ۴۵ درصد تمایل کمتری به مردگرایی دارد و روحیات زنانه در آن از روحیات مردانه پررنگ‌تر است. بنابراین اگر فاصله قدرت کم، ابهام‌گریزی پایین، فردگرایی و زن‌گرایی را از ویژگی‌های فرهنگ منعطف به شمار آوریم می‌توان ادعا نمود که به استناد به پژوهش‌های هافستد در سال ۱۹۸۰ فرهنگ ایرانی با میانگین نمره ۵۰ درصد در میانه منحنی قرار دارد و هافستد فرهنگ ایران را در گروه فرهنگ‌های دیوانسالار متمایل به فرهنگ مشارکتی و قبیله‌ای قرار داد.

اما (هدایتی، ۱۳۸۵) در رساله دکتری خود با عنوان "ارائه مدل تدوین استراتژی مبتنی بر فرهنگ – مورد ایران" تحقیق مجددی انجام داده است و جامعه آماری خود را بر خلاف هافستد که از بین کارمندان شرکت IBM مستقر در کشورها انتخاب کرده بود جامعه آماری خود را از شهروندان مختلف از وزارت‌خانه‌ها، شهرداری ها و شورای شهر و در ۳۰ استان کشور انتخاب نمود. بر اساس تحقیق وی که در سال ۲۰۰۶ میلادی صورت پذیرفته فاصله قدرت با عدد ۵۷۵/۲ گرایش ۶۴ درصدی به سمت فاصله قدرت بالا در بعد ابهام‌گریزی نمره ۴۷۵/۳ گرایش ۸۷ درصدی به سمت ابهام‌گریزی بسیار بالا و در بعد جمع‌گرایی نمره ۲۹۹/۲ کرلیش ۸۲ درصدی به سوی جمع‌گرایی و در بعد مردگرایی ۶۸۶/۲ گرایش ۶۷ درصدی به سوی مردگرایی را نشان می‌دهد.

مقایسه بین تحقیقات هافستد و هدایتی در سال‌های ۱۹۸۰ و ۲۰۰۶ نشان می‌دهد که فرهنگ ایرانی در سال ۲۰۰۶ غیرمنعطف است، یعنی در فاصله زمانی ۲۷ ساله این تغییر در فرهنگ ایرانی صورت پذیرفته است. در تحقیقات انجام شده توسط هافستد و سایر محققین ایرانی، فرهنگ ایرانی در چهار بعد یاد شده در میانه قرار دارد و یا به‌گونه‌ای با اختلاف اندکی نسبت به میانگین رو به

بالا و یا پایین قرار داریم و این در حالیست که بنابر استدلال (Triandis, 2001) فرهنگ‌هایی که در انتهای طیف مثلاً فردگرایی/جمع گرایی قرار می‌گیرند دچار بدکارکردی هستند. در تحقیقی که توسط ((Amani Saribaglo et al (2010) انجام شده است تاثیر چهار بعد فرهنگی را بر نوآوری و سپس تاثیر نوآوری در سودمندی و سادگی کاربرد در حوزه رایانه مورد بررسی قرار گرفته است. عنوان این مقاله رابطه ارزش‌های فرهنگی و متغیرهای فردی با میزان استفاده از رایانه در دانشجویان است. مطابق این تحقیق در زمینه فناوری رایانه‌ای فرهنگ‌های مردانه بیشتر به نوآوری تمایل دارند زیرا این فناوری بیشتر با ارزش‌های مردانه سازگاری دارد (Akour, 2006). همچنین ابهام‌گریزی اشاره به این امر دارد که افراد چگونه با جنبه‌های نامعلوم آینده مواجه می‌شوند. افرادی که در این بعد نمره بالا می‌گیرند درباره آینده‌نگران هستند. فرهنگ‌های با ابهام‌گریزی بالا دارای استانداردهای زیادی هستند که این امر باعث می‌شود افراد در این فرهنگ‌ها کمتر تمایل به نوآوری داشته باشند (Srite, 2000). جمع‌گرایی و فردگرایی بر تمایل افراد به نوآوری می‌تواند موثر باشد. افرادی که به فردگرایی تاکید دارند در مقایسه با افراد جمع‌گرا گرایش بیشتری به خلاقیت و عدم هم‌نوایی دارند (Srite, 2008) ، در نتیجه این افراد تمایل زیادی به نوآوری دارند لذا فردگرایی بر تمایل فرد به نوآوری تاثیر مثبت دارد. فاصله قدرت، افراد در فرهنگ‌های با فاصله قدرت بالا سلطه و اقتدار را راحت‌تر از کسانی می‌پذیرند که در فرهنگ‌هایی با فاصله قدرت پایین زندگی می‌کنند. فاصله قدرت ممکن است بر تمایل افراد به نوآوری تاثیر بگذارد. در فرهنگ‌های با فاصله قدرت بالا نوآوری و رفتارهای مخاطره جویانه تشویق نمی‌شوند. پژوهش (Srite, 2000) نشان می‌دهد که فاصله قدرت بر تمایل به نوآوری افراد اثر می‌گذارد.

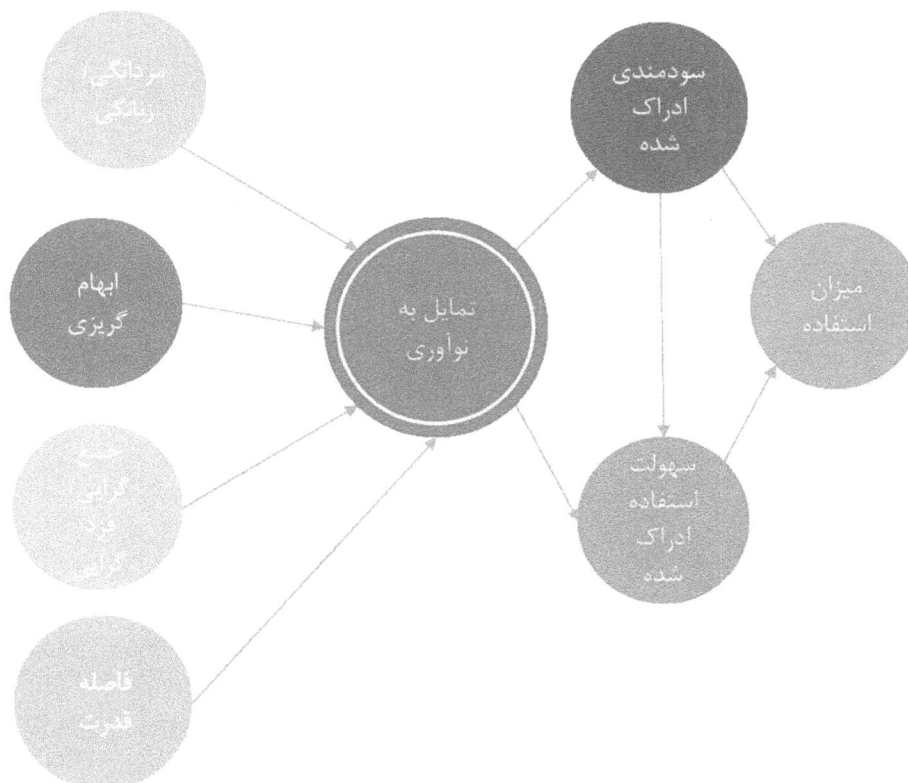

شکل ۴-۱۰- تاثیر فرهنگ بر نوآوری و پذیرش فناوری

در ادامه تحقیقات در ارتباط با فرهنگ ایرانیان و ابعاد فرهنگی که هافستد در ارتباط با کشورهای مختلف و ایران اندازه گیری نموده است تحقیقی توسط (Nazarian, 2012) انجام شده است که نشان می‌دهد که در دو بعد UAL (ابهام‌گریزی) و فردگرایی (IPV) افزایش یافته و در بعد فاصله قدرت PDI با کاهش همراه بوده است. همچنین (Nazarpoori et al, 2014) با بررسی مجدد مدل هافستد رتبه ایران در دو بعد فاصله قدرت و پرهیز از ابهام را کاهش یافته دیده‌است و در ابعاد فردگرایی و مردگرایی و نگاه به درازمدت یا آینده‌نگری افزایش یافته دیده است. همچنین (Namazi, 2003) معتقد است فرهنگ ملی ایرانیان به فرهنگ غربی نزدیک می‌شود.

٤-٣-٤- ارائه مدل مبتنی‌بر شاخص فاصله قدرت و ابهام‌گریزی

با توجه به تحقیقات انجام پذیرفته در ارتباط با ابعاد فرهنگی و شاخص‌های مرتبط با آن ملاحظه می‌شود که دو بعد فاصله قدرت و ابهام‌گریزی می‌تواند تاثیر بیشتری در پذیرش و پیاده‌سازی دولت همراه در ایران داشته باشد. با بررسی ماتریس فاصله قدرت- ابهام گریزی درمی‌یابیم که ایران در بین ۵۳ کشور بررسی شده در میانه با گرایش کمی به بالا در شاخص فاصله قدرت با عدد ۵۸ و رتبه ۳۰ و نیز در ارتباط با شاخص ابهام‌گریزی با عدد ۵۹ و رتبه ۳۲ قرار گرفته است. این بدین معنی است که در ارتباط با پذیرش دولت همراه چه در محیط پذیرش اجباری و چه در محیط پذیرش اختیاری نقش بعضی از متغیرها را که در ذیل به آن‌ها اشاره می‌شود مورد بررسی قرار داده تا در مرحله تحلیل ارزش ذینفعان مورد توجه قرار گیرد. بدین منظور پرسش‌نامه‌ای تهیه و در اختیار ۴۰۰ نفر از خبرگان که شامل کارمندان اپراتورهای اول و دوم تلفن همراه و سه شرکت تهیه‌کننده محتوا و سرویس‌های ارزش افزوده قرار گرفت که از این تعداد ۳۶۳ نفر ضمن تکمیل پرسش‌نامه آن را عودت دادند، حدود ۴۰ درصد از پاسخ دهندگان را زنان و ۶۰ درصد را مردان تشکیل داده‌اند، ۵۹ درصد دارای مدرک کارشناسی و ۴۱ درصد دارای مدرک کارشناسی ارشد و بالاتر بوده‌اند. از نظر تخصص ۶۸ درصد فنی و ۶۹ درصد دارای سابقه کار بالای ۵ سال بوده اند. مفروضات به صورت ذیل تعریف شده‌اند:

جدول ۴-۵- الفای کرونباخ

Case Processing Summary

		N	%
Cases	Valid	333	91.7
	Excluded[a]	30	8.3
	Total	363	100.0

a. Listwise deletion based on all variables in the procedure.

Reliability Statistics

Cronbach's Alpha	N of Items
.827	10

Item Statistics

	Mean	Std. Deviation	N
Regulation	3.90	.943	333
user.exp	3.85	.873	333
Easy	4.18	.913	333
Security	4.22	.934	333
confidence	4.26	.906	333
gov.roll	4.20	.857	333
Legal	3.92	.895	333
Communication	4.29	.808	333
Calture	4.16	.883	333
Policy	3.99	.952	333

جدول ۴-۶- میانگین و انحراف معیار عوامل موثر بر انگیزش دولت همراه

Descriptive Statistics

	N	Mean	Std. Deviation
calture	362	4.15	.875
user.exp	360	3.85	.866
security	355	4.21	.938
confidence	362	4.25	.919
policy	357	3.97	.959
gov.roll	360	4.21	.861
advertise	360	3.87	.907
communication	358	4.27	.819
legal	356	3.92	.903
regulation	358	3.90	.954
easy	358	4.17	.920
user.gender	362	2.52	1.261
user.age	361	3.38	1.004
user.edu	361	3.46	1.022
Valid N (listwise)	331		

٤-٣-٤-١- فرضیات نقش فرهنگ در پیاده سازی دولت همراه در ایران

H1: سازمان‌های دولتی و نهادهای عمومی نقش مثبتی در کاهش فاصله قدرت و پذیرش موفقیت دولت همراه دارد.

H2: تنظیم مقررات و استانداردها نقش مثبتی در کاهش فاصله قدرت و پذیرش موفقیت دولت همراه دارد.

H3: دولت الکترونیک و آمادگی الکترونیک نقش مثبتی در کاهش فاصله قدرت و پذیرش و موفقیت دولت همراه دارد.

H4: زیرساخت‌های ارتباطی نقش مثبتی در کاهش فاصله قدرت و پذیرش و موفقیت دولت همراه دارد.

H5: سیاست‌های کلان ملی نقش مثبتی در کاهش فاصله قدرت و پذیرش و موفقیت دولت همراه دارد.

H6: زیرساخت‌های حقوقی نقش مثبتی در کاهش فاصله قدرت و پذیرش و موفقیت دولت همراه دارد.

مفروضات فوق در جهت ایجاد اطمینان از حمایت مدیران ارشد از پیاده‌سازی دولت همراه در ایران می‌باشد که می‌تواند تاثیر فاصله قدرت را کم و به پیاده‌سازی دولت همراه کمک نماید. همچنین با توجه به شاخص ابهام‌گریزی در ایران که عدد آن مطابق اندازه-گیری‌های هافستد ۵۹ و ایران رتبه ۳۱ را در بین ۵۳ کشور دارا می‌باشد، کاهش ریسک و ایجاد فضای اعتماد می‌تواند سبب پذیرش و پیاده‌سازی دولت همراه در ایران شود. لذا مفروضات ذیل در نظر گرفته شده است:

H7: اعتماد نقش مثبتی در کاهش ابهام‌گریزی و پذیرش و موفقیت دولت همراه دارد.

H8: امنیت و رعایت حریم خصوصی نقش مثبتی در کاهش ابهام‌گریزی و پذیرش و موفقیت دولت همراه دارد.

H9: تجربه کاربران در بکارگیری انواع کاربردها (APPS) نقش مثبتی در کاهش ابهام‌گریزی و در نتیجه پذیرش و موفقیت دولت همراه خواهد داشت.

H10: فرهنگ‌سازی و اطلاع‌رسانی نقش مثبتی در کاهش ابهام‌گریزی و در نتیجه پذیرش و موفقیت دولت همراه خواهد داشت.

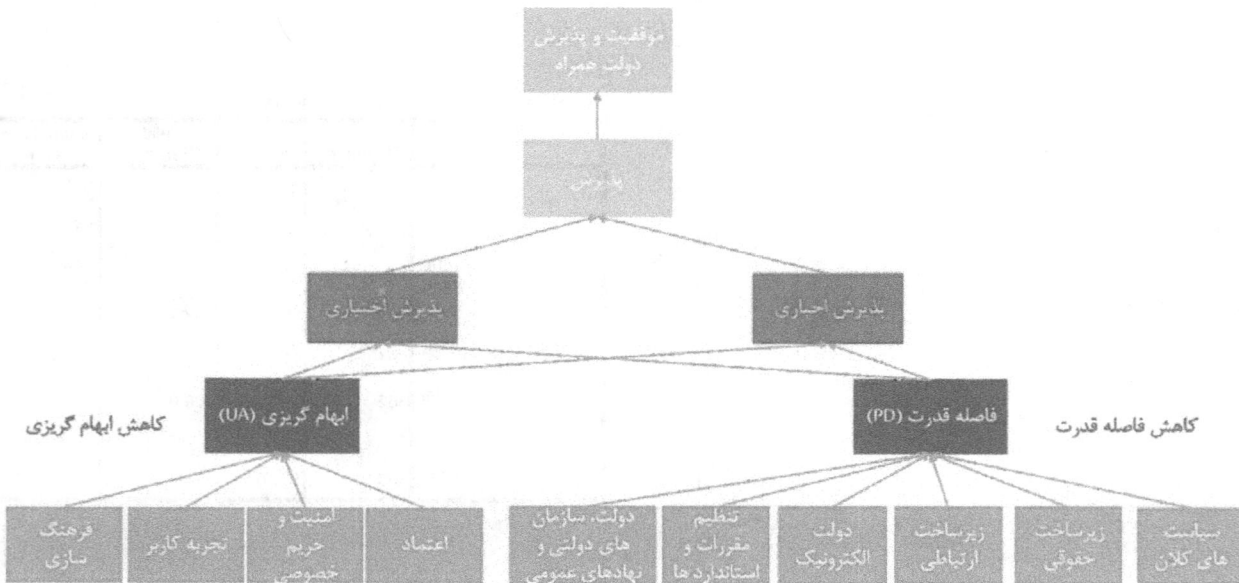

شکل ۴-۱۱- تاثیر فاصله قدرت و ابهام گریزی در پذیرش و موفقیت دولت همراه

سیاست‌های کلان

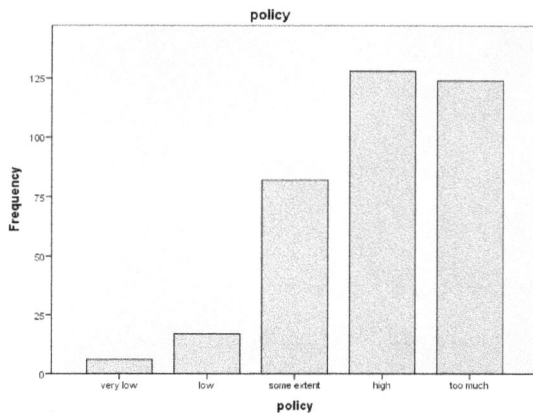

policy		Frequency	Percent	Valid Percent	Cumulative Percent
Valid	very low	6	1.7	1.7	1.7
	low	17	4.7	4.8	6.4
	some extent	82	22.6	23.0	29.4
	high	128	35.3	35.9	65.3
	too much	124	34.2	34.7	100.0
	Total	357	98.3	100.0	
Missing	99	6	1.7		
	Total	363	100.0		

زیرساخت ارتباطی

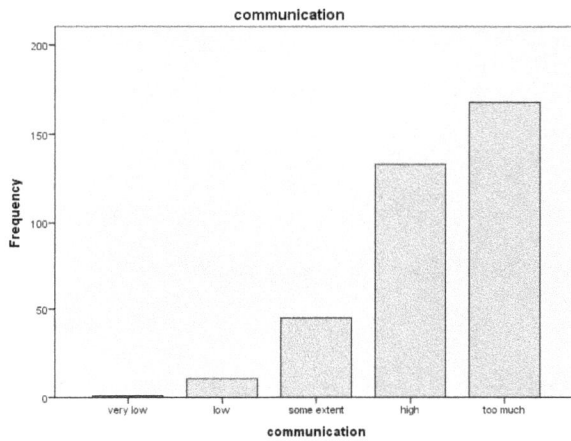

communication		Frequency	Percent	Valid Percent	Cumulative Percent
Valid	very low	1	.3	.3	.3
	low	11	3.0	3.1	3.4
	some extent	45	12.4	12.6	15.9
	high	133	36.6	37.2	53.1
	too much	168	46.3	46.9	100.0
	Total	358	98.6	100.0	
Missing	99	5	1.4		
	Total	363	100.0		

فرهنگ

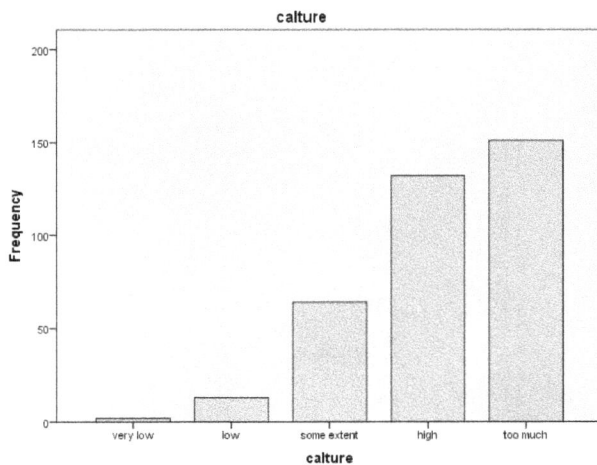

calture		Frequency	Percent	Valid Percent	Cumulative Percent
Valid	very low	2	.6	.6	.6
	low	13	3.6	3.6	4.1
	some extent	64	17.6	17.7	21.8
	high	132	36.4	36.5	58.3
	too much	151	41.6	41.7	100.0
	Total	362	99.7	100.0	
Missing	99	1	.3		
	Total	363	100.0		

زیرساخت حقوقی

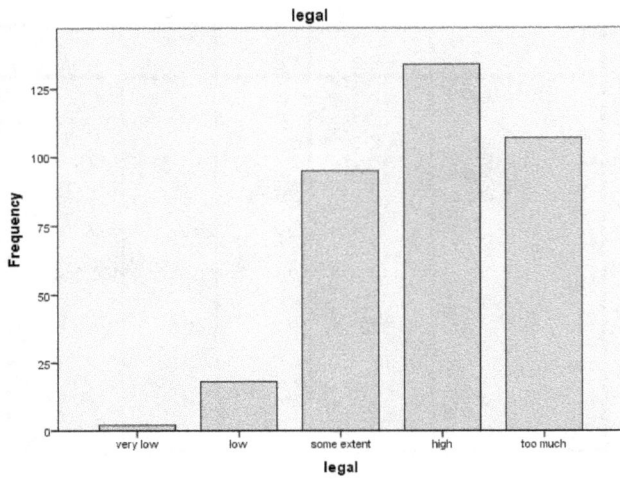

legal

		Frequency	Percent	Valid Percent	Cumulative Percent
Valid	very low	2	.6	.6	.6
	low	18	5.0	5.1	5.6
	some extent	95	26.2	26.7	32.3
	high	134	36.9	37.6	69.9
	too much	107	29.5	30.1	100.0
	Total	356	98.1	100.0	
Missing	99	7	1.9		
Total		363	100.0		

نقش دولت

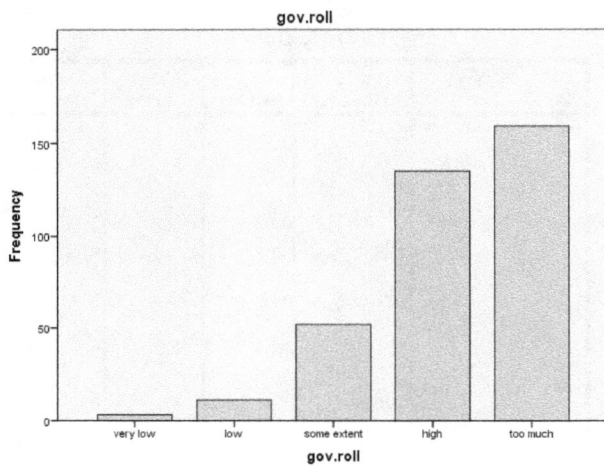

gov.roll

		Frequency	Percent	Valid Percent	Cumulative Percent
Valid	very low	3	.8	.8	.8
	low	11	3.0	3.1	3.9
	some extent	52	14.3	14.4	18.3
	high	135	37.2	37.5	55.8
	too much	159	43.8	44.2	100.0
	Total	360	99.2	100.0	
Missing	99	3	.8		
Total		363	100.0		

امنیت

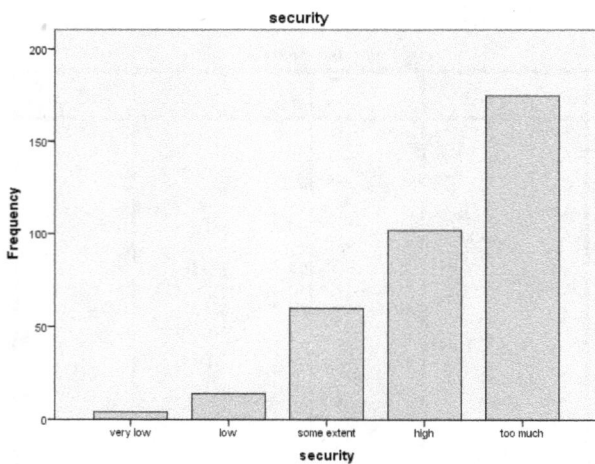

security

		Frequency	Percent	Valid Percent	Cumulative Percent
Valid	very low	4	1.1	1.1	1.1
	low	14	3.9	3.9	5.1
	some extent	60	16.5	16.9	22.0
	high	102	28.1	28.7	50.7
	too much	175	48.2	49.3	100.0
	Total	355	97.8	100.0	
Missing	99	8	2.2		
Total		363	100.0		

اعتماد

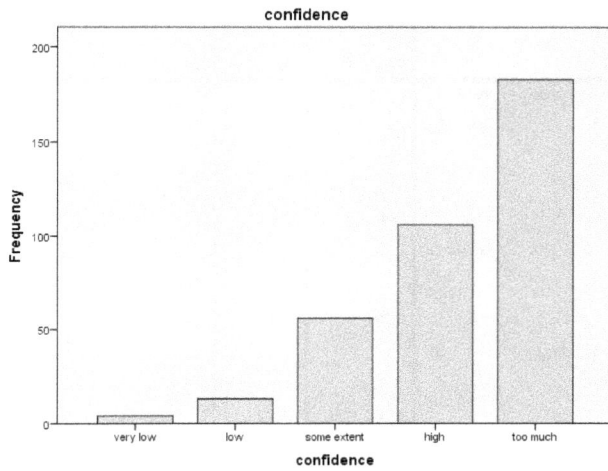

confidence

		Frequency	Percent	Valid Percent	Cumulative Percent
Valid	very low	4	1.1	1.1	1.1
	low	13	3.6	3.6	4.7
	some extent	56	15.4	15.5	20.2
	high	106	29.2	29.3	49.4
	too much	183	50.4	50.6	100.0
	Total	362	99.7	100.0	
Missing	99	1	.3		
	Total	363	100.0		

سادگی بکارگیری

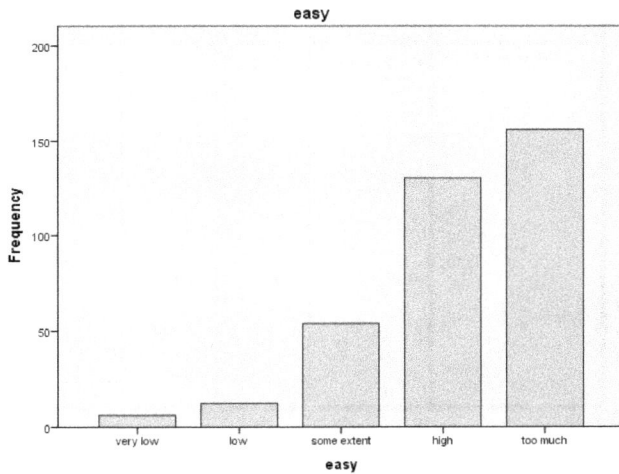

easy

		Frequency	Percent	Valid Percent	Cumulative Percent
Valid	very low	6	1.7	1.7	1.7
	low	12	3.3	3.4	5.0
	some extent	54	14.9	15.1	20.1
	high	130	35.8	36.3	56.4
	too much	156	43.0	43.6	100.0
	Total	358	98.6	100.0	
Missing	99	5	1.4		
	Total	363	100.0		

تجربه کاربر

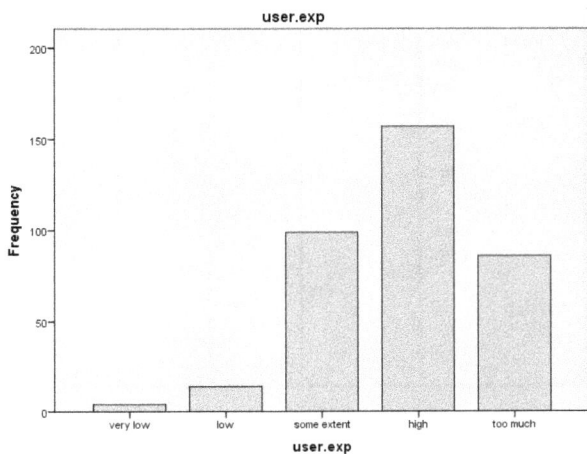

user.exp

		Frequency	Percent	Valid Percent	Cumulative Percent
Valid	very low	4	1.1	1.1	1.1
	low	14	3.9	3.9	5.0
	some extent	99	27.3	27.5	32.5
	high	157	43.3	43.6	76.1
	too much	86	23.7	23.9	100.0
	Total	360	99.2	100.0	
Missing	99	3	.8		
	Total	363	100.0		

دولت و نهادهای عمومی

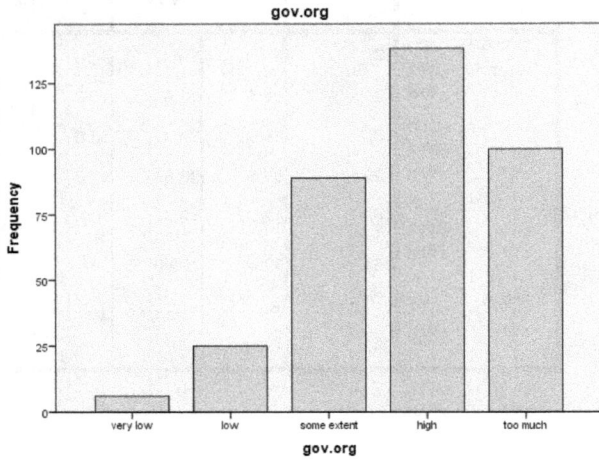

gov.org

		Frequency	Percent	Valid Percent	Cumulative Percent
Valid	very low	6	1.7	1.7	1.7
	low	25	6.9	7.0	8.7
	some extent	89	24.5	24.9	33.5
	high	138	38.0	38.5	72.1
	too much	100	27.5	27.9	100.0
	Total	358	98.6	100.0	
Missing	99	5	1.4		
	Total	363	100.0		

رگولاتوری و تنظیم مقررات

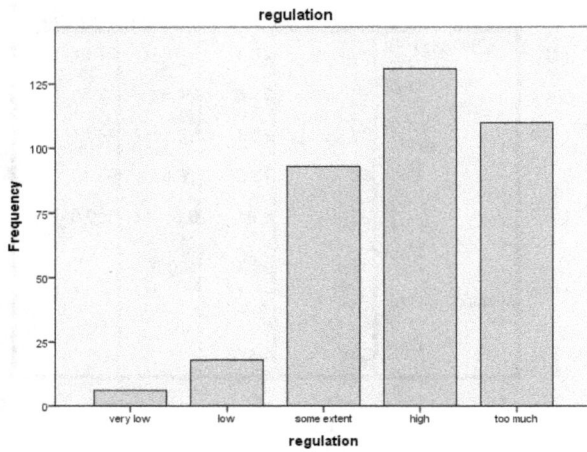

regulation

		Frequency	Percent	Valid Percent	Cumulative Percent
Valid	very low	6	1.7	1.7	1.7
	low	18	5.0	5.0	6.7
	some extent	93	25.6	26.0	32.7
	high	131	36.1	36.6	69.3
	too much	110	30.3	30.7	100.0
	Total	358	98.6	100.0	
Missing	99	5	1.4		
	Total	363	100.0		

میزان سواد کاربر

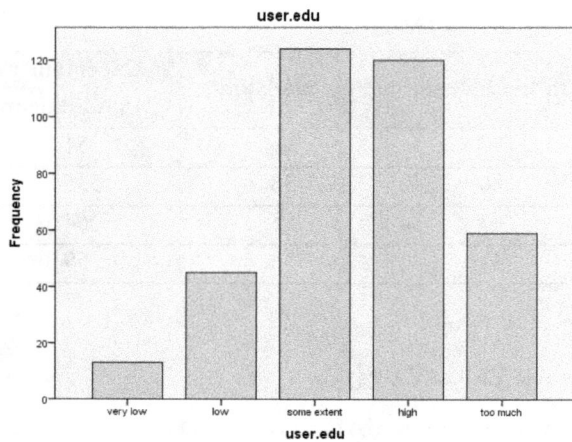

user.edu

		Frequency	Percent	Valid Percent	Cumulative Percent
Valid	very low	13	3.6	3.6	3.6
	low	45	12.4	12.5	16.1
	some extent	124	34.2	34.3	50.4
	high	120	33.1	33.2	83.7
	too much	59	16.3	16.3	100.0
	Total	361	99.4	100.0	
Missing	99	2	.6		
	Total	363	100.0		

سن کاربر

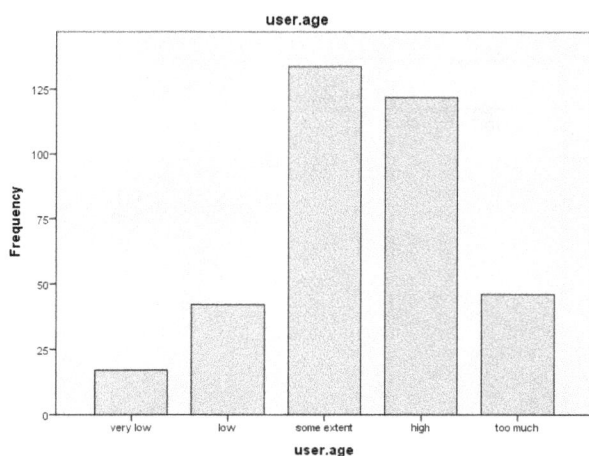

user.age		Frequency	Percent	Valid Percent	Cumulative Percent
Valid	very low	17	4.7	4.7	4.7
	low	42	11.6	11.6	16.3
	some extent	134	36.9	37.1	53.5
	high	122	33.6	33.8	87.3
	too much	46	12.7	12.7	100.0
	Total	361	99.4	100.0	
Missing	99	2	.6		
Total		363	100.0		

جنسیت کاربران

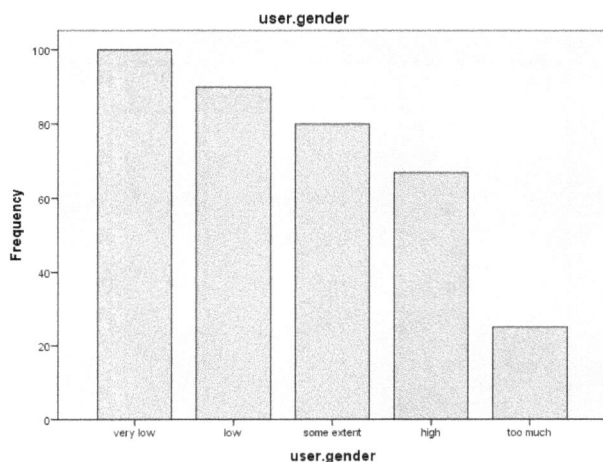

User. Gender		Frequency	Percent	Valid Percent	Cumulative Percent
Valid	very low	100	27.5	27.6	27.6
	low	90	24.8	24.9	52.5
	some extent	80	22.0	22.1	74.6
	high	67	18.5	18.5	93.1
	too much	25	6.9	6.9	100.0
	Total	362	99.7	100.0	
Missing	99	1	.3		
Total		363	100.0		

جدول ۴-۷- جدول ارزش‌های فرهنگی هافستد

Dimensions Hotsfede	Masculinity	Long Term Orientation	Individualism	Power Distance	Uncertainty Avoidance
Australia	61	31	90	36	51
Netherlands	14	44	80	38	5350
World Avg.	50	45	43	55	64
Iran	43		41	58	59

جدول ۴-۸- امتیازهای ابعاد فرهنگی ایران مطابق تحقیقات هافستد

کشور	PDI	IDV	MAS	UAI	LTO
ایران	۵۸	۴۱	۴۳	۵۹	N/A

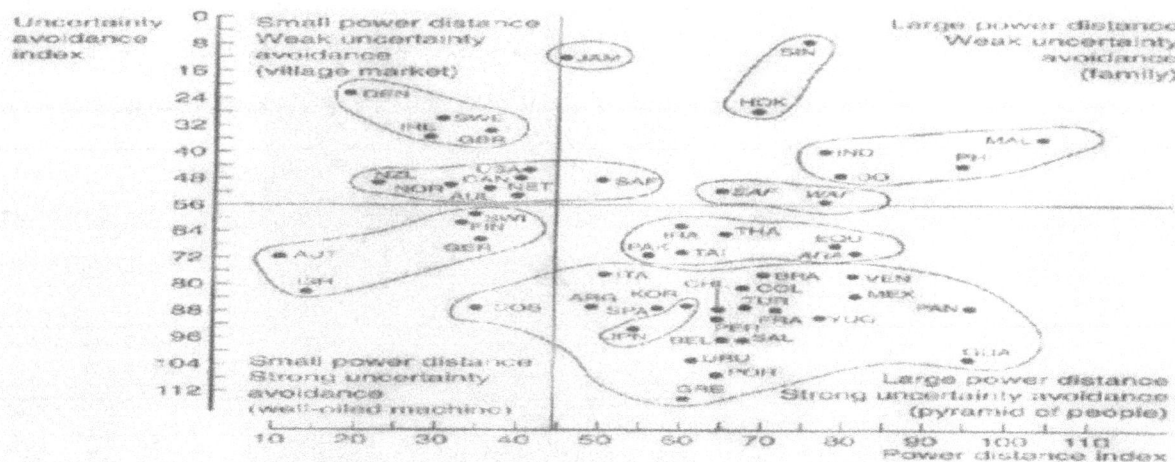

شکل ۴-۱۲- ماتریس ابهام‌گریزی و فاصله قدرت در کشورهای آسیایی و غرب

٤-٣-٤-٢- تجربه کاربر[1] (UX)

این تجربه برگرفته از رفتار، نگرش‌ها و احساسات فرد در ارتباط با بکارگیری یک محصول، سیستم و یا خدمت جدید می‌باشد و تجربه پویا است و لذا در طی زمان مرتباً اصلاح می‌شود. امروزه محور اصلی تمرکز بر روی کاربر است و لذا در سه مرحله تحقیق و توسعه طراحی، آزمون کاربری و قابلیت استفاده تاکید بسیاری به استفاده از تجربه کاربران می‌شود. ایزو ۲۱۰- ۹۲۴۱ تجربه کاربر را اینگونه تعریف می‌کند:

"درک و آگاهی فرد و پاسخ آن که به شکل استفاده و عدم بکارگیری یک محصول و سامانه و خدمت بروز می‌نماید. بر اساس تعریف ایزو تجربه کاربر شامل تمامی اعتقادات، احساسات و هیجانات الویت‌های فیزیکی و فیزیولوژیکی فرد می‌شود که این‌ها قبل از بکارگیری و در حین بکارگیری و بعد از بکارگیری نمایان می‌شود. همچنین ایزو سه عامل اصلی که تاثیرگذار در تجربه فرد است را با نام سیستم و کاربر و سابقه کاربری را می‌نامد".

کلمه تجربه کاربر اولین بار توسط (Donald norman, 1990) بکار گرفته شد. البته او هرگز قصد نداشت که کلمه تجربیات کاربر را بکار برد. با مرور کارهای قبلی وی از جمله نیازهای به تشویق پیشنهاد داد که کلمه تجربه کاربر به عنوان یک عامل موثر در رفتار بکارگیری شود. بعدها در سال ۲۰۰۷ آقای نورمان در مصاحبه‌ای به‌گونه‌ای گسترده در ارتباط با تجربه کاربر توضیح داد. همچنین محقیقن دیگری بر تاثیر بیشتر تجربه کاربر تاکید کردند، به عنوان مثال (Peter Merholz, 2007) بسیاری از پیشرفت‌ها را متاثر از تجربه کاربر می‌داند.

۱. پیشرفت‌های زیادی در حوزه تلفن همراه و سیستم‌های اجتماعی و ارتباط و تعامل انسان و رایانه و مفهوم قابل استفاده بودن

[1]. User experience

۲. طراحی وب سایت‌ها و درگاه‌ها، بازاریابی، برندسازی تاثیر تجربیات کاربران در طراحی و بکارگیری مفهوم تجربه کاربر سبب شده است که در طراحی وب سایت‌ها تمرکز زیادی بر این موضوع مهم بشود ((Garrett, 2000), (Kuniavsky, 2003)).

از نگاه کاربر سرویس‌های دولت همراه می‌بایست ساده و قابل درک باشند. استفاده از خدمات دولت نبایستی سبب ایجاد استرس، گمراه‌کننده یا گیج‌کننده و یا با ترس همراه باشد. این وظیفه ما است که خدماتی که ایجاد می‌کنیم ساده و قابل درک باشد، به‌گونه‌ای که برای کاربر در اولین بار با موفقیت همراه باشد. در سپتامبر سال ۲۰۱۳ بر اساس بازخورد از یک جامعه آماری راهنمای تجربه کاربران تلفن همراه آماده و اعلام شد. لیست زیر بر اساس تجربه کاربران و میزان حساسیت اهمیت و اینکه تا حدودی مهم باشند تقسیم‌بندی شده‌اند.

۱. دستورات کاربران را به عنوان کارفرمای اصلی در جلو و مرکز قرار دهید.

۲. از زبان واضح و صریح استفاده نمایید فضای زیادی در صفحه نمایش برای کلمات گنگ و نامهفوم و زاید نداریم.

۳. از برچسب روی کلیدها و دکمه‌ها استفاده کنید.

۴. محتواهای کاربر محور تهیه کنید.

۵. برای APPها موارد کاربرد مشخص کنید چه کسی از آن استفاده می‌کند کجا و همچنین عملکردش چیست.

۶. خطوط راهنما را برای توسعه امنیت مشخص کنید. به‌گونه‌ای که کاربر بداند چه App چه نوع اطلاعاتی را جمع‌آوری و چگونه نگهداری تا اطمینان کاربر حاصل شود.

۷. بهینه‌سازی کاربردها (APPs) برای عملکرد بهتر، به‌عنوان‌مثال زمان برای بارگذاری و زمان اجرای فایل چندرسانه ای، زمان ذخیره‌سازی، زمان اتصال به اطلاعات.

۸. پاک کردن یا محو کردن اجزاء غیر ضروری

۹. دنبال و پیگیری کردن از خطوط راهنمای صنعت برای استفاده و کاربری به عنوان مثال عملکرد و قابلیت‌های گوشی تلفن همراه (دوربین، ژیروسکوپ) همچنین پلتفرم شبیه اندروید، Ios، ویندوز و غیره.

۱۰. بهینه‌سازی کاربردها (APPs) به منظور کاهش سایز و مصرف انرژی گوشی‌های تلفن همراه.

۱۱. با استفاده از روش تحلیلی اولویت‌های محتوایی را مشخص کنید (کدام محتوا برای کاربر تلفن همراه مهم است).

۱۲. شروع کار را با حل یک شکل توسط کاربرد APP خود آغاز کنید و آن را به نحو احسن انجام دهید.

۱۳. ساختار محتوا بایستی به‌گونه‌ای باشد که توسط هر نوع گوشی در هر لحظه و هر مکان در دسترس باشد.

۱۴. از زبان ساده و واضح برای کاربردها و یا سایت‌ها استفاده کنید.

۱۵. تبدیل محتوا به دیتا می‌بایست ساختارمند باشد.

۱۶. قبل از آغاز عملیات کدینگ مرور کنید و مطمئن باشید درست کار می‌کند.

۱۷. از قابلیت‌ها و قدرت تلفن همراه با مکان یابی و دوربین و تمامی توانمندی آن استفاده کنید.

۱۸. از بازخورد کاربران در ارتباط با کاربردها (APPs) استفاده کنید و نیز با استفاده از این بازخوردها نسبت به بروز کردن نرم افزار اقدام نمایید.

۱۹. طراحی را مجدداً مرور نمائید.

۲۰. محتوای ساختار یافته طراحی و تهیه کنید تا بدینوسیله احساس امنیت ایجاد شود.

۲۲. محتوا را به آسانی و سهولت به مشارکت بگذارید.

۲۳. مختصر بودن به لحاظ سایز، عنوان و چندرسانه‌ای.

۲۴. راهنمایی کاربران از طریق تامین اطلاعات کافی، به آن‌ها بگویید چرا این اطلاعات را جمع آوری می‌کنند و اطلاعات لازم در ارتباط با مخاطرات (ریسک) و منافع آنها را به کاربران بدهید.

۲۵. به‌گونه‌ای واضح و شفاف هدف از کاربردها (APPs) و یا سایت‌ها را به کاربران اطلاع‌رسانی نمایید تا یک فضای اطمینان ایجاد نمایید.

۲۶. بازخورد به صورت شفاف خواسته شود تا فضای اعتماد و اطمینان را ایجاد نماید.

۲۷. لایه‌بندی محتوا و گسترش آن مطابق نیاز کاربر.

۲۸. منتظر ساختار اطلاعاتی ایده آل نباشید بلکه با استفاده از بازخورد کاربران آن را اصلاح کنید.

۲۹. کاربردها (APPs) را آزمایش کنید (به صورت آزمایشی) .

۳۰. APP های چندگانه را برای عملکردهای پیچیده توسعه دهید.

۳۱. برای دستگاه‌های با صفحه نمایش کوچک از فایل های PDF استفاده نکنید.

۳۲. یک امکان غیر موبایلی برای ایجاد ارتباط نظیر: پست الکترونیکی، فاکس و یا دفتر استفاده کنید.

٤-٤- بررسی سیاست‌ها و اهداف کشور در حوزه ارتباطات و فناوری اطلاعات

٤-٤-١- سیاست‌ها و اهداف کلی کشور در حوزه ارتباطات و فناوری اطلاعات

با توجه به گستردگی سرویس‌های دولت الکترونیک و دولت همراه و به منظور واقعی‌کردن نیاز و درنظرگرفتن منافع بازیگران و ذینفعان این اکوسیستم لازم است توجه ویژه‌ای به سیاست‌ها و اهداف کلان ملی در این حوزه داشته و عوامل موثر در شبکه ارزش ذینفعان از منظر حاکمیت موردتوجه قرار گیرد. لذا در اولین قدم با استفاده از مطالعات تطبیقی می‌توان نتیجه گرفت ایران مراحل زیر را در توسعه فناوری اطلاعات کشور موردنظر قرار داده است. (سند راهبردی سازمان فناوری اطلاعات، ۱۳۹۱)

1. توسعه e (الکترونیک) شامل:
   - دولت الکترونیک
   - کاربردهای الکترونیک
   - خدمات الکترونیک
2. توسعه i (integration) شامل:
   - یکپارچگی

- پوشایی

- نوآوری

۳. توسعه u (ubiquitous) شامل:

- دولت همراه توسعه دسترسی همگانی، همه کس، همه جا و در هر زمان

- با مطالعه سیاست‌های کلان کشور در حوزه ارتباطات و فناوری اطلاعات از جمله: سند سیاست‌های استراتژیک فناوری اطلاعات برای برنامه سوم (شورای عالی انفورماتیک، ۱۳۷۸)

- برنامه توسعه کاربردی فناوری اطلاعات- تکفا (شورای عالی اطلاع رسانی، ۱۳۸۱)

- سند راهبردی توسعه فناوری اطلاعات و ارتباطات (مرکز تحقیقات مخابرات، ۱۳۸۱)

- نظام ملی فناوری اطلاعات و ارتباطات و چارچوب آن (مرکز تحقیقات مخابرات، ۱۳۸۴)

- سند امنیت فضای تبادل اطلاعات کشور- افتا (شورای عالی افتا، ۱۳۸۴)

- مطالعات تجارت الکترونیکی، متا (وزارت بازرگانی، ۱۳۸۴)

- نظام جامع فناوری اطلاعات کشور (دفتر همکاری فناوری ریاست جمهوری، ۱۳۸۶)

- پروژه توسعه کاربری‌های فناوری اطلاعات ۲ (شورای عالی اطلاع رسانی، ۱۳۸۴)

- برنامه پنجم توسعه (مجموعه برنامه پنج ساله پنجم توسعه جمهوری اسلامی ایران، ۱۳۸۹)

- سیاست‌های کلی نظام (سیاست‌های کلی نظام در بخش شبکه های اطلاع رسانی، ۱۳۷۷)،

- سیاست‌های کلی نظام (سیاست‌های کلی نظام در امور امنیت فضای تولید و تبادل اطلاعات و ارتباطات، ۱۳۸۹)

- سیاست‌های کلی اقتصاد مقاومتی (سیاست های کلی اقتصاد مقاومتی، ۱۳۹۲)

در این اسناد به ارزش‌های بنیادی که مبتنی‌بر آرمان های قانون اساسی، سند چشم‌انداز ملی و سیاست‌های کلی فناوری اطلاعات کشور جهت بهره‌گیری گسترده و همه‌جانبه برای رشد و تکامل جامعه و توسعه آینده فناوری اطلاعات و استفاده حداکثری از توان علمی، تخصصی و تولیدی داخل کشور با حداقل اتکا به دیگران با یک الگوی توسعه و پیشرفت مستمر، امن و ایمن و پایدار، انعطاف‌پذیر خواهیم رسید که در این الگو توجه ویژه‌ای به موارد ذیل شده است:

- حفظ کرامت انسانی، صیانت از آزادی‌های مشروع و اصول اخلاقی فرد و جامعه

- گسترش عدالت اجتماعی و اطلاع‌رسانی شفاف

- تامین و تضمین امنیت فرد و جامعه

- تقویت هویت ایرانی و اسلامی و گسترش خط و زبان فارسی در فضای الکترونیکی

- تحقق جامعه دانش بنیان متکی بر سرمایه های داخلی و اجتماعی کشور

- تقویت و نهادینه‌سازی الگوی مردم سالاری دینی

برای تحقق اهداف یاد شده در برنامه پنجم توسعه اشاره و تاکید در برنامه‌ریزی حاکمیت برای سیاست‌گذاری به‌منظور ترویج و توسعه دولت الکترونیک و دولت همراه است که در ماده ۴۶ برنامه پنجم توسعه اقتصادی و اجتماعی متبلور شده است و می‌تواند مبنای کار قرار گیرد را بررسی می‌نماییم.

ماده ۴۶: به منظور بسط خدمات دولت الکترونیک، صنعت فناوری اطلاعات و سواد اطلاعاتی و افزایش بهره‌وری در حوزه‌های اقتصادی و اجتماعی و فرهنگی اقدامات زیر انجام می‌شود:

الف- وزارت ارتباطات مکلف است نسبت به ایجاد و توسعه شبکه ملی اطلاعات و مراکز داده امن داخلی و پایدار با پهنای باند مناسب با رعایت موازین شرعی و امنیتی کشور اقدام و با استفاده از توان و ظرفیت بخش‌های عمومی غیر دولتی، خصوصی و تعاونی، امکان دسترسی پرسرعت مبتنی‌بر توافقنامه سطح خدمات را به صورتی فراهم آورد که تا پایان سال دوم کلیه دستگاه‌های اجرایی و واحدهای تابعه و وابسته تا پایان برنامه، شصت درصد خانوارها و کلیه کسب و کارها بتوانند به شبکه ملی اطلاعات و اینترنت متصل شوند.

میزان پهنای باند اینترنت بین‌الملل و شاخص آمادگی الکترونیک و شاخص توسعه دولت الکترونیک باید به‌گونه‌ای طراحی شود که سرانه پهنای باند و سایر شاخص‌های ارتباطات و فناوری اطلاعات در پایان برنامه در رتبه دوم منطقه قرار گیرد.

حمایت از بخش‌های عمومی غیردولتی، خصوصی، تعاونی در صنعت فناوری اطلاعات کشور به ویژه بخش نرم‌افزار و امنیت باید به-گونه‌ای ساماندهی شود که سهم این صنعت در تولید ناخالص داخلی در سال آخر برنامه به دو درصد (۲٪) برسد.

ب- کلیه دستگاه‌های اجرایی مکلفند ضمن اتصال به شبکه ملی اطلاعات و توسعه و تکمیل پایگاه‌های اطلاعاتی خود حداکثر تا پایان سال دوم بر اساس فصل پنجم قانون مدیریت خدمات کشوری اطلاعات خود را در مراکز داده داخلی با رعایت مقررات امنیتی و استانداردهای لازم نگهداری و به‌روزنمایی نمایند.

ج- کلیه دستگاه‌های اجرایی مکلفند:

۱. تا پایان سال دوم برنامه نسبت به ارسال و دریافت الکترونیکی کلیه استعلامات بین دستگاهی و واحدهای تابعه آن‌ها با استفاده از شبکه ملی اطلاعات و رعایت امنیت اقدام نمایند.
۲. تا پایان برنامه خدمات قابل ارائه خود را به صورت الکترونیکی از طریق شبکه ملی اطلاعات عرضه نمایند و نیز کلیه خدمات قابل ارائه در خارج از محیط اداری خود و قابل واگذاری با برون‌سپاری را به دفاتر پستی و یا دفاتر پیشخوان خدمات دولت که توسط بخش‌های غیردولتی اعم از خصوصی یا تعاونی ایجادو مدیریت می شود واگذار کنند.
۳. دولت مجاز است تا پایان سال اول برنامه نقشه جامع دولت الکترونیک را به‌گونه‌ای تهیه نماید که ارائه خدمات دولتی ممکن در پایان برنامه از طریق سامانه‌های الکترونیکی انجام پذیرد.

۴-۴-۲- شبکه ملی اطلاعات

شبکه ملی اطلاعات (IP) کشور شبکه‌ای مبتنی‌بر قرارداد اینترنت به همراه سوئیچ‌ها و مسیریاب‌ها و مراکز داده است، به‌صورتی که درخواست‌های دسترسی داخلی و اخذ اطلاعاتی که در مراکز داده داخلی نگهداری می‌شوند به‌هیچ‌وجه از طریق خارج کشور

مسیریابی نشود و امکان ایجاد شبکه‌های اینترنت و خصوصی امن داخلی در آن فراهم شود. شبکه ملی اطلاعات متشکل از زیرساخت‌های ارتباطی، مراکز داده توسعه‌یافته داخلی دولتی و غیردولتی و همچنین زیرساخت‌های نرم‌افزاری است که در سراسر کشور گسترده شده‌است. این شبکه ظرفیت لازم برای نگهداری و تبادل امن اطلاعات داخلی در کشور به‌منظور توسعه خدمات الکترونیکی و دسترسی به اینترنت از طریق بستر ارتباطی باند پهن سراسری برای کاربران خانگی کسب و کارها و دستگاه‌های اجرایی را فراهم می‌کنند.

این شبکه تجمیع‌کننده شبکه‌های اختصاصی، محلی و ملی در کشور است که از دو بخش اختصاصی و عمومی تشکیل می‌شود. بخش اختصاصی برای ارتباط و تبادل اطلاعات و خدمات دستگاه‌های اجرایی با یکدیگر و بخش عمومی برای ارائه خدمات به کاربران عمومی است و این دو بخش در نقاطی نظیر مراکز داده با یکدیگر اتصال دارند.

مهمترین تفاوت در نحوه پیاده‌سازی و اجرای دولت الکترونیک و دولت همراه در ایران با سایر کشورها الزام پیاده‌سازی بر بستر شبکه ملی اطلاعات می‌باشد.

٤-٤-٢-١- چشم انداز شبکه ملی اطلاعات

- در راستای نیل به اهداف برنامه پنجم توسعه کشور شبکه‌ای ایجاد خواهد شد که به عنوان اصلی‌ترین زیرساخت اطلاعاتی و ارتباطی کشور در-برگیرنده اهداف راهبردی زیر در حوزه‌های اقتصادی، اجتماعی و فرهنگی خواهد بود.
- فراگیری خدمات الکترونیکی شامل خدمات عمومی مانند دولت الکترونیک و افزایش بهره‌وری
- کاهش وابستگی به شبکه اینترنت و توانایی اعمال مدیریت حداکثر بر دسترسی به آن
- گسترش محتوا با بالا بردن سواد دیجیتال
- افزایش کسب و کار دیجیتال و توسعه سهم ICT در اقتصاد و استفاده از آن به عنوان موتور محرکه توسعه
- افزایش امنیت و قابلیت اطمینان فضای دیجیتال

٤-٤-٢-٢- ماموریت شبکه ملی اطلاعات

- ایجاد زیرساخت مناسب توسط دولت برای انجام وظایف حاکمیتی و شکستن انحصار همزمان با کاهش تصدی-گری دولت در عرصه‌های غیرضروری فناوری اطلاعات
- بهره‌برداری حداکثری از توان بخش خصوصی از طریق ایجاد فضای رقابتی عادلانه
- ایجاد بستر ارتباطی امن و پیشرفته برای توسعه فناوری اطلاعات و ارتباطات در کشور
- ایجاد بسترهای لازم جهت اطلاع‌رسانی و خدمات‌رسانی بهینه الکترونیکی به مردم
- ایجاد بستر لازم برای نگهداری و انتقال اطلاعات و خدمات ملی در داخل کشور

٤-٤-٢-٣- اهداف کیفی شبکه ملی اطلاعات

- بومی‌سازی فناوری‌های سخت‌افزاری و نرم‌افزاری با تکیه بر نرم‌افزارهای متن باز و توسعه معماری باز

- افزایش ضریب نفوذ اینترنت در کشور
- بهبود وضعیت شاخص‌های آمادگی الکترونیک
- ارتقاء شاخص‌های امنیتی
- برطرف‌کردن نیازهای کشور در حوزه‌های کسب و کار الکترونیکی، سلامت الکترونیک و آموزش الکترونیک
- نقش شبکه ملی اطلاعات به‌عنوان تامین‌کننده زیرساخت دولت الکترونیک
- تامین زیرساخت مناسب برای تبادل و به اشتراک‌گذاری اطلاعات دستگاه‌های اجرایی
- دسترسی پرسرعت دستگاه‌های اجرایی به شبکه ملی اطلاعات
- ارائه خدمات الکترونیکی از طریق درگاه‌های خدمات و سامانه‌های اطلاعاتی تحت وب
- دسترسی خانواده‌ها و بنگاه‌های کسب و کار با پهنای باند پرسرعت به شبکه ملی اطلاعات برای دریافت خدمات الکترونیکی
- توسعه خدمات الکترونیکی از طریق رسانه‌های فراگیر نظیر تلفن همراه

٤-٤-٢-٤- نقش شبکه ملی اطلاعات به عنوان تامین‌کننده زیرساخت خدمات چندرسانه‌ای

- تامین و تقویت زیرساخت پرظرفیت و مناسب برای انتقال اطلاعات و ترافیک منابع داخلی
- توسعه خدمات چندرسانه‌ای هم‌راستا با توسعه ظرفیت و زیرساخت‌های موردنیاز

٤-٤-٢-٥- ویژگی‌های شبکه ملی اطلاعات

- شبکه‌ای زیربنایی، فرابخشی، گسترده با قابلیت دسترسی عمومی و آسان، امکان دسترسی پرسرعت، تضمین کیفیت خدمات و دارای توافق‌نامه سطح خدمات، امن، مطمئن و پایدار سازگاری با فناوری‌های نسل جدید، مقیاس‌پذیری بالا.

٤-٤-٢-٦- بخش‌های شبکه ملی اطلاعات

بخش اختصاصی: زیرساخت ارتباطی و اطلاعاتی برای فراهم آوردن محیط امن تعامل‌پذیر بین دستگاه‌های اجرایی جهت انجام استعلامات الکترونیکی، اشتراک‌گذاری اطلاعات و تبادل خدمات الکترونیکی، به‌عبارت‌دیگر زیرساخت امن موردنیاز دولت الکترونیک در کشور را فراهم می‌آورد.

بخش عمومی: زیرساخت ارتباطی و اطلاعاتی برای تولید، توزیع خدمات و محتوای الکترونیکی و فراهم‌نمودن دسترسی کاربران و اینترنت در بخش اختصاصی شبکه همگانی دولت و تخصصی دستگاهی از طریق مراکز داده ملی و دستگاهی در سطح ملی و مرکز کشور و از طریق مراکز داده استانی در سطح استانی به‌صورت سلسله‌مراتبی و براساس معماری اطلاعات و خدمات دستگاه‌ها دارای دروازه بین یکدیگر هستند. شبکه همگانی دولت به صورت فیزیکی کاملاً مستقل است.

٤-٤-٢-٧- اجزای شبکه ملی اطلاعات

زیرساخت ارتباطی موجود متناسب با نیاز برنامه، توسعه کمی (ظرفیت سازی) و کیفی (فناوری‌های نو، هم‌بندی و جداسازی) خواهند داشت و بخش‌های کاملاً مستقل (بخش همگانی دولت) ایجاد خواهند شد.

- شبکه ملی اطلاعات براساس قانون برنامه شامل کل لایه‌ها و متروهای شهری به جز لایه دسترسی می‌شود.
- زیرساخت اطلاعاتی سخت‌افزاری شامل مراکز داده ملی و استانی در بخش دولتی و تجاری در بخش خصوصی خواهد بود.
- مراکز فرا اپراتوری مدیریت توسعه شبکه‌ای ایجاد خواهد شد.

٤-٤-٢-٨- نقش مراکز داده شبکه ملی اطلاعات

نقش اول: میزبانی پایگاه اطلاعاتی جهت جمع‌آوری، دسته‌بندی اطلاعات، ارائه خدمات وب به بانک‌های زیرمجموعه

نقش دوم: میزبانی پایگاه‌های اطلاعاتی برای ارائه خدمات وب و اشتراک‌گذاری اطلاعات به بانک مرکزی و سایر دستگاه‌ها

نقش سوم: میزبانی درگاه‌ها، سپرده‌های واحد و وب‌سایت‌های بانک برای ارائه خدمات اطلاع‌رسانی و الکترونیکی در فضای عمومی

٤-٤-٢-٩- مراکز داده دولتی (ملی، استانی، دستگاهی)

نقش اول: میزبانی اطلاعاتی جهت جمع‌آوری، دسته‌بندی اطلاعات و ارائه خدمات وب به دستگاه‌های زیرمجموعه

نقش دوم: میزبانی پایگاه‌های اطلاعاتی برای ارائه خدمات وب و اشتراک‌گذاری اطلاعات به سایر دستگاه‌ها

نقش سوم: میزبانی درگاه‌ها و پنجره‌های واحد و وب‌سایت‌ها برای ارائه خدمات اطلاع‌رسانی و الکترونیکی در فضای عمومی

٤-٤-٢-١٠- مراکز داده خصوصی

نقش اول: میزبانی درگاه‌ها، پنجره‌های واحد، وب‌سایت‌ها برای ارائه خدمت اطلاع‌رسانی و الکترونیکی در فضای عمومی

نقش دوم: ارائه خدمات میزبانی توزیع شده محتواهای چند رسانه‌ای

٤-٤-٣- اقدامات کلان جهت پیاده‌سازی دولت همراه بر بستر شبکه ملی اطلاعات

با توجه به مطالب اشاره‌شده در ارتباط با تعریف و ساختار شبکه ملی اطلاعات و با توجه به الزام قانونی استفاده از این شبکه جهت ارائه خدمات دولت الکترونیک و دولت همراه می‌توان پیاده‌سازی این شبکه را در ارتباط با دولت الکترونیک و دولت همراه در ده سرفصل کلان خلاصه نمود.

۴-۴-۳-۱- توسعه شبکه داخلی و پهنای باند مناسب داخلی و عدم اتصال به اینترنت برای ارائه خدمات دولت به شهروندان با برنامه‌ریزی برای توسعه زیرساخت دسترسی توسط اپراتورهای تلفن همراه

١. توسعه زیرساخت‌های مهاجرت به IPV6

۲. توسعه هسته و لبه بین استانی (Core & Edgo)

۳. توسعه لایه لبه و تجمیع

٤. افزایش تعداد مشترکین تلفن همراه و کاربران نسل‌های 3G و 4G

٤-٤-۳-۲- مدیریت زیرساخت‌های دولت همراه مبتنی‌بر شبکه ملی اطلاعات

۱. مدیریت آدرس‌های عددی (IP Address)

۲. مدیریت و ساماندهی نام‌های دامنه کشوری

۳. تفکیک اینترنت از اینترانت

٤-٤-۳-۳- مدیریت دسترسی در زیرساخت‌های دولت همراه مبتنی‌بر شبکه ملی اطلاعات

۱. احراز هویت

۲. PKI

۳. توافقنامه سطح خدمات

٤-٤-۳-٤- توسعه شبکه‌های اختصاصی دستگاهی

۱. تعاملات بین دستگاهی

۲. اتصال بیش از ۴۰۰/۰۰۰ نقطه دستگاه‌ها و سازمان‌های دولتی به اینترنت

٤-٤-۳-٥- مدیریت و ساماندهی مراکز داده و میزبانی

۱. ایجاد ۳۱ مرکز داده استانی

۲. مدیریت و ساماندهی فضای میزبانی داخل کشور

٤-٤-۳-٦- اشتراک‌گذاری و خدمات الکترونیکی بین دستگاه‌ها و سازمان‌ها

ایجاد مرکز تبادل اطلاعات بین سازمان‌های دولتی (IXP)

٤-٤-۳-٧- امنیت، ایمنی و پایداری

۱. پیش‌گیری، مقابله و امداد

۲. ساماندهی، مدیریت، امنیت و خدمات حوزه افتا

۳. پدافند غیر عامل

٤-٤-۳-٨- ایجاد و توسعه دولت الکترونیکی و دولت همراه در شبکه ملی اطلاعات

۱. سیاست‌گذاری و مدیریت کلان دولت الکترونیک و دولت همراه

۲. توسعه خدمات الکترونیکی با شناسایی بیش از ۲۴۰۰ خدمت

٤-٤-٣-٩- سرویس‌های عمومی دولت همراه مبتنی‌بر شبکه ملی اطلاعات

۱. موتور جستجوی بومی

۲. پست الکترونیکی بومی

٤-٤-٣-١٠- تدوین قوانین، مقررات و استانداردها

۱. قوانین

۲. ایین‌نامه‌ها و دستورالعمل‌های مرتبط با قوانین

۳. مصوبات کمیسیون تنظیم مقررات رادیویی

٤-٤-٣-١١- تولید محتوا با استفاده از سرمایه‌گذاری بخش خصوصی

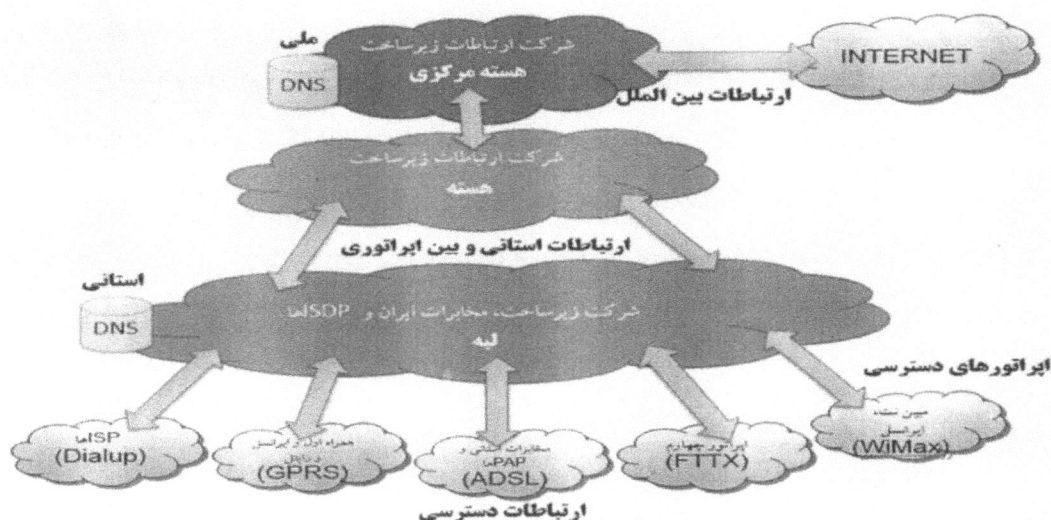

شکل ۴-۱۳- مدل شبکه موجود کشور در لایه‌های مختلف

٤-٤-٤- استراتژی‌های پیشنهادی در ارتباط با پذیرش دولت همراه توسط شهروندان

S1: دولت همراه می‌بایستی بر بستر شبکه ملی اطلاعات اجرا و پیاده‌سازی شود.

S2: دولت و اپراتورهای مخابرات (ثابت و سیار) می‌بایستی پهنای باند مناسب را ایجاد نمایند.

S3: بسیاری از سرویس‌ها و خدمات می‌تواند با مدل‌های OTT توسط دولت و بخش خصوصی ارائه گردد.

S4: بخش خصوصی در مقابل مشارکت بخش خصوصی و عمومی (P-P-P) برای اجرای پروژه‌های دولتی و عمومی با حمایت دولت اقدام نماید.

S5: دولت و بخش خصوصی می‌بایست حمایت لازم از نوآوری و نوآوران را در قالب حمایت از شرکت های Startup به عمل آورد.

S6: اپراتورهای تلفن همراه و ارائه‌دهندگان خدمات زیرساخت می‌بایستی نسبت به امضای توافقنامه سطح خدمات SLA در برابر شهروندان و کاربران اقدام نمایند.

S7: طراحان دولت همراه می‌بایست از فناوری‌های ساده استفاده کنند. لذا هنگام طراحی سادگی فناوری بسیار موردتوجه است.

S8: قبل از پیاده‌سازی نهایی خدمات دولت همراه می‌بایست با پیاده‌سازی آزمایشی در یک محیط کوچکتر ضمن رفع مشکلات احتمالی کاربران نهایی را با آن آشنا کند.

S9: کاربردهای دولت همراه می‌بایستی با زبانی که کاربران با آن آشنایی دارند (فارسی) طراحی شوند.

S10: دولت می‌بایست نیازهای کاربران را شناسایی و کاربردهای مبتنی‌بر تلفن همراه آن را ایجاد نماید. بدین منظور سرویس و خدمات دولت الکترونیک توسط دولت و سازمان‌های دولتی و نهادهای عمومی شناسایی و شناسنامه خدمات را آماده نماید.

S11: لازم است شیوه‌هایی برای تغییر نگرش و گرایش شهروندان برای بکارگیری از ابزار تلفن همراه بکار گیرد.

S12: دولت می‌بایست قوانین لازم برای پشتیبانی و حمایت از تلفن همراه را تهیه تا اعتماد و اطمینان عمومی از استفاده از تلفن همراه ایجاد شود.

S13: دولت می‌بایست قوانین لازم برای حفظ حریم خصوصی کاربران را ایجاد کند.

S14: تمامی وب‌سایت‌های دولتی می‌بایست کوتاه و مختصر باشد، به‌ویژه بخش سیاست‌ها و پذیرش کاربر که نیاز نباشد کاربر عبارت طولانی را مطالعه و تایید نماید.

S15: حتی‌المقدور شهروندان نباید برای دریافت سرویس‌های دولت همراه پرداخت نمایند.

S16: دولت می‌بایست اپراتورهای موبایل را تشویق کند تا تامین هزینه بخشی از تولید کاربردها را (APPs) به عنوان مسئولیت اجتماعی به عهده بگیرند.

S17: استفاده از تبلیغات مرتبط و سرویس‌های ارزش افزوده در کنار سرویس و خدمات می‌تواند بخشی از هزینه‌ها را تامین نماید.

S18: دولت می‌بایست محتوای دولت همراه را بسیار کوتاه و با اولویت بخشی به محتواهای مهم انتخاب نماید.

S19: کاربردهای دولت همراه و وب‌سایت‌ها می‌بایست از گرافیک محدود استفاده نماید.

S20: کاربردهای دولت همراه و وب‌سایت‌ها می‌بایست تجربه مردم را در حوزه تلفن همراه توسعه دهد.

S21: کاربردهای دولت همراه و وب‌سایت‌ها می‌بایست اجازه چند نوع ورودی از جمله صفحه لمسی یا پیام‌های صوتی، صفحه کلید مجازی را بدهد.

S22: کاربردهای دولت همراه و وب‌سایت‌ها می‌بایست قابلیت براز شدن (Browse) با برازهای مختلف را داشته باشد.

S23: دولت می‌بایست تمامی وب‌سایت‌های خود را هماهنگ با موبایل نیز طراحی نماید.

S24: سازمان تنظیم مقررات رادیویی می‌بایست تمامی نقاطی که پوشش شبکه را ندارد شناسایی و اپراتورهای تلفن همراه را الزام به ایجاد شبکه و تکمیل پوشش شبکه کند.

S25: دولت می‌بایست از کانال‌های مختلف سرویس‌های خود را ارائه کند. از جمله SMS، اینترنت موبایل و IVR

S26: دولت می‌بایست سیستم‌های تشویقی برای پرداخت از طریق تلفن همراه را از جمله مالیات و... طراحی نماید.

S27: وجود واسطه‌ها برای تعیین پرداخت از طریق وضع قوانین و مقررات لازم است.

S28: دولت می‌بایست فرایندهای خود را به منظور کاهش زمان پاسخ‌دهی در سرویس و خدمات دولت همراه بازنگری و بازمهندسی نماید.

S29: دولت می‌بایست قوانین و مقررات را به‌گونه‌ای وضع نماید که تنظیم مقررات جهت ارتباط اطلاعات بین ذینفعان و دولت و شهروندان و کسب و کارها به درستی صورت پذیرد.

S30: دولت در ارتباط با حملات به حوزه دولت الکترونیک و دولت همراه قوانین خاص وضع نماید.

S31: دولت برای مستندات الکترونیک به ویژه امضاء دیجیتال توسط تلفن همراه قوانین خاص وضع نماید.

S32: دولت می‌بایست از تمامی ابزارهای قدیمی اطلاع‌رسانی مانند روزنامه‌ها، تلویزیون، رادیو و... برای آگاه‌سازی از خدمات دولت همراه استفاده نماید.

S33: دولت می‌بایست از SMS جهت اطلاع‌رسانی و اتصال کاربران و شهروندان جهت اطلاع‌رسانی و اتصال کاربران و شهروندان به پیوند درگاه دولت همراه استفاده نماید.

S34: دروسی در مقاطع مختلف تحصیلی در دانشگاه‌ها به عنوان دولت الکترونیک و دولت همراه جهت آشنایی با سرویس‌های دولت همراه ارائه شود.

S35: دولت می‌بایست کاربردها را به‌گونه ای طراحی نماید که دسترسی عمومی از طریق ساده‌ترین نوع گوشی نیز انجام پذیر باشد.

S36: دولت می‌بایست چارچوبی را طراحی نماید که سیستم‌های عامل متعدد با زبان‌های مختلف، سخت افزارها و پروتکل‌های انتقال را پوشش دهد.

S37: شهروندان می‌بایست بتوانند کاربردهای مربوط به سرویس دولت همراه را از یک وب‌سایت مرکزی دولت دریافت نماید.

٤-٥- مدل ترکیبی پذیرش یکپارچه فناوری اطلاعات و فرهنگ ملی

با توجه به بررسی‌های انجام پذیرفته در ارتباط با پذیرش فناوری اطلاعات و فرهنگ ملی و نیز سیاست‌های کلی بیان شده، مدل پیشنهادی ترکیبی به صورت مدل زیر پیشنهاد می‌شود. برای تحلیل این مدل با استفاده از سؤالات پرسشنامه و مفروضات با استفاده از مدل تحلیل عاملی و استفاده از نرم افزار لیزرل به تحلیل تاثیر هریک از عوامل در انتظار عملکرد و انتظار تلاش، اثر اجتماعی و شرایط تسهیل‌کننده و نهایتاً قصد استفاده از فناوری خواهیم پرداخت.

سؤالات پرسشنامه		متغیر درجه بندی	متغیر
فرهنگ سازی در انتظار عملکرد	PE1	PE	انتظار عملکرد
اعتماد در انتظار عملکرد	PE2		
تجربه در پیاده سازی و موفقیت دولت همراه در انتظار عملکرد	PE3		
امنیت و رعایت حریم خصوصی در انتظار عملکرد	PE4		
سادگی کاربردها در انتظار تلاش	EE5	EE	انتظار تلاش
سیاست های کلان ملی در اثر اجتماعی	SI6	SI	اثر اجتماعی
دولت الکترونیک و آمادگی الکترونیک در اثر اجتماعی	SI7		

سؤالات پرسشنامه		متغیر درجه بندی	متغیر
سازمانهای دولتی و نهادهای عمومی در اثر اجتماعی	SI8		
زیرساخت های ارتباطی در شرایط تسهیل کننده زیرساخت های حقوقی در شرایط تسهیل کننده تنظیم مقررات و استانداردها در شرایط تسهیل کننده	FS9 FS10 FS11	FS	شرایط تسهیل کننده
جنسیت در قصد استفاده از فناوری دولت همراه سن در قصد استفاده از فناوری دولت همراه تحصیلات در قصد استفاده از فناوری دولت همراه	IF12 IF13 IF14	IF	قصد استفاده از فناوری دولت همراه

شرایط تسهیل کننده
قصد استفاده از فناوری
استفاده از فناوری

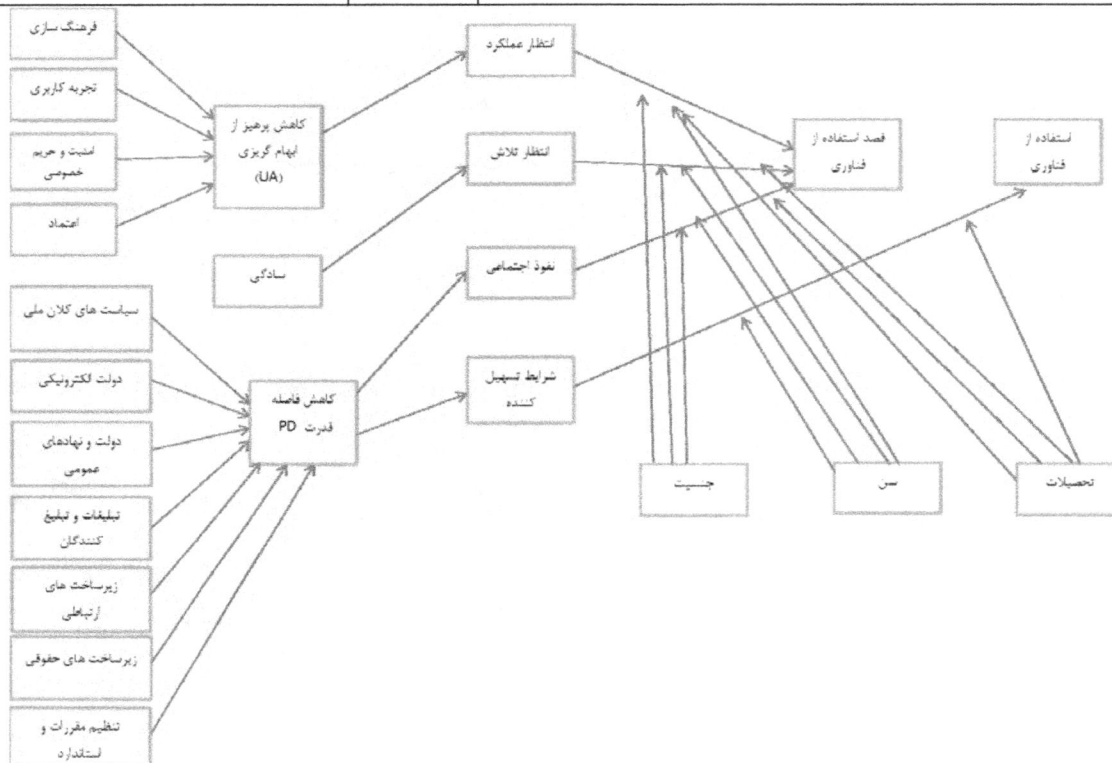

شکل ۴-۱۴- مدل ترکیبی پذیرش یکپارچه فناوری و ماتریس فاصله قدرت و ابهام گریزی

٤-٦- سرانجام فصل چهارم

با توجه به بررسی‌های انجام پذیرفته در این فصل، نتایج حاصل در ارتباط با پذیرش فناوری و به‌ویژه خدمات دولت همراه توسط شهروندان و سیاست‌های کلان ملی موارد ذیل در تحلیل شبکه ارزش ذینفعان موردتوجه قرار گیرد. همچنین استراتژی‌های پیشنهادی و تجربه کاربران به عنوان استراتژی‌هایی که می‌بایستی توسط ارائه‌دهندگان سرویس و خدمات به شهروندان موردتوجه قرار گیرد نیز در نوع و انتخاب سرویس و خدمات موثر خواهند بود.

۱. دولت همراه می‌بایست بر بستر شبکه ملی اطلاعات ارائه شود.

۲. زیرساخت‌های ارتباطی در لایه‌های مختلف توسط زیرساخت و اپراتورها تامین گردد.

۳. ضریب نفوذ تلفن همراه به حداکثر برسد.

۴. عدم وابستگی به اپراتور خاص برای ارائه سرویس و خدمات دولت همراه

۵. ارائه سرویس و خدمات بر بستر شبکه ملی اطلاعات توسط مشارکت بخش خصوصی و عمومی (P-P-P) انجام پذیرش

۶. ارائه سرویس و خدمات بر بستر شبکه ملی اطلاعات توسط بخش خصوصی و عمومی و با استفاده از مدل OTT امکانپذیر است.

۷. اعتماد شهروندان به‌ویژه در پرداخت‌ها و تراکنش‌های مالی بسیار مهم و با ارزش است.

۸. زیرساخت‌های حقوقی نقش موثر در پذیرش و موفقیت دولت همراه دارد.

۹. نوآوری و نوآوران در حوزه‌های مختلف فناوری و سرویس و خدمات و فرآیندها مهم می‌باشد.

۱۰. تجربه کاربران در استفاده از انواع کاربردها (APPS) بسیار با اهمیت می‌باشد.

۱۱. سادگی کاربردها و استفاده از زبان فارسی در خدمات دولت همراه

۱۲. حتی‌المقدور عدم دریافت وجه از شهروندان برای ارائه خدمات و استفاده از روش‌های تبلیغی و سرمایه‌گذاری اپراتورهای تلفن همراه برای تامین منابع مالی

۱۳. امنیت و حریم خصوصی و رعایت آن توسط تمامی ذینفعان در دولت همراه تاثیر بسزایی در پیاده‌سازی و موفقیت دولت همراه دارد.

۱۴. پیاده‌سازی دولت الکترونیک و شناسایی خدمات و تهیه شناسنامه برای خدمات دولت توسط دولت با همکاری بخش خصوصی

۱۵. تنظیم مقررات و استانداردها توسط دولت و حاکمیت نقش موثری در پذیرش دولت همراه دارد.

۵- مدل انتخاب سرویس با تحلیل شبکه ذینفعان اکوسیستم دولت همراه

۵-۱- سرآغاز فصل پنجم

با شناسایی و تعریف اکوسیستم دولت همراه و معرفی نقش هریک از ذینفعان و بازیگران این اکوسیستم میزان ارزشی که هریک در شبکه ایجاد خواهند نمود مشخص خواهد شد. لذا امروزه برای پروژه‌های بزرگ مهندسی در سطح ملی مهمترین چالش، ایجاد بیشترین فرصت همگرایی، اتحاد ذینفعان و بهینه‌شدن شبکه ارتباطی بین بازیگران است. برای بررسی و پاسخ به این چالش‌ها از مدل‌ها و تئوری‌های مختلف بسته به ابعاد پروژه، تعداد ذینفعان و پیچیدگی روابط بین آن‌ها استفاده می‌شود. مدل کامرون و همکاران، تئوری بازی‌ها، ماتریس ساختار وابستگی[1] (DSM) و مدل تحلیل شبکه ارزش ذینفان[2] (SVN) مدل ارائه شده توسط دانشگاه MTI را برای این منظور می‌توان نام برد. از بین مدل‌های یاد شده مدل تحلیل شبکه ارزش ذینفعان از بلوغ بیشتری برخوردار است و در طی سال‌های گذشته به دلیل کاربرد بزرگتر و در سطح گسترده‌تر مورد استفاده قرار گرفته است.

در این فصل ضمن معرفی این مدل‌ها، به تحلیل شبکه ذینفعان اکوسیستم دولت همراه پیشنهادی خواهیم پرداخت.

۵-۲- مدل‌های مطرح بررسی شبکه ارزش ذینفعان

در این بخش به معرفی مدل‌های مطرح در ارتباط با بررسی شبکه ارزش ذینفعان می‌پردازیم.

۵-۲-۱- مدل کامرون و همکاران

این مدل توسط کامرون و همکاران (B.G. Camron et al, 2008) مطرح شده است. این مدل با شناسایی ذینفعان آغاز و مطابق شکل ۵-۱ شناسایی و ارزش‌گذاری صورت می‌گیرد.

- قدم اول: شناسایی ذینفعان با تعیین نیازمندی ذینفع، مدل ورودی و خروجی ذینفع، مدل جریان ارزش‌ها و تحلیل جریان ارزش‌ها
- قدم دوم: شناسایی نیازهای شخصی
- قدم سوم: سیستم اجرای نیازمندی‌ها، طراحی، پیاده‌سازی و اجرا

شایان ذکر است که در این مدل نیازهای ذینفعان به دو بخش نیازهای آشکار و مشخص و نیازهای غیر آشکار تقسیم می‌شود و در قدم سوم روش تامین نیاز و مراحلی که می‌بایست طی شود تا نیاز برطرف گرد معرفی می‌شود. این مدل شباهت زیادی به مدل تحلیل شبکه ذینفعان دارد و با تشریح مدل مذکور به ویژه در شناسایی ذینفعان و مدل ورودی و خروجی و جریان ارزش و تحلیل جریان ارزش قدم‌های کاملاً مشابه یکدیگرند، دارند.

---

1. Dependency structure Matrix
2. Stakeholder Valve Network Analysis

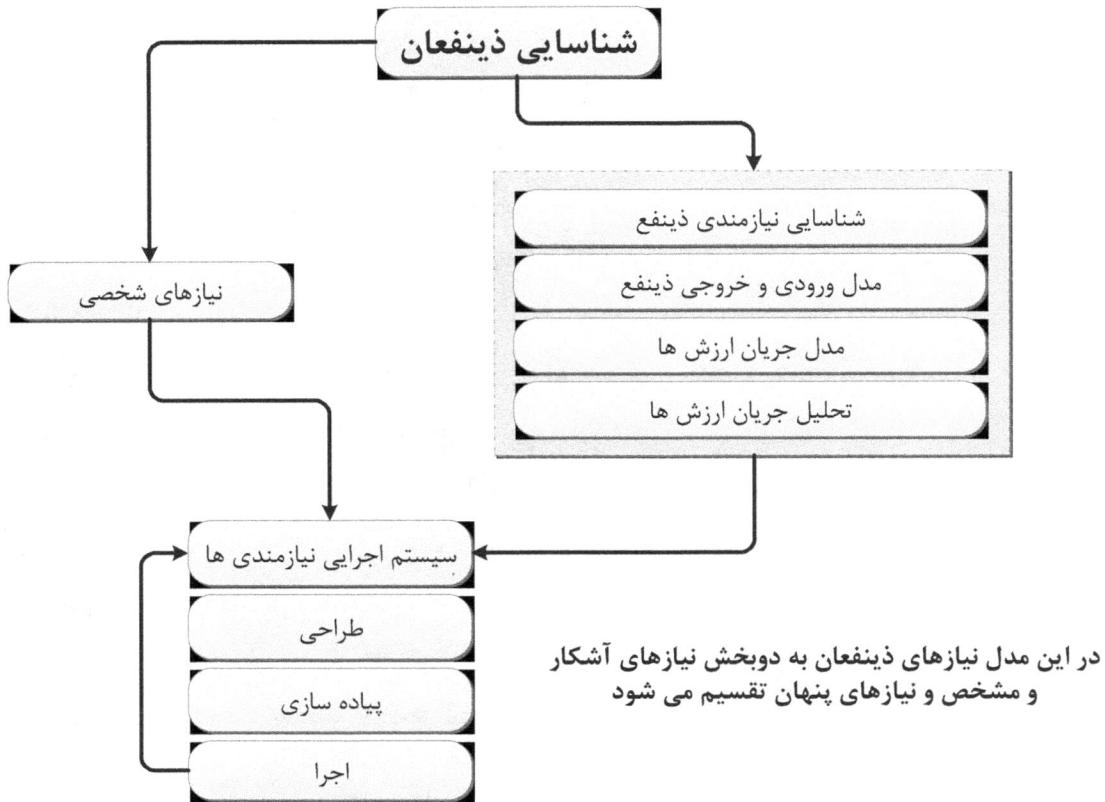

شکل ۵-۱- مدل ارزش ذینفعان کامرون و همکاران

۵-۲-۲- تئوری بازی و شبکه ذینفعان

تئوری بازی بیش از هفتاد سال بیش توسط (Von Neumann, 1944) پایه‌گذاری شد. او در سال ۱۹۲۸ قضیه کم و بیش که اساس تئوری بازی شد را ارائه کرد و در سال ۱۹۴۴ در مقاله‌ای مفاهیم اولیه را بسط داد و کاربرد آن تئوری را در علم اقتصاد تشریح کرد. از آن پس تئوری بازی در حوزه‌ها و علوم مختلف مورداستفاده قرار گرفت. می‌توان تئوری بازی را تئوری تصمیم‌گیری دانست. در یک بازی هر بازیکنی باید بر اساس قوانین بازی بین چند تصمیم مختلف یکی را انتخاب کند و یا به‌عبارت‌دیگر به یک استراتژی دست یابد تا احتمال برنده شدن خود را افزایش دهد. تئوری بازی مدلی را ارائه می‌دهد که مطابق با آن می‌توان استراتژی‌های مختلف را با یکدیگر مقایسه و نتیجه بازی را پیش‌بینی کرد.

تئوری بازی مطالعه شکلی برخوردها و همکاری بین افراد است. از مفاهیم تئوری بازی زمانی استفاده می‌شود که عمل و نقش چند عامل بر یکدیگر اثر می‌گذارند. این عوامل ممکن است افراد، گروه‌ها، شرکت‌ها و یا هر ترکیبی از این‌ها باشند. مفاهیم تئوری بازی زبانی را ارائه می‌دهد که بتوان سناریوهای استراتژیک را فرموله کرد، ساختار آن را معین نمود و آن‌ها را تجزیه‌وتحلیل و درک نمود.

۱۲٤

در انتهای دهه ۱۹۹۰ تئوری بازی در طراحی مزایده و حراجی‌ها کاربرد ویژه‌ای پیدا کرد. متخصصین برجسته تئوری بازی به منظور طراحی مزایده‌های مربوط به تخصیص حقوق، مربوط به استفاده از باندهای طیف فرکانسی در صنعت ارتباطات سیار وارد کار شدند. اغلب این مزایده‌ها با این هدف طراحی شده بودند که در مقایسه با برنامه‌های رسمی دولتی بتوانند منابع را به نحو موثری تخصیص دهند. قدرت و توانایی تئوری بازی به عنوان یک ابزار ریاضی برای تصمیم‌گیری به دلیل روش‌شناسی آن از نظر ساخت و تجزیه و تحلیل مشکلات و مسائلی که بیشتر در انتخاب‌های استراتژیک با آن مواجه است، فرآیند مدل‌سازی یک وضعیت و یا پروژه به‌صورت یک بازی مستلزم آن است که تصمیم‌گیرنده به‌گونه‌ای شفاف دیگر بازیگران و گزینه‌های استراتژیک آن‌ها را به‌حساب آورده و ترجیحات و واکنش‌های آن‌ها را موردنظر قرار دهد. نظم موجود در ساخت چنین مدلی دارای این توان بالقوه است که نگاه واضح‌تر و وسیع‌تری از موقعیت را در اختیار تصمیم‌گیرنده قرار دهد.

از سال ۲۰۰۲ بانک جهانی سه مورد تحلیل ذینفعان را با استفاده از تئوری بازی‌ها در منطقه شرق آسیا و MENA انجام داده است. دو مورد در آسیای جنوب شرقی بوده است که یک مورد مربوط به کشور کم درآمد و دیگری در کشور با درآمد متوسط بوده است.

با توجه به توضیحات اشاره شده یکی از مدل‌هایی که می‌توان در تحلیل شبکه ذینفعان مورد استفاده قرار داد، تئوری بازی است. اما به دلیل پیچیدگی‌هایی که روابط بین بازیگران و ذینفعان در اکوسیستم دولت همراه دارند و نیز تعدد بازیگران به بررسی مدل‌های دیگر از جمله مدل تحلیل شبکه ارزش ذینفعان خواهیم پرداخت.

۵-۲-۳- مدل ماتریس ساختار وابستگی

در خلال سه دهه اخیر مفهوم ذینفعان عمیقاً در تفکرات و اعمال مدیران نفوذ کرده است (Freeman, 1984). تعداد زیادی از فعالیت‌های تحقیقاتی نیز در زمینه تکنیک‌های تحلیل ذینفعان صورت پذیرفته است.

به منظور کسب اطمینان از موفقیت دراز مدت، سازمان‌ها مدل‌های موجود که عمدتاً فقط به ارتباط مستقیم سازمان با ذینفعان در شبکه است را نادیده می‌گیرند ((Mahon, 2003), (Lucea, 2007), (Rowley, 1997)) . اما نکته قابل‌توجه این است که روابط غیر-مستقیم برای سازمان‌ها نیز بسیار مهم است زیرا که قدرت ذینفعان آن‌ها بستگی به فرصت‌ها و تاثیرگذار بر رفتار و آینده سازمان‌ها خواهد بود. رویکرد شبکه ارزش ذینفعان که توسط ((Sutherland, 2009), (Feng & Crawly, 2008), (Camron, 2007)) مورد توجه قرار گرفته‌است برای درک تاثیر مستقیم و غیرمستقیم روابط بین ذینفعان برای موفقیت در پروژه‌های بزرگ و در سطح ملی است.

از ماتریس ساختار وابستگی Dependency Structure Matrix (DSM) در جهت مدل‌سازی پلتفرم شبکه ارزش ذینفعان برای ارتباط ذینفعان غیرمستقیم و تاثیر آن‌ها بر سازمان‌ها و ذینفعان اصلی برای بررسی اکوسیستم دولت همراه و تاثیر هریک از بازیگران در این اکوسیستم استفاده می‌کنیم.

۵-۲-۳-۱- شبکه ارزش ذینفعان

ذینفع عبارت از یک سازمان (مشارکت، دولت، پروژه و..) است که این گروه یا افراد می‌توانند تاثیرگذار یا تاثیرپذیر از اهداف سازمان باشند (Freeman, 1984). شبکه ارزش ذینفعان یک شبکه چندرابطه‌ای شامل سازمان با ذینفعان سازمان و همچنین ارزش‌های ملموس و غیرملموس ذینفعان سازمان و همچنین بین ذینفعان است (Feng & Crawley, 2008) .

به‌منظور درک تاثیر مستقیم و غیرمستقیم روابط بین ذینفعان که شامل ذینفع اصلی و دیگر ذینفعان است پیشنهاد می‌شود که از روش شبکه ارزش ذینفعان به عنوان یک شیوه استفاده شود.

این روش شامل چهار مرحله می‌باشد:

۱. نگاشت[۱]: در ابتدا ذینفعان باید نقش‌های خود را تعریف کنند یا به عبارتی نقش ذینفعان شناسایی شود. همچنین اهداف و نیازهایشان از طریق جمع‌آوری اسناد و یا مدارک و یا با مصاحبه به نقش، اهداف و نیازهای ذینفعان رسید. براساس این اطلاعات یک مدل کیفی برای شبکه ارزش ذینفعان در قالب نقشه و نگاشت ذینفعان که در این نگاشت نیازهای شخصی هر ذینفع به عنوان جریان ارزشی مشخص می‌شود.

۲. عددی و کمی‌کردن: هنگامی که نگاشت شبکه ذینفعان به دست آمد و تهیه شد، قدم بعدی امتیازدهی جریان ارزش‌ها بین ذینفعان و تعریف ارزش بین آن‌ها به منظور عددی کردن مدل است. معمولاً روش‌های چندگانه[۲] (چند-جزیی) برای محاسبه امتیاز مسیر ارزش بکار گرفته می‌شود. امتیاز یک مسیر عبارتست از حاصلضرب امتیاز ارزش‌های جاری در آن مسیر.

۳. جستجو[۳]: براساس جریان ارزشی کیفی و روش چندگانه برای مسیرهای ارزش مدل کمی شبکه ارزش ذینفعان برای جستجوی تمامی مسیرهای ارزش بین دو ذینفع ساخته می‌شود.

۴. تحلیل[۴]: بعد از اینکه مدل کمی آماده شد و تمامی مسیرهای ارزش بین دو ذینفع ترسیم و مشخص شد، قدم آخر تعریف اندازه‌گیری شبکه و ساختار آماری شبکه به‌ویژه شبکه ارزش از نقطه شروع تا پایان که به همان ذینفع ختم می‌شود است. بخش عمده این فرایند بر قسمت سوم و عمدتاً با تعریف ماتریس ساختار وابستگی Dependency Structure Matrix (DSM) به‌عنوان یک مدل پلتفرم برای جستجوی تمامی مسیرهای ارزش بین دو ذینفع متمرکز می‌باشد.

همانگونه که قبلاً اشاره شد مسیر ارزش‌ها کلیدهایی هستند برای درک پیاده‌سازی شبکه ارزش ذینفعان و ضرورتاً این مسیرها نشان‌دهنده وابستگی مستقیم و غیرمستقیم بین ذینفعان می‌باشد.

---

[1]. Mapping
[2]. Multiplicative role
[3]. Searching
[4]. Analyzing

ماتریس ساختار وابستگی (DSM) بسیار ساده اما ابزار پر قدرتی برای مدل‌سازی، نمایش و تحلیل وابستگی بین اجزاء شبکه است. DSM بصورت گسترده برای مدیریت سیستم‌های پیچیده، شامل مدل‌سازی برای وابستگی غیرمستقیم در انتشار رواج وابستگی ((Keller, 2007) , (Lindemann et al 2008)) به‌کار گرفته شده است.

یکی از ساده‌ترین روش‌ها برای تحلیل شبکه ارزش ذینفعان روش ماتریس ساختار وابستگی است که بدین منظور جریان ارزش بین ذینفعان را شناسایی و تعریف می‌کنیم. این بدین معنی است که ابتدا ذینفعان اصلی شناسایی و سپس جریان ارزش بین آن‌ها تعریف می‌شود. به‌عنوان‌مثال می‌توان به شبکه‌ای متشکل از ۴ ذینفع و ۸ جریان ارزش به شکل ۵-۲ توجه نمود.

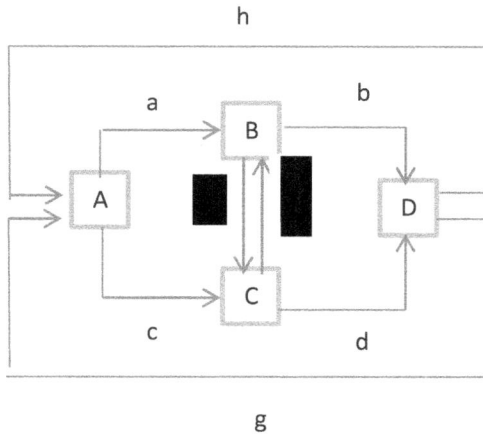

شکل ۵-۲- شبکه‌ای مشتکل از ۴ ذینفع

مطابق نظریه گراف شبکه ارزش ذینفعان تعریف شده بالا به کلاس چند گراف تعلق دارد (وزن داده شده). یک گراف مستقیم که اجازه دارد از چند مسیر مستقیم به یک منبع متصل شود. گراف‌های ساده که بیش از یک یال بین دو راس و یا گوشه وجود ندارد به‌راحتی توسط DSM قابل نمایش است. تمام گوشه‌ها که در اینجا همان ذینفعان می‌باشند سطرها و ستوهای یک ماتریس می‌باشند و اعداد (۱ یا ۰) نشان می‌دهد که آیا یک یال یا مسیر بین یک گوشه یا ذینفع با گوشه دیگر (ذینفع دیگر) قرار دارد یا خیر. لذا ماتریس شکل بالا به صورت ذیل تعریف می‌شود:

$$M=\begin{bmatrix} o & a & c & o \\ o & o & e & b \\ o & f & c & d \\ g+h & o & o & o \end{bmatrix}$$

برای مثال عضو (4,1) از ماتریس M برابر g+h است و معنی آن این است که بین ذینفعان D به A در شکل بالا ارزش برابر g+h می‌باشد. در این ماتریس (i,i) همگی برابر صفر در نظر گرفته می‌شوند و مطابق نظریه گراف این بدین معنی است که از یک گوشه به خود آن گوشه ارتباط ارزشی وجود ندارد.

۵-۲-۳-۲- الگوریتم مدل DSM

با ضرب M در خودش M^2 به صورت ذیل تعریف می‌شود و DSM جدید به دست می‌آید.

$$M2=\begin{bmatrix} o & cf & ae & ab+cd \\ bg+bh & ef & o & ed \\ dg+dh & o & fe & fb \\ o & ga+ha & gc+hc & o \end{bmatrix}$$

با مشاهده ماتریس M^2 نتیجه می‌گیریم که جزء (i,j) در DSM جدید نشانگر تمام مسیرها (مسیر ارزش‌ها) از گوشه (ذینفع) i به j است با طول مسیر مساوی ۲، به ویژه قابل‌توجه است که در این ماتریس جدید (i,j) دیگر صفر نیست، در اینصورت ممکن است از یک مسیر آغاز و با عبور از یک مسیر مجدداً به همان نقطه منتهی شود (Loop). بنابراین با ضرب K بار به‌گونه‌ای که k کوچکتر یا مساوی با مجموع ذینفعان (در مثال بالا k=4) می‌تواند باشد لذا می‌توان M^3 را با ضرب M^2 x M به دست آورد.

لذا می‌توان گفت الگوریتم اصلی ماتریس ساختار وابستگی ضرب ماتریس‌ها برای مدل‌سازی شبکه ارزش ذینفعان است که در حقیقت جستجو و محاسبه تمامی مسیرهای ارزش بین ذینفعان با درنظرگرفتن نیازهای مشخص در تحلیل شبکه ارزش ذینفعان می‌باشد.

الگوریتم مسیر ساده: برای ساده‌سازی رویکرد شبکه ارزش ذینفعان بین زمان‌های مختلف یا دفعات مختلف که یک ذینفع از یک مسیر ارزش عبور می‌نماید تفاوتی وجود ندارد. بنابراین مسیرهای تکراری حذف می‌شود، الگوریتم مسیرهایی را مطرح می-کند که تکرار نشده باشد و یا از یک ذینفع دو بار عبور نکرده باشد این را الگوریتم مسیر ساده می‌نامیم.

محدودیت‌های ارتباط و اتصال: اطمینان داشته باشید ارتباط بین جریان ارزش ها معنی‌دار است. یعنی جریان‌های ورودی به ذینفعان و خروجی آن‌ها باید قانع و راضی‌کننده باشد. الگوریتم DSM محدودیت ارتباطات و اتصالات را به‌عنوان یک ورودی در چارچوب و فرمت لیست خروجی‌های قابل اتصال برای یک ورودی مشخص (یعنی به ازای هر ورودی مشخص خروجی‌های مورد انتظار را در فرمت خاص به صورت لیست خروجی‌ها مشخص می‌کند) می‌خواند._اگر دو مسیر P1 و P2 به هم متصل باشند انتهای یال P1 به ابتدای یال P2 متصل باشد مطمئن خواهیم بود این‌ها قابل اتصال هستند. لذا این الگوریتم یک Hash MAP برای ضبط تمامی اطلاعات قابل اتصال ایجاد می‌کند. اگر مسیرها (یال‌ها) قابل اتصال نباشند یک مسیر جدید پدید خواهد آمد.

محاسبه امتیاز مسیر: الگوریتم جریان ارزش و امتیازات را با یکدیگر به عنوان اولین ورودی می‌خواند. سپس محاسبه برای امتیاز مسیر به‌صورت موازی با ضرب DSM تولید خواهد می‌کند. به‌علاوه برای توسعه اثربخشی، عملکردی، کارایی محاسبه تمامی مسیرهای قبلی و امتیازات آن‌ها ذخیره خواهد شد. به‌گونه‌ای‌که امتیاز برای یک مسیر جدید از امتیاز در مسیر قدیم یا از ترکیب آن در مسیر به‌دست می‌آید.

تمامی مسیرهای ارزش: مسیرهای ارزش به طول k برای ذینفع " i" با المان (i, i) نشان داده می‌شود.

در DSM بعد از k مرتبه ضرب کردن به‌گونه‌ای که تعداد ذینفعان > k . بعد از K مرتبه ضرب DSM به‌گونه‌ای که k برابر تعداد ذینفعان می‌باشد تمامی مسیرهای ارزشی بین دو ذینفع به دست می‌آید. به صورت خلاصه می‌توان گفت رویکرد شبکه ارزش ذینفعان مسیر ساده وزن داده شده را به‌عنوان یک واحد برای اندازه‌گیری، تبدیل و ساختار تاثیرات تمام شبکه چند ارتباطی با هر ذینفع در نظر می‌گیرد.

قدم سوم این رویکرد جستجو با نگهداری و محاسبه تمامی مسیرهای ساده بین دو ذینفع می‌باشد.

بعد از انجام تست‌های بیشمار و سخت برای الگوریتم DSM سه فایده و یا مزیت مهم مدل DSM برای شبکه ارزش ذینفعان دارد:

۱. عملکرد محاسباتی

الگوریتم DSM هنوز یکی از الگوریتم‌های کارا برای اکثر شبکه ارزش ذینفعان می‌باشد. مخصوصاً با بکارگیری تکنیک‌های مشخص نظیر Hash Map برای بهینه‌سازی کاربرد حافظه کامپیوتر در زمان محاسبه.

۲. همه در یک مرحله:

بعد از K مرتبه ضرب DSM به‌گونه‌ای که k برابر تعداد ذینفعان می‌باشد تمامی مسیرهای ارزشی بین دو ذینفع به دست می‌آید و این قابلیت سبب ایجاد انعطاف‌پذیری خواهد شد و کمک به تحلیل شبکه خواهد نمود.

۳. مفهوم معنی‌دار

ابتدا برای اجزای قطری در DSM هر جزء قطری نمایشگر فضای نمونه برای یک ذینفع می‌باشد که برای تفسیر پیاده‌سازی شبکه برای آن ذینفع بکار گرفته می‌شود.

۵-۲-٤- شبکه ارزش ذینفعان[1] (SVN)

شبکه ارزش ذینفعان یک شبکه چندارتباطی است که شامل یک سازمان مرکزی (کانونی) می‌باشد (Feng & Crawley, 2008).

اگر بخواهیم روابط بین ذینفعان را بررسی و تحلیل نمائیم اولین سؤالی که مطرح می‌شود این است که چگونه می‌توانیم روابط بین ذینفعان را در قالب یک مدل تشریح و براساس آن بتوانیم تصمیم‌گیری نماییم.

(CRowley, 1997) اولین محققی بود که مفهوم شبکه را در علوم اجتماعی به کار برد تا بتواند مدلی برای روابط بین ذینفعان تعریف نماید و سپس آن را در تحلیل شبکه اجتماعی (SNA) بکار گیرد. مدل ذینفعان ابتدا توسط (Freeman, 1984) مطرح گردید و سپس به مدل (Hub- and- spoke) توسط (Donaldson preston, 1995) تغییر نام یافت. تحقیقاتی که توسط (Rowley, 1997) آغاز شد بعدها توسط ((Sutherland, 2009), (Cameron, 2007)) با نام شبکه ارزش ذینفعان (SVN) پیگیری و انجام شد.

مدل اول (Freeman, 1984) که یک مدل تولیدی بود به شکل زیر تعریف گردید:

شکل ۵-۳- مدل فریمن برای بنگاه تولیدی

مدل دوم (Freeman, 1984) مدل مدیریتی به شکل ۵-۵ را تعریف نمود:

[1] . Stakeholder Value Network

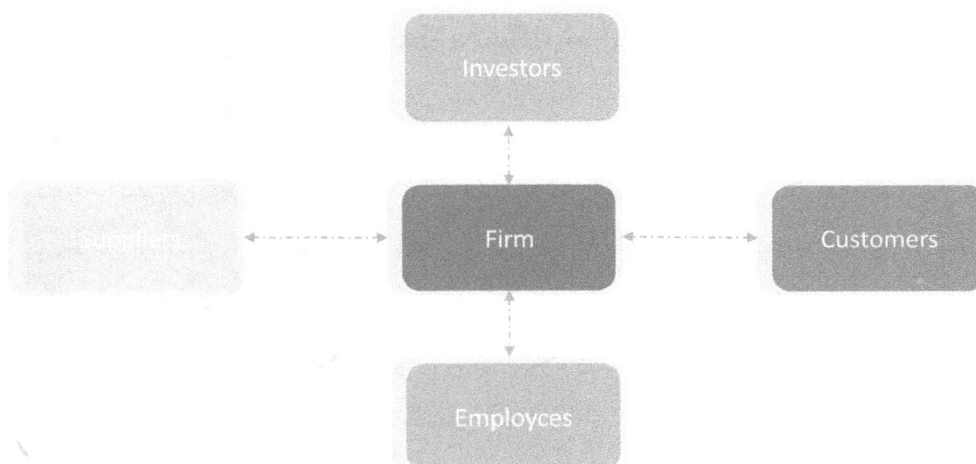

شکل ۵-۴- مدل مدیریتی بنگاه فریمن

مدل سوم (Freeman, 1984) مدل Hub-and-Spoke:

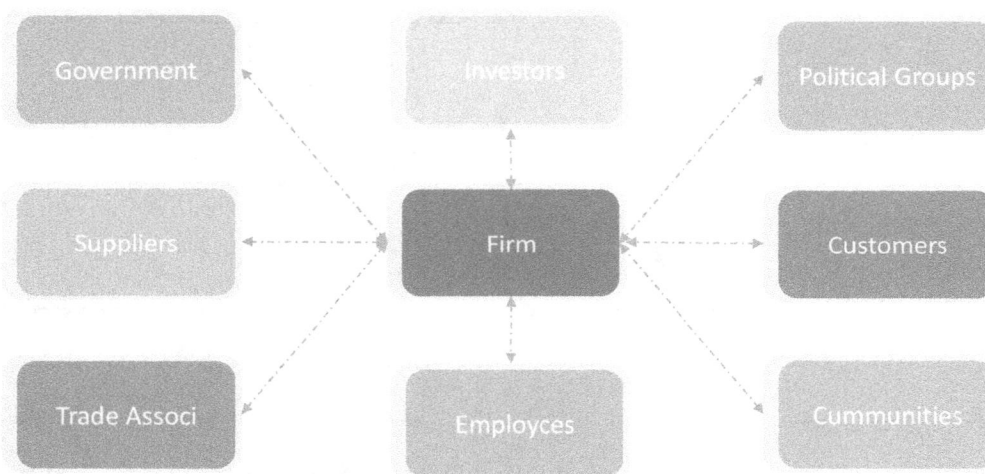

شکل ۵-۵- مدل متمرکز کامل فریمن

همانگونه که در شکل‌های بالا آمده است مدل مرتباً در ارتباط با تعداد ذینفعان پیچیده‌تر و پیشرفته‌تر می‌شود.

به ویژه تکامل از مدل تولیدی به مدل مدیریتی تنوع مالکیتی و تعداد نقاط کنترلی سبب می‌شود که از یک مدل و یا کسب و کار فامیلی و خانوادگی به مدل کسب و کار مدرن حرکت کنیم. ثانیاً توسعه و حرکت از حالت مدل مدیریتی به مدل ذینفعان تغییرات داخلی و خارجی یک بنگاه را مشخص و شاخص می‌کند و به‌ویژه محیط بازار و محیط غیر بازار را مشخص می‌کند. ثالثاً فرآیند مدرن حرکت از مدل ذینفعان به‌سمت مدل شبکه سبب می‌شود که حرکت از تحلیل واحدها به سمت تحلیل شبکه داشته باشیم (Freeman et al, 2010)، یعنی ارتباط بین افراد به ارتباط بین شبکه تبدیل می‌شود. شبکه ارزش ذینفعان به مطالعه روابط بین ذینفعان متعدد کمک می‌کند.

۵-۳- شبکه ارزش ذینفعان با مدل دانشگاه ام ای تی

مطابق تعاریف شبکه ارزش ذینفعان که قبلاً به آن اشاره شد تحلیل شبکه ارزش ذینفعان روشی است برای بررسی و ملاحظه روابط بین ذینفعان متعدد که با یکدیگر ارزش مبادله می‌کنند و همچنین مطالعه تاثیرات استراتژیک انواع مختلف جریان ارزشی در شبکه ارزش ذینفعان توسط تحلیل شبکه ارزش ذینفعان سازمان مرکزی قادر خواهد بود تاثیرات مستقیم و غیر مستقیم روابط بین ذینفعان را در موفقیت طولانی‌مدت سازمان و موفقیت در تحقق اهداف آن را شناسایی کند. همچنین امکان فرموله کردن استراتژی‌ها به روش مثبت و با کاهش پیچیدگی وجود دارد. به‌علاوه این روش یک پلتفرم مشترک برای دپارتمان‌های مختلف سازمان مرکزی ایجاد می‌کند تا بوسیله آن بتوانند با یکدیگر ارتباط برقرار کنند و اطلاعات مهم را در ارتباط با ذینفعان مبادله نمایند.

سه هدف مشخص در تحلیل شبکه ذینفعان می‌باید پیگیری و انجام شود:

۱.   جمع آوری اطلاعات

برای (TO) درک مفهومی ذینفعان سازمان مرکزی (By) به وسیله مشخص کردن نقش‌ها، اهداف و نیازهای هر ذینفع و با بکارگیری (Using) اطلاعات به دست آمده از مستندات و مصاحبه‌ها

۲.   مدل کیفی

(TO) برای به‌دست‌آوردن روابط مستقیم و غیرمستقیم بین تمام ذینفعان (By) به وسیله نگاشت نیازهای مشخص به‌عنوان جریان‌های ارزش در یک شبکه به وسیله (Using) اطلاعات جمع‌آوری شده از نیازهای ذینفعان

۳.   مدل کمی

(TO) برای شناسایی مسیرهای ارزش بحرانی و خروجی‌های سطح بالا و مهمترین ذینفعان و جریان‌های ارزشی برای سازمان مرکزی (By) به‌وسیله هدایت تحلیل شبکه با بکارگیری (Using) تعاریف اندازه‌گیری و محاسبات آماری شبکه از این تحلیل.

جریان ارزش عبارت است از خروجی یک ذینفع و در همان زمان ورودی به ذینفع دیگر و یک مسیر ارزش یک دنباله‌ای از جریان‌های ارزش است که یک گروه از ذینفعان را به یکدیگر متصل می‌کند. باتوجه‌به اهداف بالا تحلیل شبکه ارزش ذینفعان می‌تواند در چارچوب یک مدل چهار مرحله‌ای خلاصه شود.

الگوریتم تحلیل ارزش ذینفعان با استفاده از مفهوم روش دانشگاه MIT

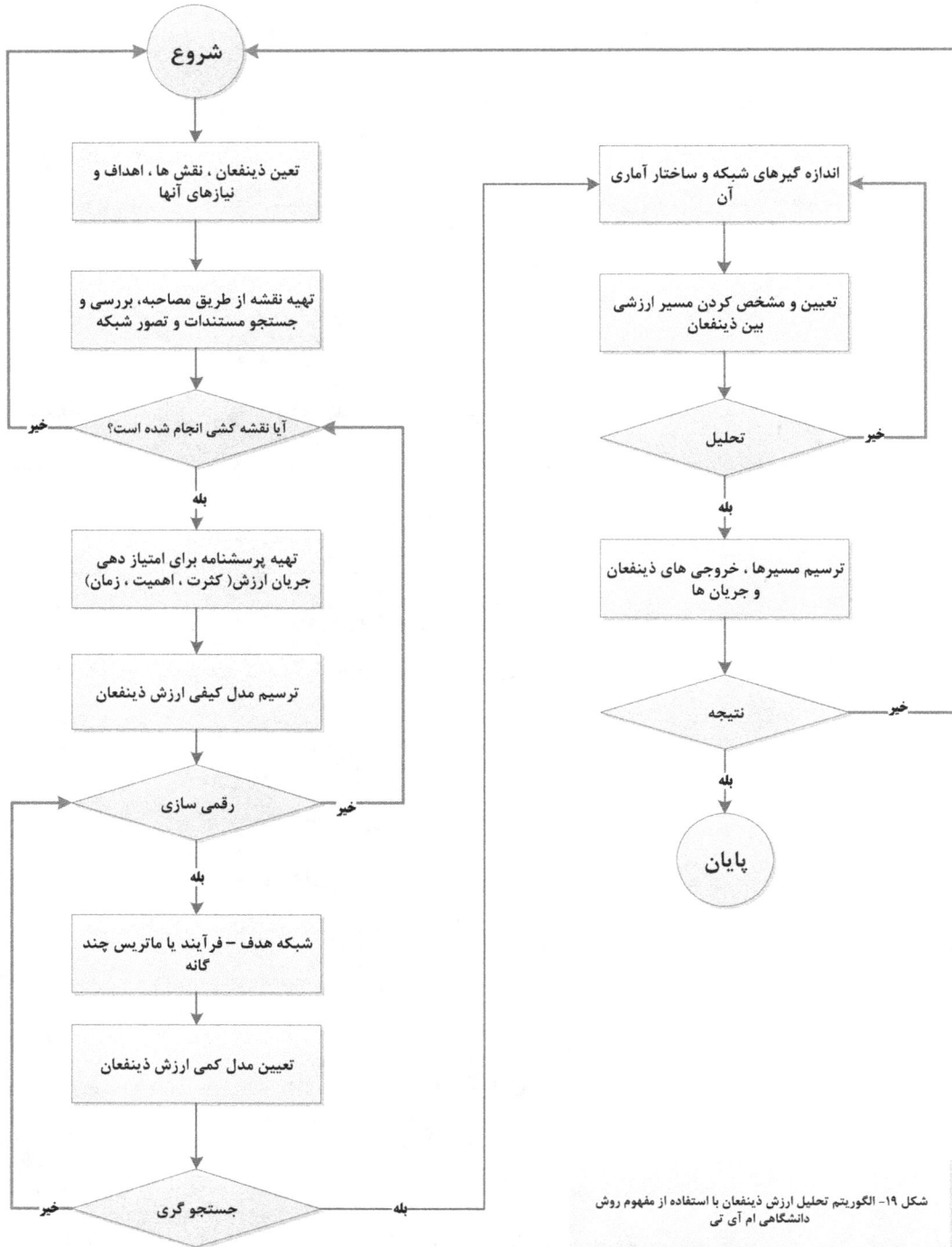

تحلیل
شکل ۱۹- الگوریتم تحلیل ارزش ذینفعان با استفاده از مفهوم روش دانشگاهی ام آی تی

شکل ۵-۶- الگوریتم تحلیل ارزش ذینفعان با استفاده از مفهوم روش دانشگاهی ام ای تی

۵-۳-۱- قدم اول: نگاشت (Mapping)

نگاشت اولین قدم تحلیل شبکه ذینفعان است. هدف مشخص از این مرحله توسعه یک مدل کیفی از شبکه ارزش ذینفعان می‌باشد. مشخص‌کردن نقش‌ها، اهداف، نیازهای مشخص هریک از ذینفعان و سپس نگاشتی بین نیازهای مشخص به‌عنوان جریان‌های ارزش. این مدل کیفی در فرمت نقشه ذینفع یک توصیف مفهومی و واضح از ذینفعان و سازمان مرکزی و همچنین روابط مستقیم و غیرمستقیم بین آن‌ها می‌دهد.

ابتدا سازمان (کانون) مرکزی که نقطه شروع و مقصد نهایی تحلیل شبکه ارزش ذینفعان است، به‌صورت‌واضح تعریف و مشخص شود. در بررسی اکوسیستم دولت همراه شهروندان نقطه مرکزی برای آغاز و پایان جریان ارزش‌ها می‌باشند، همچنین دولت و سازمان‌های دولتی نیز می‌توانند به عنوان کانون مرکزی و یا سازمان مرکزی انتخاب شوند. پس از مشخص کردن سازمان مرکزی دو چالش مهم باید مشخص گردد که عبارتند از شناسایی ذینفعان و تعریف جریان ارزش.

شناسایی ذینفعان: شناسایی ذینفعان برای کانون مرکزی یکی از مهمترین اجزاء تحلیل شبکه ارزش ذینفعان می‌باشد و نه فقط به دلیل اینکه نادیده گرفتن و یا از دست دادن یک ذینفع کلیدی سبب به خطر انداختن موفقیت در رسیدن به اهداف کانون مرکزی می‌شود، بلکه به‌دلیل‌اینکه تمامی جریان‌های ارزشی در شبکه ارزش ذینفعان که از ذینفعان حرکت می‌کند و با عدم شناسایی دقیق ذینفعان سبب برآورد نادرست تحلیل شبکه ارزش ذینفعان خواهد شد. بااین‌وجود شناسایی ذینفعان عمل ساده‌ای نیست و می‌بایستی دقت لازم و مطالعات کافی در شناسایی صحیح ذینفعان صورت پذیرد.

تعریف جدید Freemn از ذینفع عبارت است از هر گروه یا اجزاء انفرادی که می‌تواند اثرگذار یا تاثیرپذیر از اهداف سازمان باشد. در این کتاب سه رویکرد برای شناسایی ذینفعان معرفی می‌شود.

اولین روش سیستم گروه معماری دانشگاه MIT که توسط ((Crawley, 2009), (Sutherland, 2009)) تعریف شد. بنابر تعریف آن-ها ذینفعان کسانی هستند که: ۱. می‌تواند تاثیر مستقیم و یا غیرمستقیم بر فعالیت‌های سازمان مرکزی داشته باشد. ۲. به‌صورت مستقیم و غیرمستقیم منافعی را از فعالیت‌های سازمان مرکزی به دست می‌آورد. ۳. دارا بودن مقدار قابل‌توجهی مطلوبیت.

در فعالیت‌های واحد کانونی با این تعاریف انواع ذینفعان در یک پروژه بزرگ مفهومی (سازمان مرکزی) به صورت کلی شامل:

الف- ذینفعان: کسانی که دارای منافع مستقیم در پروژه هستند.

ب- بهره‌برداران: کسانی که از پروژه سود می‌برند.

ج- کاربران: مشتریان و یا کاربرانی که از خروجی پروژه‌ها بهره برداری می‌کنند.

د- آژانس‌ها: کسانی که به نمایندگی از دیگر ذینفعان در مدل عمل می‌کنند.

ه- انیستیتوها: سازمان‌ها و یا مجموعه‌های اداری که به صورت مستقیم در پروژه تاثیر می‌گذارند.

و- علاقمندان: کسانی که علاقمند به خروجی پروژه‌ها هستند. می‌توان با تعریف سنتی بیان نمود که آن‌ها ذینفعان مستقیم پروژه ها نیستند.

ز- پروژه: سازمان مرکزی که می‌تواند از دید دیگر ذینفعان یک ذینفع باشد.

ثانیاً- از نگاه مدیریت پروژه (Winch, 2004) طبقه‌بندی دیگری برای ذینفعان ارائه کرد:

ذینفعان داخلی: ذینفعانی هستند که ارتباط قراردادی با پروژه و یا به‌صورت پیمانکار دیگر ذینفعان داخلی هستند. ذینفعان داخلی می‌توانند از طرف تقاضا و یا تامین به‌کار گرفته شوند.

ذینفعان خارجی: تاثیر کمتری در پیشرفت پروژه و یا توقف آن دارند، معمولاً ذینفعان خارجی به دو بخش خصوصی و دولتی و یا عمومی تقسیم می‌شوند.

جدول ۵-۱- نقش بین ذینفعان داخلی و خارجی

Stakeholders	External	Stakeholders	Internal
دولتی- عمومی	خصوصی	سمت تامین	سمت تقاضا
سازمانهای رگولاتوری دولت و سازمانهای دولتی دولت	مستقیم داخل مالکان داخلی محققین محیط زیست باستان شناسی	مهندسین مشاور پیمانکاران اصلی پیمانکاران تجاری تامین کنندگان مواد کارمندان بالا	مشتری حاملی تامین کنندگان مالی کارمندان مشتری مشتریان مشتری مستاجران مشتری تامین کنندگان مشتری

ثالثاً همانگونه که قبلاً به آن اشاره شد تئوری در ارتباط با قدرت مشروعیت و فوریت برای ذینفعان مطرح گردید که سبب شد سه شاخص برای ارتباط بین ذینفعان و هفت حالت مختلف بین آن‌ها تعریف شود.

با توجه به تعاریف بالا می‌توان ذینفعان دولت همراه را با استفاده از اکوسیستم دولت همراه مشخص و معرفی نمود.

در مدل پیشنهادی دولت همراه چهار گروه بازیگر وجود دارد که ذینفعان این اکو سیستم هستند:

۱. دولت و سازمان‌های دولتی و نهادهای عمومی
۲. شهروندان و کسب و کارها
۳. صنعت ارتباطات و فناوری اطلاعات
۴. بازیگران جدید

برای تحلیل شبکه ارزش ذینفعان به روش دانشگاه MIT از روش کراولی (Crawely, 2007) و به‌کارگیری (TO- by- using) استفاده می‌کنیم:

TO: برای شناسایی مهمترین ذینفعان و بیشترین ارزش‌آفرینان که در تعامل بین ذینفعان در اکوسیستم دولت همراه ایجاد می‌شود و نیز طراحی چارچوبی برای تحلیل اکوسیستم دولت همراه جهت ارائه خدمات به شهروندان.

By: به‌وسیله تحلیل ذینفعان از نگاه کمی و کیفی

Using: بکارگیری رویکرد تحلیل شبکه ذینفعان

چهار عمل اصلی کلیه عملیات در این اکوسیستم را خلاصه می‌کند.

۱. چه کسانی کاربران دولت همراه هستند؟ (چه، چه‌کسی)

۲. چگونه سرویس تامین و ارائه می‌شود؟ (چگونه)

۳. چه سرویس‌هایی توسط دولت همراه ارائه می‌شود (کدام سرویس)

۴. چه کسان دیگری تاثیرگذاران و اعتباردهندگان به این سرویس‌ها هستند؟ (کدام بازیگران)

شناسایی این چهار عمل اصلی کمک می‌کند که روابط بین بازیگران را شناسایی و نوع رابطه را مشخص نمائیم و سپس وارد مرحله کمی شویم. به عنوان اولین قدم مراحل طراحی مدل کیفی شبکه ارزش ذینفعان به صورت ذیل در ادامه مشخص شده است.

۵-۳-۲- فرایند طراحی مدل کیفی شبکه ارزش ذینفعان

شکل ۵-۷- فرآیند طراحی مدل کیفی شبکه ارزش ذینفعان

در اولین مرحله از فرآیند طراحی مدل کیفی شبکه ارزش ذینفعان لازم است که با شناسایی دقیق ذینفعان و رسم ارتباط بین آن-ها و ترسیم جریان ارزش بین ذینفعان وارد این مرحله شویم. همانگونه که قبلاً نیز اشاره شد این مرحله از مهمترین مراحل طراحی شبکه ذینفعان می‌باشد که اگر دقت لازم در ارتباط با شناسایی و معرفی دقیق ذینفعان صورت نپذیرد و تاثیر هریک از آنان در شبکه موردبررسی قرار نگیرد امکان اشتباه در محاسبات و ارائه مدل نهایی وجود دارد.

لذا برای این منظور در این کتاب تلاش زیادی در این مرحله با استفاده از مفهوم اکوسیستم و بررسی اکوسیستم دولت همراه صورت پذیرفت. مدل‌های مطرح دنیا بررسی شد و سپس با توجه به تحولات فناوری در دنیا در این حوزه مدل NGMGE مطرح و پیشنهاد گردید و سپس با استفاده از پرسشنامه بین ۴۰۰ نفر از متخصصین این حوزه این مدل راستی‌آزمایی و بازیگران جدید معرفی و تایید شد.

لذا مطابق شکل زیر در قدم اول نقشه سطح صفر شبکه ارزش ذینفعان را ترسیم می‌نمائیم.

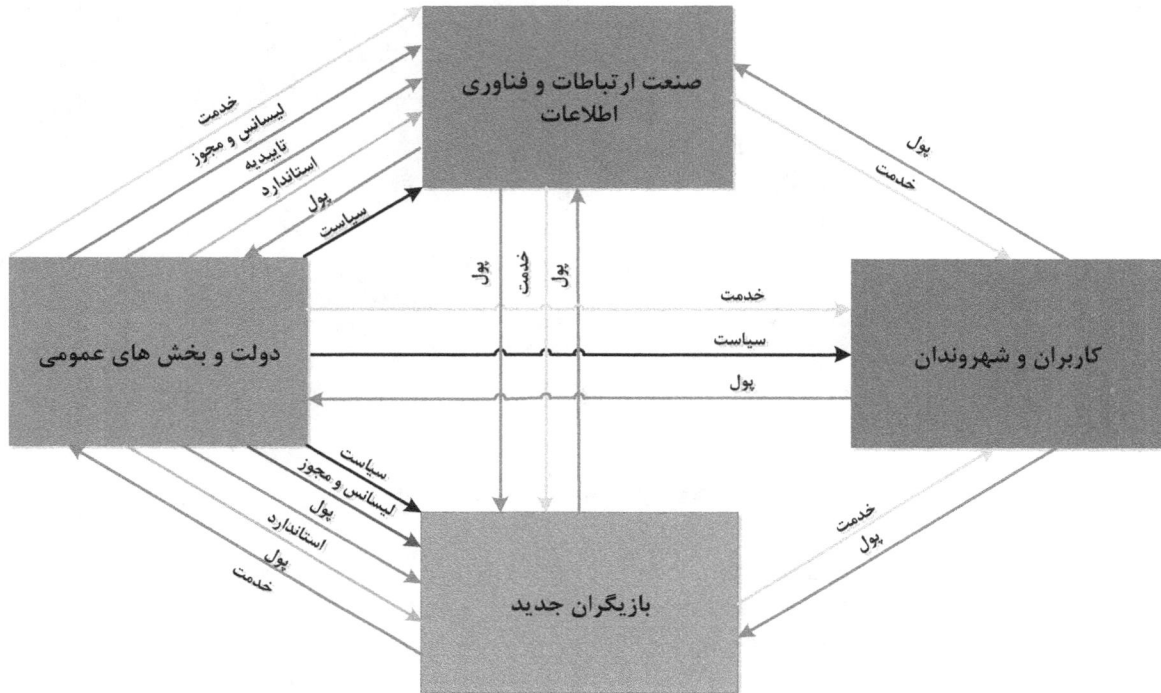

شکل ۵-۸- سطح صفر برای نقشه ذینفعان اکوسیستم دولت همراه

Information	―――――――
Content/Service/Products	‥‥‥‥‥‥
Money/Compensation	―――――――
Policy	▬▬▬▬▬▬
Public Benefits	━━━━━━━

پس از تعیین و ترسیم سطح صفر با مشخص کردن جزئیات بیشتر هریک از ذینفعان و بازیگران سطح یک را ترسیم می‌نمائیم.

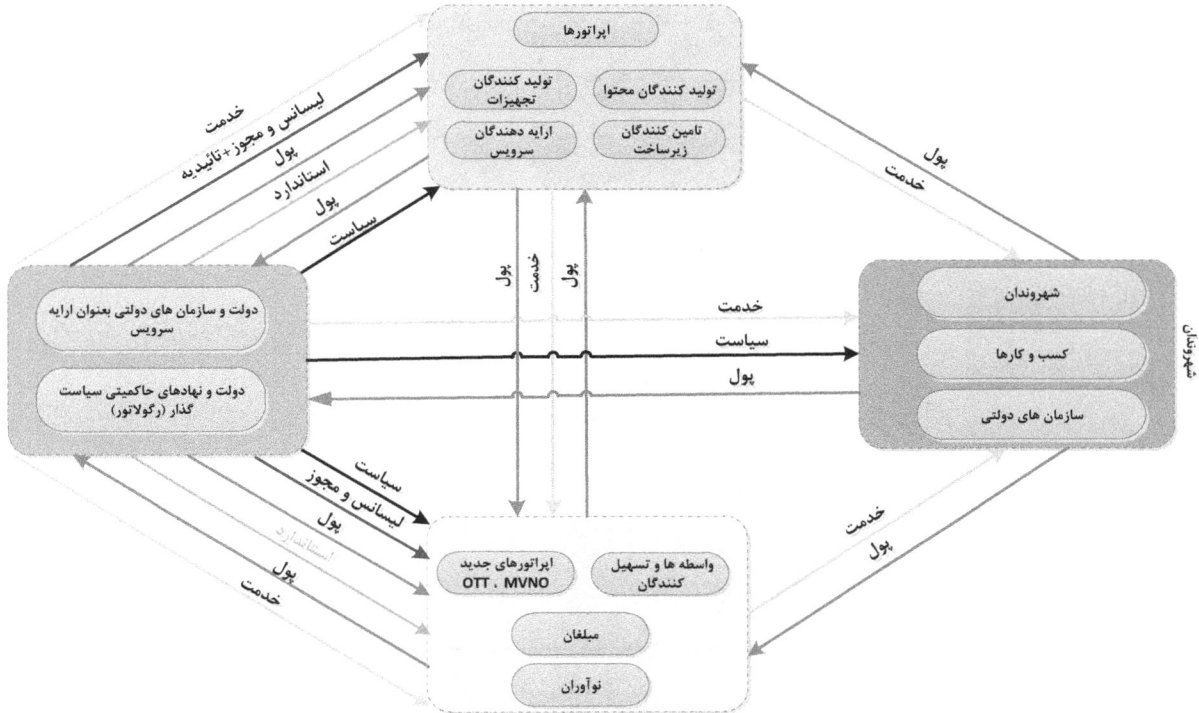

شکل ۵-۹- نقشه سطح ۱ ذینفعان برای اکوسیستم دولت همراه

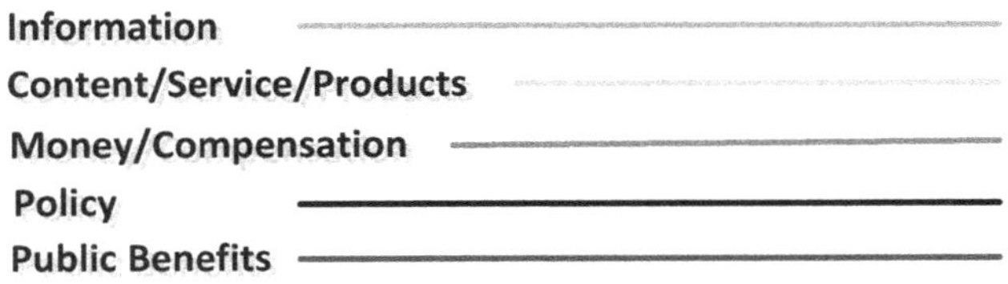

Information ——————————————
Content/Service/Products ·····················
Money/Compensation ——————————————
Policy ▬▬▬▬▬▬▬▬▬▬
Public Benefits ▬▬▬▬▬▬▬▬▬▬

پس از ترسیم نقشه سطح ۱ به ترسیم نقشه سطح ۲ می‌پردازیم:

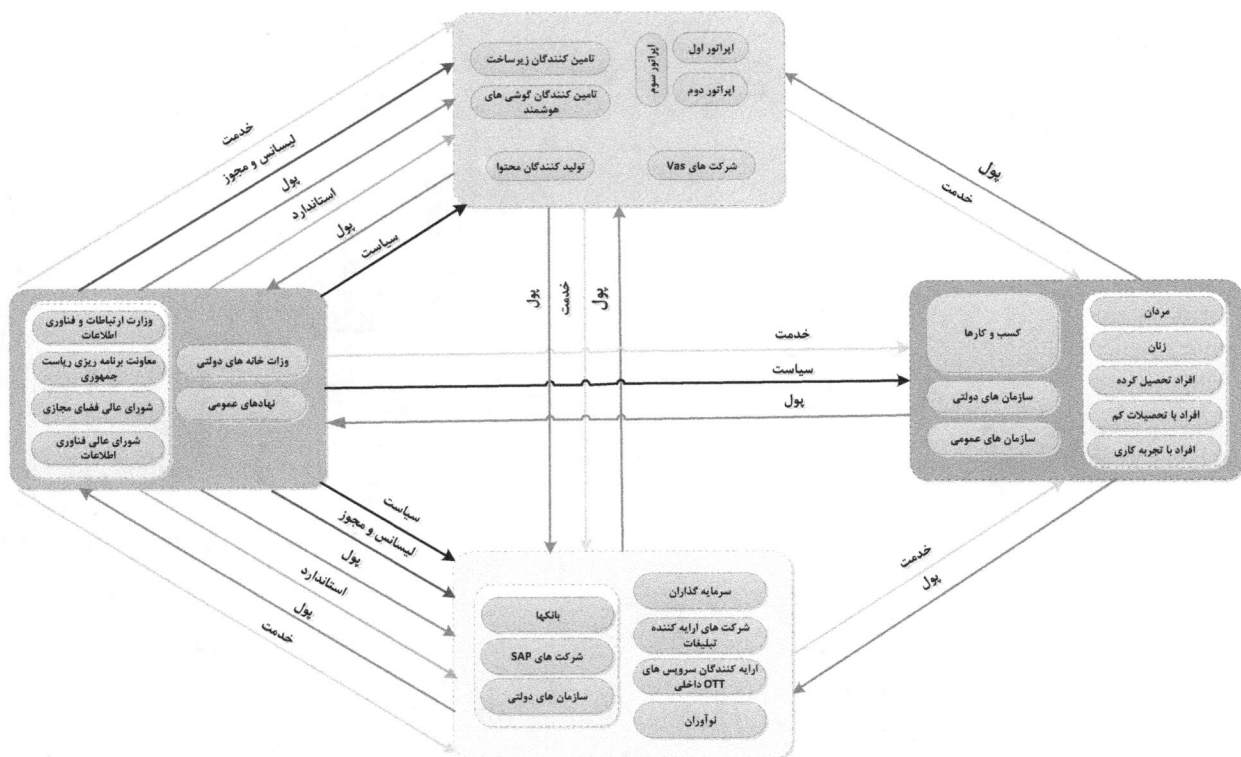

شکل ۵-۱۰- نقشه سطح ۲ ذینفعان برای اکوسیستم دولت همراه

Information ————————————
Content/Service/Products ————————————
Money/Compensation ————————————
Policy ————————————
Public Benefits ————————————

۵-۳-۳- مدل کمی SVN

مدل کمی به ما اجازه می‌دهد که مهم‌ترین ذینفعان، جریان‌های ارزش و زنجیره ارزش را در شبکه ذینفعان شناسایی کنیم. می‌تواند مهم‌ترین خروجی‌ها را که بهترین ارزش را به شبکه می‌دهد شناسایی و به بزرگترین ارزش برگرداند.

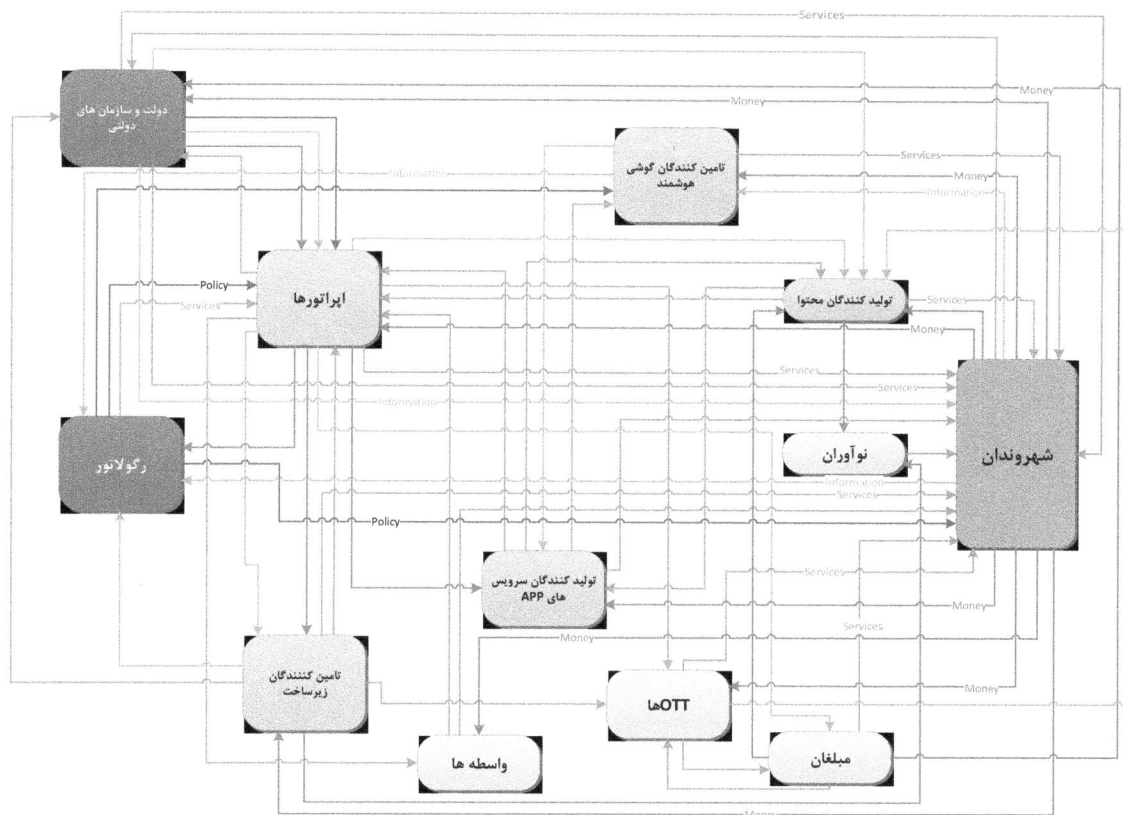

شکل ۵-۱۱- مدل کمی SVN

هدف از کمی‌کردن تحلیل ذینفعان عبارتست از:

(TO) برای شناسایی مهم‌ترین ذینفعان، بیشترین ارزش‌آفرینان در تعاملات بین ذینفعان و مهم‌ترین خروجی دولت همراه (by) به‌وسیله تحلیل سخت ذینفعان با بکارگیری (Using) رویکرد تحلیل شبکه ارزش ذینفعان

در این بخش روشی برای کمی‌کردن مدل ذینفع که شامل قدم‌های زیر است:

• استفاده از حروف راهنما یا نوشته‌هایی برای امتیازدادن به هر جریان ارزشی

• امتیازهای جریان ارزش از یک پرسشنامه جمع‌آوری کنید.

• اعتبارسنجی رتبه‌بندی امتیازات جریان ارزشی

• محاسبه تمامی حلقه‌های ارزش ممکن که در داخل شبکه ارزش وجود دارند.

روش امتیازدهی جریان ارزش:

توسعه مدل کمی ذینفعان نیاز دارد که مزایای واقعی جریان ارزش مدل کیفی، کمی شود. در اینجا روشی را که برای اختصاص امتیاز عددی به هر جریان ارزش تشریح می‌نماییم. این روش برگرفته و پالایش شده تکنیک (ameron, 2007) می‌باشد که آن نیز

برگرفته از مدل کانو می‌باشد که برای درک مشتریان از تعریف کیفیت در محصولات و سرویس‌های خریداری شده می‌باشد (Walden, 1993).

تنها تفاوت مدل کامرون در این است:

۱. این روش از مجموعه‌ای از خواص (ویژگی‌ها) برای امتیازدهی به هر جریان ارزش استفاده می‌کند.

۲. پرسشنامه که برای امتیازدهی عددی به هر جریان ارزش بکار رفته است تصویر یا پالایش شده است.

تکنیکی که برای امتیازدهی به جریان‌های ارزش نیاز به ارزیابی دو مشخصه از هر جریان ارزش می‌باشد.

۱. شدت و یا قوت نیاز مشخص و اینکه چگونه این جریان ارزش می‌تواند آن را پوشش دهد و ایجاد رضایت کند.

۲. اهمیت منبع خاص یا ورودی خاص برای برآورده ساختن آن نیاز

لذا این دو مشخصه مهم در ارتباط با امتیاز جریان ارزش به کار گرفته می‌شود و بسیار مهم می‌باشد.

<u>مشخصه جریان ارزشی (شدت نیاز):</u>

برای دسته‌بندی شدت یک نیاز مشخص که هر جریان ارزش می‌تواند به صورت کامل یا جزئی آن را برطرف سازد.

کامرون پرسشنامه‌ای را برمبنای نیازهای مشتری کانو طراحی کرد که در ادامه نشان داده شده است:

جدول ۵-۲- پرسشنامه کانو

شکل عملی سوال عادی

۱. من آن را دوست دارم ۲. باید اینگونه باشد ۳. من نظری ندارم ۴. من می توانم با آن زندگی کنم ۵. من آن را دوست ندارم	اگر مصرف سوخت خوب است چه احساسی دارید
۱. من آن را دوست دارم ۲. باید اینگونه باشد ۳. من نظری ندارم ۴. من می توانم با آن زندگی کنم ۵. من آن را دوست ندارم	اگر مصرف سوخت مناسب نیست چه احساسی دارید

شکل غیر عادی سوال

براساس مدل کانو محصولات و خدمات قابل‌ارائه در سازمان‌های تولیدی و خدماتی را می‌توان براساس میزان رضایت مشتریان و همچنین اهمیت آن از دیدگاه آنان در سه گروه خدمات اساسی، عملکردی و انگیزشی دسته‌بندی کرد.

کیفیت خدمات و به طبع آن رضایت مشتریان با مدیریت صحیح ویژگی‌های هر خدمت قابل بهبود است. یک ابزار کارآمد جهت سنجش کیفیت خدمات که جایگزین روش قدیمی مانند تکنیک سروکوال شده است مدل کانو است.

در مدل کانو نیازمندی‌های مشتریان و یا به‌عبارتی دیگر ویژگی‌های کیفی محصولات و خدمات به سه دسته تقسیم می‌شود. دسته اول ویژگی‌های محصول، الزامات اساسی را تشکیل می‌دهد. درصورتی‌که الزامات اساسی در تولید محصول رعایت شود فقط از نارضایتی مشتری جلوگیری می‌کند و رضایت و خشنودی را در مشتری فراهم نمی‌آورد.

بنابراین الزامات اساسی محصول، مزیت رقابتی برای محصول ایجاد نمی‌کند، دسته دوم ویژگی‌های محصول الزامات عملکردی محصول است که عدم برآورده ساختن آن موجب نارضایتی مشتریان می‌شود و در مقابل برآورده شدن کامل و مناسب آن رضایت و خشنودی مشتری را به دنبال خواهد داشت. در نهایت دسته سوم خصوصیات محصول الزامات انگیزشی هستند. الزامات انگیزشی در زمان کاربرد محصول به‌عنوان یک نیاز و الزام از دید مشتری تلقی نمی‌گردند و درنتیجه عدم برآورد ساختن این گروه از الزامات کیفی موجب عدم رضایت مشتری نمی‌شود ولی ارائه آن‌ها در محصول هیجان و رضایت بالایی را در مشتری پدید می‌آورد.

کمی کردن:

رقمی کردن یا کمی کردن دومین مرحله از تحلیل شبکه ذینفعان می‌باشد و همانگونه که قبلاً به آن اشاره شده است هدف اصلی و مشخص آن تبدیل نقشه ذینفعان به مدل کمی است. شبکه ارزش ذینفعان با امتیازدهی به جریان ارزش و بعد از عبور از ذینفعان مختلف به دست آوردن امتیاز مسیر ارزش می‌باشد. لذا در مرحله اول امتیازدهی به جریان ارزش و سپس به‌دست‌آوردن امتیاز مسیر ارزش مقصود این مرحله می‌باشد. برای این مدل کمی لازم است که با استفاده از پرسشنامه برای هر ذینفع یک روش مشخص برای مقاسیه اهمیت جریان ارزش بدست آورده شود. بدیهی است برای این مرحله جریان ارزش و مسیر ارزش دو مفهوم مهم است که قبلاً بارها در ارتباط با آن‌ها صحبت شده است

از دیدگاه تئوری‌های تبادل اجتماعی[1] (SET) ((Cropanzano & Mitchel, 2005) و (Zafirovski, 2005)) یک زوج ارزشی بین دو ذینفع نمایشگر مبادله محدود یا منحصر نشان دهنده ارتباط بین دو بازیگر می‌باشد و با علامت $A \leftrightarrow B$ نشان داده می‌شود.

زمانی‌که یک مسیر ارزش بسته و یا یک جریان ارزش از یک ذینفع شروع و به همان ذینفع ختم می‌شود، نمایشگر یک تبادل کلی یا تعمیم‌یافته است[2] (Bearman, 1997) که به صورت یکنوا و بی‌ابهام و دوسویه بین حداقل سه بازیگر مبادله می‌شود که به صورت $A \rightarrow B \rightarrow C \rightarrow A$ نشان داده می‌شود. توجه شود که در بعضی از تحقیقات از جمله (Takahashi, 2000) این مدل را شبکه تبادل تعمیم یافته[3] و یا زنجیره تبادل تعمیم یافته[4] (Shah & Levine, 2003) نامیده‌اند.

با توجه به مفاهیم بالا فرآیند کمی کردن جریان ارزش با توجه به پرسشنامه ذینفعان و نیز فرآیند کمی کردن مسیر ارزش با عبور ارزش از بین ذینفعان مختلف در جدول ۵-۳ خلاصه شده است:

جدول ۵-۳- جدول جریان ارزش

Implicalion استنباط	Basis مبنا	Definition تعریف	

1. Social Exchange Theory
2. Generalized exchange
3. Network generalized exchange
4. Chain generalized exchange

یک زوج از جریان ارزش بین دو ذینفع	یک نیاز مشخص ذینفع	خروجی یک ذینفع و در همان زمان به عنوان ورودی ذینفع دیگر	Value Flow جریان ارزش
یک مسیر بسته از یک تبادل کلی	جریان های ارزش بین ذینفعان	یک رشته ای از جریان ارزش که یک گروه از ذینفعان را به هم متصل می نماید	Value Path مسیر ارزش

امتیاز دهی به جریان ارزش و پرسشنامه:

یک زوج از جریان ارزش بین دو ذینفع نشان‌دهنده مبادله دو طرفه و جهت مبادله ارزش که ناشی از یک نیاز مشخص هر یک از ذینفعان است. همانگونه که در مرحله قبلی مطرح گردید ما تمام جریان‌های ارزشی را به چهار دسته‌بندی تقسیم می‌کنیم: سیاسی، اطلاعات، سرویس، محصولی و مالی.

این چهار دسته‌بندی در چهار رنگ مختلف در نقشه ذینفعان به‌معنی منابع مختلف جهت مبادله می‌باشد. همچنین جریان‌های ارزشی سیاسی و اطلاعاتی و یا تبادل منابع سیاسی و اطلاعاتی برگرفته از روابط غیر مالی و بلکه اجتماعی است، درحالی‌که خدمات و مالی و یا تبادل بین منابع مالی و سرویس محصول جز اقتصادی و مالی دارند. لذا یک چارچوب مشترک برای تحلیل ارزش‌های اجتماعی (سیاسی و اطلاعاتی) و اقتصادی (سرویس، محصول و جریان‌های مالی) برای ارتباطات بین ذینفعان نیاز می‌باشد که معمولاً در سطح سازمانی است نه در سطح انفرادی و بنگاه.

لذا ما چارچوب تئوری تبادل اجتماعی (SET) را که توسط (Cropanzano & Mitchell, 2005) مطرح شد به منظور به‌دست‌آوردن ارزش روابط بین ذینفعان و پرهیز از هرگونه تفاوت از انواع مختلف روابط به‌کار می‌گیریم.

با بکارگیری تئوری تبادل اجتماعی (SET)، روابط اجتماعی عبارتند از: توسعه روابط اقتصادی (Coleman, 1990) و بنابراین مفاهیم و روش‌های برگرفته از اقتصاد میکرو[1] (Cook, 2000) که می‌توان با استفاده از آن به تحلیل اقتصادی موقعیت‌های اجتماعی غیر-اقتصادی پرداخت (Emerson, 1976).

در ادامه برای محاسبات و امتیازدهی به جریان ارزش از مفهوم "Utility" در اقتصاد برای به‌دست‌آوردن و خلق یک مدل ریاضی جهت مقایسه اهمیت جریان‌های ارزش در شبکه ذینفعان استفاده می‌کنیم.

شایان ذکر است که مفهوم مطلوبیت "Utility" در ادبیات اقتصادی از قرن گذشته در مباحثات برای اندازه‌گیری و اندازه‌پذیری "Utility" بکار گرفته شده است ((Kobberling, 2006) و (Moscati, 2012)).

به هر جریان ارزش مهم نیست که از چه نوع باشد یک مقدار عددی اختصاص می‌یابد که این مقدار برگرفته از میزان رضایت درک-شده توسط ذینفع می‌باشد.

این اعداد یا میزان اهمیت جریان ارزش پایداری برای رتبه‌بندی مسیر ارزش‌ها استفاده خواهد شد. این مسیر ارزش‌ها یک واحد پایه اساسی است برای اندازه‌گیری تاثیر تجمیعی روابط مستقیم و غیرمستقیم ذینفعان هر سازمان مرکزی بر اساس تئوری تبادل اجتماعی،

---

[1] . Microcconomic

فرض می‌کنیم که روابط بین ذینفعان با استفاده از تئوری مطلوبیت شکل گرفته است. مطابق مباحث بالا اهمیت روابط هر جریان ارزش می‌تواند توسط مطلوبیت درک شده هر ذینع کمی شود. ما در این کتاب سعی می‌کنیم از روش مطلوبیت کاردینال استفاده نمائیم و این نه برای رتبه‌بندی بلکه برای قدرت و جریان ارزش می‌باشد.
اما می‌توان بیان نمود که اندازه‌گیری مقدار مطلوبیت متفاوت است. اقتصاددانان اعتقاد دارند که مطلوبیت را نمی‌توان مستقیماً اندازه گرفت و فقط به‌صورت غیرمستقیم می‌توان آن را انجام داد.

۵-۳-٤- مطلوبیت جریان ارزش

در این کتاب رویکرد غیرمستقیم به اندازه‌گیری درک مطلوبیت بر جریان ارزش خواهیم داشت. ابتدا برای تحلیل یک نیاز مشخص ذینفعان برای یک زمینه مشخص شبکه ارزش ذینفعان شاخص‌های کلیدی برای رقمی کردن جریان ارزش وجود دارد.
ثانیاً مقیاس‌های عددی طراحی شده تا بتوان این ویژگی و شاخص‌ها را اندازه‌گیری کرد و مطابق یک پرسش‌نامه طراحی می‌شود که راهنمایی یا هدایت کند ذینفعان دریافت‌کننده و برای هر جریان ارزش واردشونده به یک ذینفع را امتیازدهی کنند.
ثالثاً یک روش ترکیبی برای یکپارچه‌سازی امتیازهای ویژه‌ی اختصاصی هر جریان ارزش به امتیاز جدا و فردی که مطلوبیت آن جریان ارزش به صورت مفهومی درک شده به وسیله ذینفع دریافت کننده است.
مطابق تحقیقات (Suther land, 2009) لیست مشخصات مشترک زمانی که یک نیاز مشخص برای هر ذینفع تحلیل می‌شود عبارت است از:

۱. شدت یک نیاز
۲. اهمیت منبع برای برطرف کردن نیاز
۳. فوریت برطرف شدن نیاز
۴. رقابت برای برطرف کردن یک نیاز
۵. آگاهی از یک نیاز

زمانی که تمامی جریان‌های ارزش در شبکه ناشی از یک نیاز خاص و مشخص ذینفع باشد، این مشخصه نیاز به عنوان یک مشخصه کلیدی جریان‌های ارزش نامیده می‌شود. به‌ویژه در ارتباط با شدت نیاز در تحلیل شبکه ارزش ذینفعان دو موضوع بسیار مهم شدت نیاز و سپس اهمیت منبع برای رفع آن نیاز می‌باشد. شدت یک نیاز ارتباط بین سطح رضایت ذینفعان و سطح برطرف کردن نیازهای آن را نشان می‌دهد. برای این کار از مدل کانو برای تحلیل نیازهای مشتریان استفاده می‌کنیم و پرسشنامه نحوه ارتباط با رضایت مشتریان و ذینفعان را با رفع نیازهای آن نشان می‌دهد.

جدول ۵-۴- نقش، اهداف، نیازها و ورودی های اپراتورهای تلفن همراه

ذینفعان: اپراتورهای تلفن همراه **نقش:** استفاده از طیف (Spectrum) در کشورهای مختلف در جهان برای ایجاد زیرساخت تا بتوان خدمات مختلف بر بستر تلفن همراه را به کاربران مختلف ارائه نمود. **اهداف:**	

• ایجاد مدل‌های کسب و کار با سوددهی حول فناوری سیار (Mobility) • افزایش سهم بازار با توسعه ضریب نفوذ مشترکان و افزایش درآمد • افزایش درآمد میانگین برای هر کاربر (ARPU) • ارائه خدمات قابل تمایز برای بهبود فرایند حفظ مشترکان	
نیازهای ویژه: • تجهیزات مدرن که ارائه خدمات با قابلیت انعطاف و درآمدزایی و با سرمایه‌گذاری معقول داشته باشد. • برنامه‌های نرم‌افزاری برای ارائه خدمات موثر که همه چیز را در شبکه به هم مرتبط کند. • انجام عملیات یکپارچه، به‌گونه‌ای که همه تامین‌کنندگان مختلف در قالب یک سیستم یکپارچه مطرح شوند. • ایجاد ارزش افزوده نرم‌افزاری و برنامه‌هایی که سبب می‌شود تا شبکه هوشمند شود و کارهای انعطاف‌پذیر و قابل اطمینان درآمدزا انجام گردد. • طیف فرکانسی به منظور ارائه خدمات • پهنای باند مناسب برای ارائه خدمات 3G و 4G و نسل‌های بالاتر • گوشی‌هایی که مجرایی برای تحویل خدمات مناسب و به‌روز به کاربران نهایی باشند. • جریان درآمدی برای توانمند ساختن اپراتور جهت سرمایه‌گذاری در زیرساخت و ایجاد مدل کسب و کار مناسب • برنامه‌های کاربردی (APPs) که بتواند به کاربر نهایی ارائه شود و تولید درآمد داشته باشد. • تولید ثروت از محل اطلاعات ارائه شده به کاربر نهایی • زیرساخت مناسب برای ارائه خدمات بر بستر آن زیرساخت • ایجاد ارتباط مناسب با OTTها به منظور تسهیم درآمد • ارائه خدمات دولت همراه بر بستر شبکه ملی اطلاعات	**ورودی‌ها:** • تجهیزات شبکه • اطلاعات کاربر از خدمات توسعه‌دهندگان نرم‌افزاری کاربران حرفه‌ای، کابران عادی، فروشندگان سخت‌افزار شبکه • خدمات یکپارچه‌سازی شبکه • طیف فرکانسی (از مزایده عمومی/ دولتی) • برنامه‌های نرم‌افزاری • اسناد استاندارد • جبران خدمات برای اطلاعاتی که در اختیار تامین-کنندگان محتوا، توسعه-دهندگان برنامه‌ها و تبلیغ-کنندگان گذاشته می‌شود. • سخت افزار گوشی‌های هوشمند • شارژهای ماهیانه برای خدمات‌رسانی به کاربران • شبکه ملی اطلاعات

جدول ۵-۵- نقش، اهداف، نیازها و ورودی‌های زیرساخت

ذینفعان: تامین‌کنندگان زیرساخت **نقش:** تامین شبکه‌ای مدرن از سخت‌افزارها، نرم‌افزارها و پلتفرم‌ها بر بستر شبکه ملی اطلاعات این‌ها توانمندسازان امکانات فنی و زیرساختی اکوسیستم هستند. **اهداف:** • ایجاد زیرساخت در لایه‌های مختلف هسته، لبه و دسترسی • ایجاد شبکه ملی اطلاعات برای دسترسی ارزان، امن و پایدار • توسعه بسترهای مدرن که قابلیت خدمات‌رسانی به فناوری‌های نسل چهارم را داشته باشد. • انعطاف‌پذیری و داشتن عملکرد سطح بالا • تضمین سطح خدمات به تمامی استفاده‌کنندگان از شبکه	

نیازهای ویژه:	ورودی‌ها:
• جبران ارائه خدمات از طرف استفاده‌کنندگان در لایه‌های مختلف • دریافت استانداردهای لازم از رگولاتور • دریافت استانداردها و الزامات شبکه ملی اطلاعات از مجری شبکه ملی اطلاعات • دریافت نیازها از طرف اپراتورها و کاربران شبکه • یکپارچه‌سازی شبکه • بهینه‌سازی شبکه	• جبران از ناحیه اپراتورها • جبران از ناحیه شهروندان • جبران از ناحیه سازمان‌های دولتی • مقررات و استانداردها و اطلاعات لازم برای طراحی و شبکه • سیاست‌های کلان در ارتباط با طراحی شبکه ملی اطلاعات

جدول ۵-۶-نقش، اهداف، نیازهای ویژه و ورودی‌های تامین‌کنندگان APP

ذینفعان: تامین کنندگان APP **نقش:** این افراد برنامه‌ها و کاربردهای نرم‌افزاری را که می‌تواند ارزش افزوده برای مصرف‌کننده و کاربر تلفن همراه داشته باشد می‌نویسند. **اهداف:** • ایجاد کسب و کارهای موفق از طریق طراحی و ارائه برنامه‌های ارزشمند برای کاربران تلفن همراه، اپراتورها و فروشندگان • به‌روز و کارآمد بودن • یافتن شیوه‌های تولید ثروت از محتوا • استفاده از نوآوری و نوآوران برای ارائه بهترین سرویس و خدمات به شهروندان • ارائه سرویس و محصولات در حوزه دولت همراه به سازمان‌های دولتی • همکاری با OTT ها برای خدمات جدید	
نیازهای ویژه: • کسب اطلاعات کامل در ارتباط با بازار • امکان تولید ثروت از APP ها • تبلیغ‌کنندگانی که مایل به صرف پول برای داشتن بازید باشند. • نظرسنجی بازاری در خصوص الگوهای محتوایی در قیمت‌گذاری تبلیغات • نیاز به حمایت از اپراتورهای تلفن همراه • نیاز به حمایت از سوی OTT ها • نیاز به حمایت از سوی سازمان‌های دولتی	**ورودی‌ها:** • جبران از سوی شهروندان • جبران از محل تبلیغ‌کنندگان • جبران از محل تامین‌کنندگان محتوا • دریافت اطلاعات کاربران از طریق اپراتورهای تلفن همراه • دریافت اطلاعات از تامین‌کنندگان گوشی • دریافت اطلاعات از سازمان‌های دولتی • دریافت سرویس از OTT ها

جدول ۵-۷- نقش، اهداف، نیازهای ویژه و ورودی‌های تبلیغ‌کنندگان

ذینفعان: تبلیغ‌کنندگان	

نقش: این ذینفعان درپی بهره‌بردن از نیازهای کاربران تلفن همراه و استفاده-کنندگان از سرویس‌ها و خدمات دولت همراه هستند و در زنجیره ارزش نقش ایفا می‌کنند. **اهداف:** • بیشینه کردن بازگشتی از بودجه تبلیغات • آشنایی بیشتر شهروندان با سرویس‌های دولت همراه • فرهنگ‌سازی و اطلاع‌رسانی در ارتباط با استفاده از خدمات دولت همراه • ارتقاء ضریب استفاده از خدمات دولت همراه	
نیازهای ویژه: • نظرسنجی در ارتباط با بازدید از موضوع مورد نظر • اطلاعات شهروندان • استفاده از سایت‌های سازمان‌های دولتی • نوع سرویس‌های ارائه شده در وب سایت	**ورودی‌ها:** • پول از شهروندان • پول از سازمان‌های دولتی • اطلاعات از تامین‌کنندگان محتوا • مجوز برای ارائه تبلیغات • برنامه‌هایی که ارائه تبلیغات را ممکن می‌کند. • اطلاعات از طرف سازمان‌های دولتی • اطلاعات از سوی اپراتور موبایل

جدول ۵-۸- نقش، اهداف، نیازها و ورودی‌های سازمان‌های دولتی زیرساخت

ذینفعان: دولت و سازمان‌های دولتی **نقش:** ارائه خدمات الکترونیکی همراه با استفاده از آخرین دستاوردهای ارتباطی و فناوری اطلاعات و افزایش بهره‌وری و رضایت شهروندان **اهداف:** • الکترونیکی کردن خدمات • ارائه خدمات در هر مکان و هر زمان • افزایش بهره‌وری و کاهش هزینه‌ها • افزایش امینت و حریم خصوصی برای شهروندان در استفاده از خدمات دولت • اطلاع‌رسانی و فرهنگ‌سازی • افزایش اعتماد شهروندان در استفاده از سرویس‌های دولت بر بستر تلفن همراه • افزایش تجربه کاربران در استفاده از ابزارهای نوین برای دریافت سرویس و خدمات • ایجاد زیرساخت حقوقی برای توسعه سرویس و خدمات	
نیازهای ویژه: • وجود زیرساخت شبکه ملی اطلاعات برای ارائه خدمات امن و ایمن و پایدار • ارائه سرویس مناسب با پوشش خوب از طرف اپراتورهای تلفن همراه	ورودی ها: • ایجاد شبکه ملی اطلاعات • ارائه سرویس و خدمات با رویکرد OTT

• ارائه سرویس امن و قابل قبول توسط OTT ها • ارائه سرویس‌های متنوع و از سوی واسطه‌ها و بانک‌ها برای تکمیل سرویس‌های دولت همراه • اطلاع‌رسانی و فرهنگ‌سازی در ارتباط با سرویس‌های جدید دولت همراه به شهروندان • نوآوری در فرایندها و خدمات دولت به شهروندان • نیاز به تامین محتواهای الکترونیکی سرویس و خدمات بر بستر شبکه ملی اطلاعات • پذیرش شهروندان در ارتباط با سرویس‌ها وخدمات ایجاد شده بر بستر تلفن همراه • منابع کافی برای توسعه سرویس و خدمات	• ارائه انواع خدمات واسطه‌ای از طرف بانک‌ها و موسسات • انجام تبلیغات توسط مبلغان در سایت های دولتی • نوآوران با ارائه سرویس و خدمات جدید و یا تغییر در فرایندها • تامین‌کنندگان محتوا با تبدیل محتواهای موجود به محتوای الکترونیکی و یا بر بستر تلفن همراه • جبران توسط شهروندان • ارائه سرویس و خدمات با پهنای باند مناسب توسط اپراتورهای تلفن همراه • ارائه APP های جدید برای استفاده شهروندان • P-P-P برای توسعه سرویس و خدمات

جدول ۵-۹- نقش، اهداف، نیازها و ورودی های رگولاتور

ذینفعان: دولت به عنوان رگولاتور **نقش:** اختصاص طیف فرکانسی، وضع قوانین و مقررات، تدوین استانداردها، نظارت و ارتقاء زیرساخت اطلاعاتی برای تسهیل در ایجاد و ارائه خدمات دولت همراه **اهداف:** • ایجاد اعتماد برای همه ذی‌نفعان جهت توسعه دولت همراه • وضع قوانین، مقررات برای تنظیم فضای کسب و کار • تدوین استانداردها و ایین نامه‌ها برای پیاده‌سازی مناسب دولت همراه • تدوین سیاست‌های کلان ملی برای ارائه خدمات دولت بر بستر تلفن همراه • نظارت بر ایجاد پوشش مناسب سرویس‌ها و خدمات ارائه‌دهندگان سرویس • ایجاد زیرساخت حقوقی مناسب جهت ایجاد امنیت و اعتماد • نظارت بر فضای کسب و کار بازیگران اکوسیستم دولت همراه • حمایت از کاربران و شهروندان	

نیازهای ویژه: • همکاری اپراتورها برای مدیریت فضای فرکانسی • اطلاعات در ارتباط با تامین‌کنندگان گوشی • اطلاعات در ارتباط با زیرساخت برای ارزیابی تطابق با قوانین • شاخص‌های مربوط به برنامه‌های کشور و تطبیق آن با عملکرد • پایش فضای فرکانسی و پهنای باند • اطلاعات مربوط به شهروندان و نیازهای آتی آنان • سیاست‌های کلان ملی در ارتباط با شبکه ملی اطلاعات و دولت همراه • همکاری مراجع قضایی برای نظارت و مدیریت بر فضای رگولاتور • استانداردهای روز دنیا • منابع کافی برای مدیریت حوزه	**ورودی‌ها:** • جبران برای طیف فرکانسی • داده‌های مربوط به رشد از اپراتورهای تلفن همراه • اطلاعات مربوط به شهروندان • اطلاعات مربوط به زیرساخت‌ها • اطلاعات مربوط به تامین‌کنندگان گوشی‌های تلفن همراه • اطلاعات مربوط به تامین کنندگان محتوا • اطلاعات از سوی سازمان‌های دولتی

جدول ۵-۱۰- نقش، اهداف، نیازهای ویژه و ورودی های شهروندان

ذینفعان: شهروندان **نقش:** استفاده از خدمات و سرویس‌های دولت بر بستر تلفن همراه در هر زمان و هر مکان **اهداف:** • دسترسی سیار با کیفیت بالا و هزینه کمتر به خدمات دولت همراه • بهبود بهره‌وری و کاهش ترددهای شهری و انعطاف‌پذیری در چگونگی انجام خدمات اداری • شفاف‌سازی در ارائه خدمات دولتی به شهروندان • حفظ امنیت و حریم خصوصی در دریافت و ارائه اطلاعات به دولت • استفاده از شبکه ملی اطلاعات به عنوان شبکه امن و ایمن و پایدار • افزایش تجربه شهروندان در بکارگیری ابزارهای نوین ارتباطی و فناوری اطلاعات	
نیازهای ویژه: • قیمت مناسب برای خدمات • انعطاف‌پذیری در خدمات کاربردی • سادگی در کار با سرویس‌های دولت همراه • سادگی در پرداخت • خدمات مشتریان در هنگام بروز مشکل • انتخاب و تنوع در محتوا • اطلاع‌رسانی و فرهنگ‌سازی در ارتباط با سروی‌های جدید • حفظ امنیت و حریم خصوصی • اعتماد • افزایش دانش و تجربه کاربری • حمایت دولت و سازمان‌های دولتی • وجود زیرساخت‌های مناسب حقوقی • زیرساخت کافی و مناسب	**ورودی‌ها:** • خدمات بر بستر شبکه ملی اطلاعات • انواع گوشی‌های هوشمند • خدمات مفید از سازمان‌های دولتی • تبلیغ و اطلاع‌رسانی کافی از سرویس ها • ارائه خدمات به صورت OTT • نظارت از سوی رگولاتوری • ارائه سیاست‌های کلان از سوی حاکمیت • واسطه‌های متعدد برای تسهیل در ارائه خدمات • دولت به عنوان حامی دولت

• نظارت کامل دولت • عدم وابستگی به اپراتور خاص • وجود واسطه‌های مناسب برای تسهیل فرآیندهای انجام سرویس • محتواهای کافی و مناسب • خدمات جامع و با پوشش وسیع از اپراتورها	همراه

جدول ۵-۱۱- نقش، اهداف، نیازهای ویژه و ورودی های OTT

ذینفعان: OTT ها **نقش:** ایجاد بستر مناسب برای ارائه سرویس و خدمات بدون وابستگی به اپراتور خاص **اهداف:** • ارائه خدمات بر بستر شبکه ملی اطلاعات بدون وابستگی به اپراتور خاص • ایجاد بستر مناسب برای ارائه‌دهندگان سرویس و خدمات دولتی • افزایش رضایت در کاربران • ایجاد شبکه‌های اجتماعی تخصصی	
نیازهای ویژه: • پهنای باند مناسب بر بستر شبکه ملی اطلاعات • عدم محدودیت از سوی اپراتورهای تلفن همراه • حمایت رگولاتوری در ارتباط با اپراتورها • همکاری اپراتورهای تلفن همراه • ارائه سرویس و خدمات توسط سازمان‌های دولتی • استفاده شهروندان از سرویس و خدمات OTT • ارائه سرویس و خدمات مناسب توسط زیرساخت	**ورودی‌ها:** • ارائه خدمات توسط بعضی از سازمان-های عمومی و دولتی • ارائه سیاست‌ها توسط رگولاتور • همکاری اپراتورهای تلفن همراه با ارائه سرویس • جبران توسط شهروندان • ارائه خدمات زیرساختی • تولیدکنندگان APP به‌عنوان ارائه-دهندگان سرویس

جدول ۵-۱۲- نقش، اهداف، نیازهای ویژه و ورودی‌های واسطه‌ها

ذینفعان: واسطه‌ها **نقش:** ارائه خدمات تسهیل‌گری و ایجاد اعتماد برای شهروندان در بکارگیری خدمات دولت همراه **اهداف:** • ارائه خدمات سریع و با کیفیت • ایجاد اعتماد در شهروندان • تسهیل‌گری در بکارگیری خدمات دولت همراه • ایجاد اتصال بین دولت و سازمان‌های دولتی و شهروندان در بکارگیری خدمات دولت همراه	
نیازهای ویژه:	**ورودی‌ها:**

• اعتماد شهروندان در بکارگیری خدمات واسطه‌ها • زیرساخت‌های ارتباطی لازم جهت ارائه خدمت • زیرساخت‌های حقوقی جهت ارائه خدمت • استفاده شهروندان از سرویس و خدمات آنان • تعامل و هماهنگی با سازمان‌های دولتی • منابع کافی برای ایجاد و توسعه خدمات جدید	• دولت و سازمان‌های دولتی به‌عنوان سرویس‌گیرنده • اپراتورهای تلفن همراه جهت ارائه سرویس‌های مورد نیاز • جبران توسط شهروندان • جبران توسط دولت و سازمان‌های دولتی

جدول ۵-۱۳- نقش، اهداف، نیازهای ویژه و ورودی‌های نوآوران

ذینفعان: نوآوران **نقش:** ایجاد نوآوری در ارائه خدمات و فرایندها در حوزه‌های مختلف دولت همراه **اهداف:** • خلاقیت و نوآوری و ارائه خدمات • نوآوری در فرایندهای سازمان‌های دولتی • نوآوری در شبکه و زیرساخت‌ها • نوآوری در قوانین و مقررات دولت همراه • نوآوری در کسب و کار حوزه دولت همراه • نوآوری در OTT ها و ارائه خدمات با مفهوم OTT • بهبود فضای کسب و کار دولت همراه	
نیازهای ویژه: • حمایت دولت و سازمان‌های دولتی • حمایت اپراتورهای تلفن همراه • حمایت شهروندان • حمایت تامین‌کنندگان زیرساخت • حمایت تولید و تامین‌کنندگان محتوا • حمایت تامین‌کنندگان APP	ورودی‌ها: • جبران توسط تامین‌کنندگان زیرساخت • اطلاعات توسط سازمان‌های دولتی • جبران توسط اپراتورهای تلفن همراه • جبران توسط تولید کنندگان APP • جبران توسط تولید کنندگان محتوا

جدول ۵-۱۴- نقش، اهداف، نیازهای ویژه و ورودی‌های تامین‌کنندگان محتوا

ذینفعان: تامین‌کنندگان محتوا **نقش:** تامین انواع محتوا جهت ارائه خدمات دولت همراه به شهروندان **اهداف:** • سرمایه‌گذاری جهت تامین محتوای موردنیاز برای سرویس‌های دولت همراه • تامین محتوای مناسب و ساده	

• انتخاب محتوای پر مصرف و با تناوب استفاده بالا توسط شهروندان • یکپارچه‌سازی محتواها با محتواهای موجود	
نیازهای ویژه: • ارائه اطلاعات لازم توسط سازمان‌های دولتی پذیرش شهروندان • ارائه سیاست‌ها توسط رگولاتور (دولت) • تامین منابع مورد نیاز جهت تامین محتوا • استفاده تبلیغ‌کنندگان جهت معرفی محتوا • استفاده OTT ها از محتواهای تولیدی • آموزش لازم جهت ارتقاء محتواها • همکاری تولیدکنندگان APP	**ورودی‌ها:** • دولت به‌عنوان رگولاتور جهت ارائه سیاست‌ها • جبران توسط شهروندان • جبران توسط مبلغان • سازمان‌های دولتی جهت ارائه اطلاعات • تولیدکنندگان APP • اپراتورهای تلفن همراه

۵-٤- تحلیل شبکه ارزش ذینفعان

۵-٤-۱- رقمی‌سازی منابع و شدت نیاز

با پاسخ به پرسش‌های ذیل می‌توان ارتباط بین منابع و شدت نیاز را جهت رقمی‌کردن مدل کیفی به دست آورد.

A: با وجود آن (ورودی – منبع) کاملاً نیازم برآورده می‌شود و در صورت عدم وجود سبب نگرانی نخواهد بود.

B: با وجود آن (ورودی- منبع) کاملاً نیازم برطرف می‌شود و در صورت عدم وجود گاهی اوقات نگران خواهم بود.

C: با وجود آن کاملاً نیازم برآورده می‌شود و در صورت عدم وجود آن نگران خواهم بود.

D: کاملاً موردنیاز است و عدم وجود آن سبب نگرانی خواهد بود.

E: کاملاً به طور قطعی نیاز است و عدم وجود آن امکان‌پذیر نیست.

نیازها بر اساس شدت و ضعف و وابستگی می‌توانند به پنج حالت زیر تعریف و منابع نیز برای برطرف‌کردن نیازها تعریف می‌شوند:

۱. منابع مهم نیستند، مواد اولیه هستند و از هر جایی می‌توان تهیه کرد
۲. منابع مهم هستند از ذینفعان متعددی می‌توان تهیه کرد (بیش از دو بازیگر)
۳. منابع مهم هستند و بسیار محدود به‌گونه‌ای که جنبه انحصاری دارند (بازیگران کمتر یا مساوی منابع بی نهایت مهم هستند و می‌توان از منابع زیادی تهیه کرد (بیش از ۲ بازیگر)
۴. منابع بی نهایت مهم هستند و به صورت انحصاری می‌توان تامین نمود رقابت محدود (کمتر یا مساوی ۲ بازیگر)

این مدل توسط ساترلند و تیمونی (Sutherland & Timothy, 2009) مطرح و در NASA/ NOAA مورد استفاده قرار گرفت. در مرحله بعد با استفاده از جدول ذیل که ارتباط بین شدت نیازها و اهمیت منابع را دارد، می‌توان ارزش ایجاد شده توسط هر ذینفع را برای ذینفع دیگر محاسبه نمود.

جدول ۵-۱۵- ترکیبی بر یکپارچه‌سازی مقادیر شدت نیاز و اهمیت منابع

اهمیت منابع						
	5= 0.98	0.11	0.19	0.32	0.56	0.96
	4= 0.78	0.09	0.15	0.26	0.44	0.76
	3= 0.55	0.06	0.10	0.18	0.31	0.54
	2= 0.33	0.04	0.06	0.11	0.19	0.32
	1= 0.11	0.01	0.02	0.04	0.06	0.11
		A= 0.11	B= 0.19	C= 0.33	D= 0.57	E= 0.98
		شدت نیاز				

شکل ۵-۱۲- تولیدکنندگان APP، ارائه‌دهندگان سرویس OTT برای دولت همراه

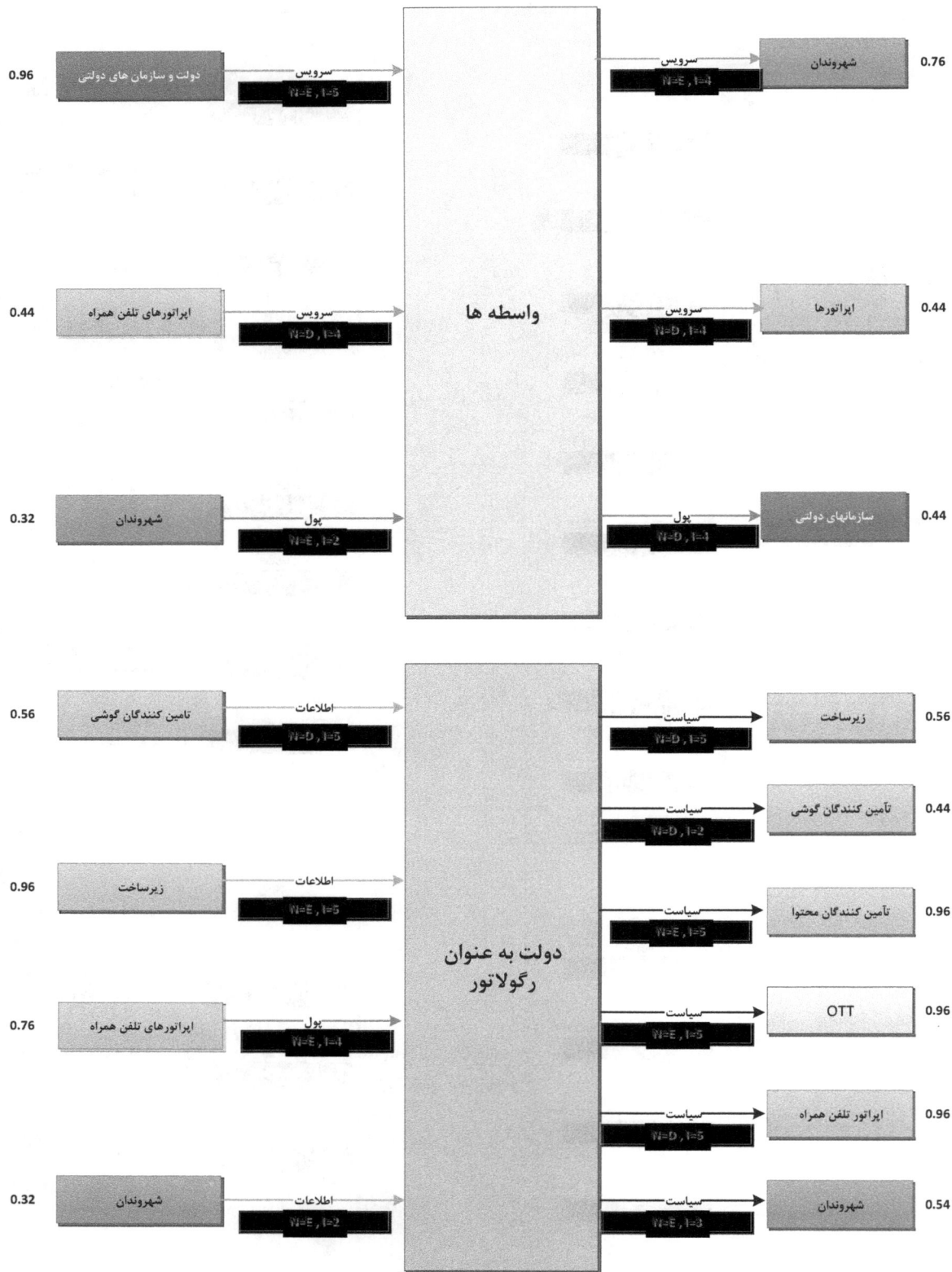

شکل ۵-۱۳- واسطه‌ها، دولت بعنوان رگولاتور

شکل ۵-۱۴- اپراتورهای تلفن همراه

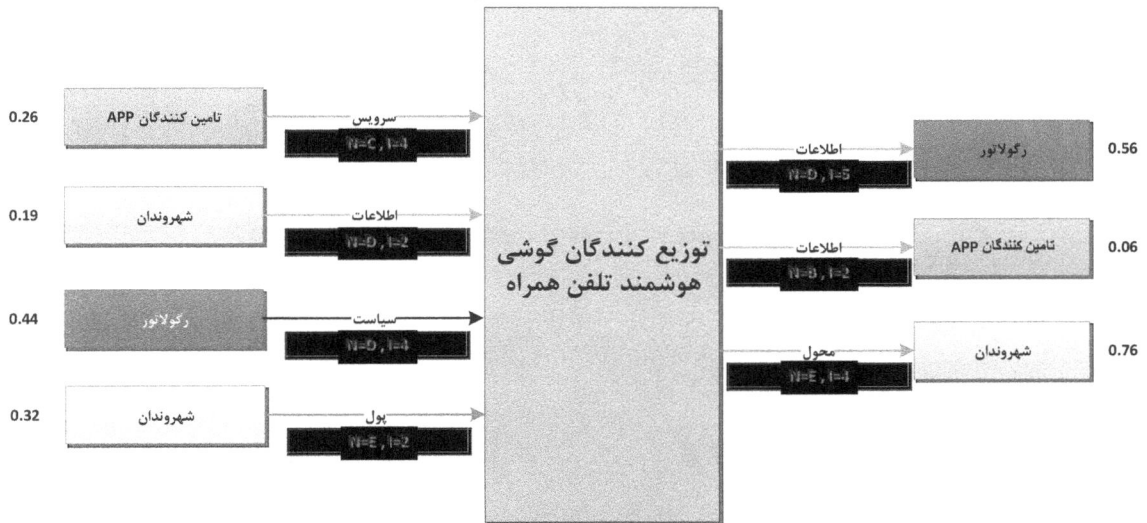

شکل ۵-۱۵- توزیع‌کنندگان گوشی هوشمند تلفن همراه

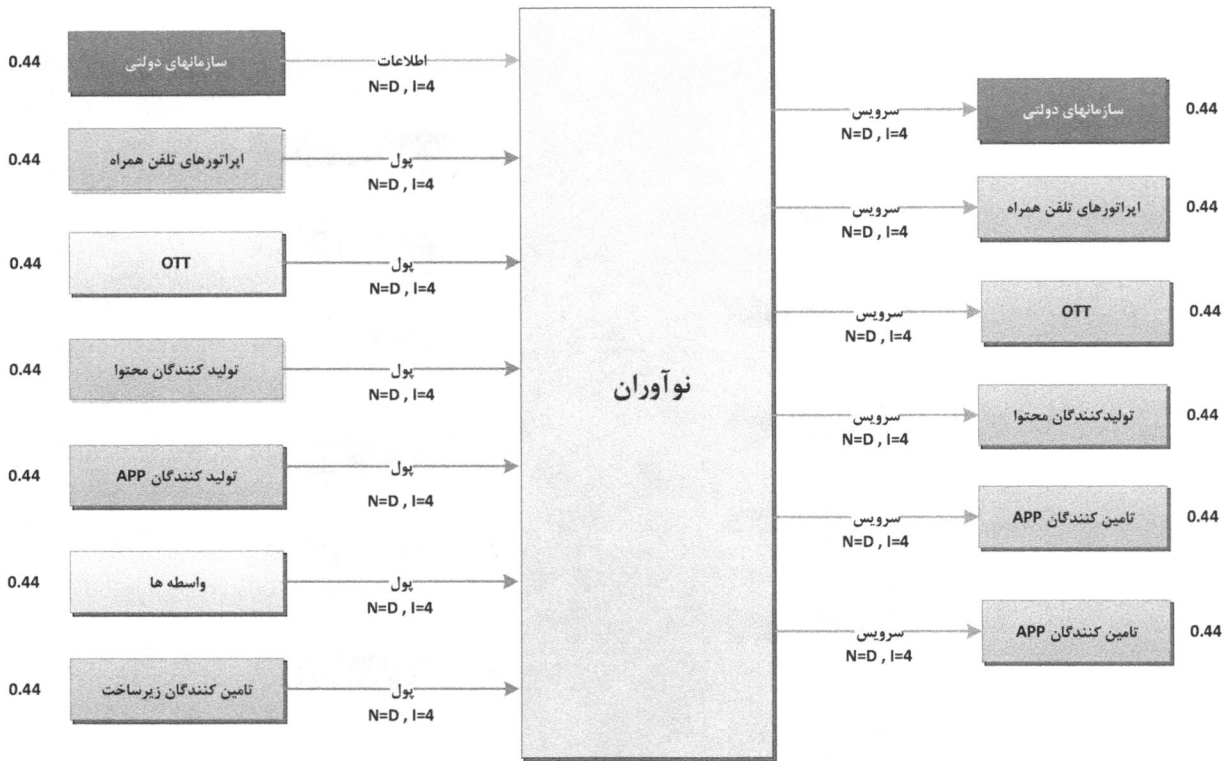

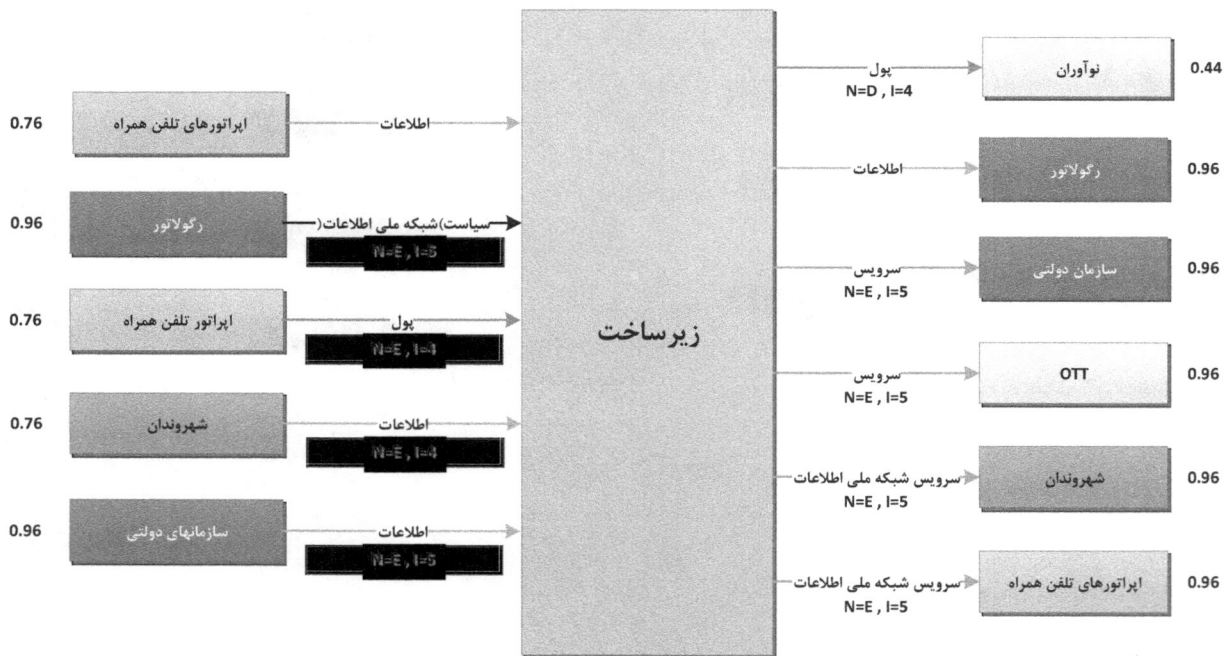

شکل ۵-۱۶- نوآوران- زیرساخت

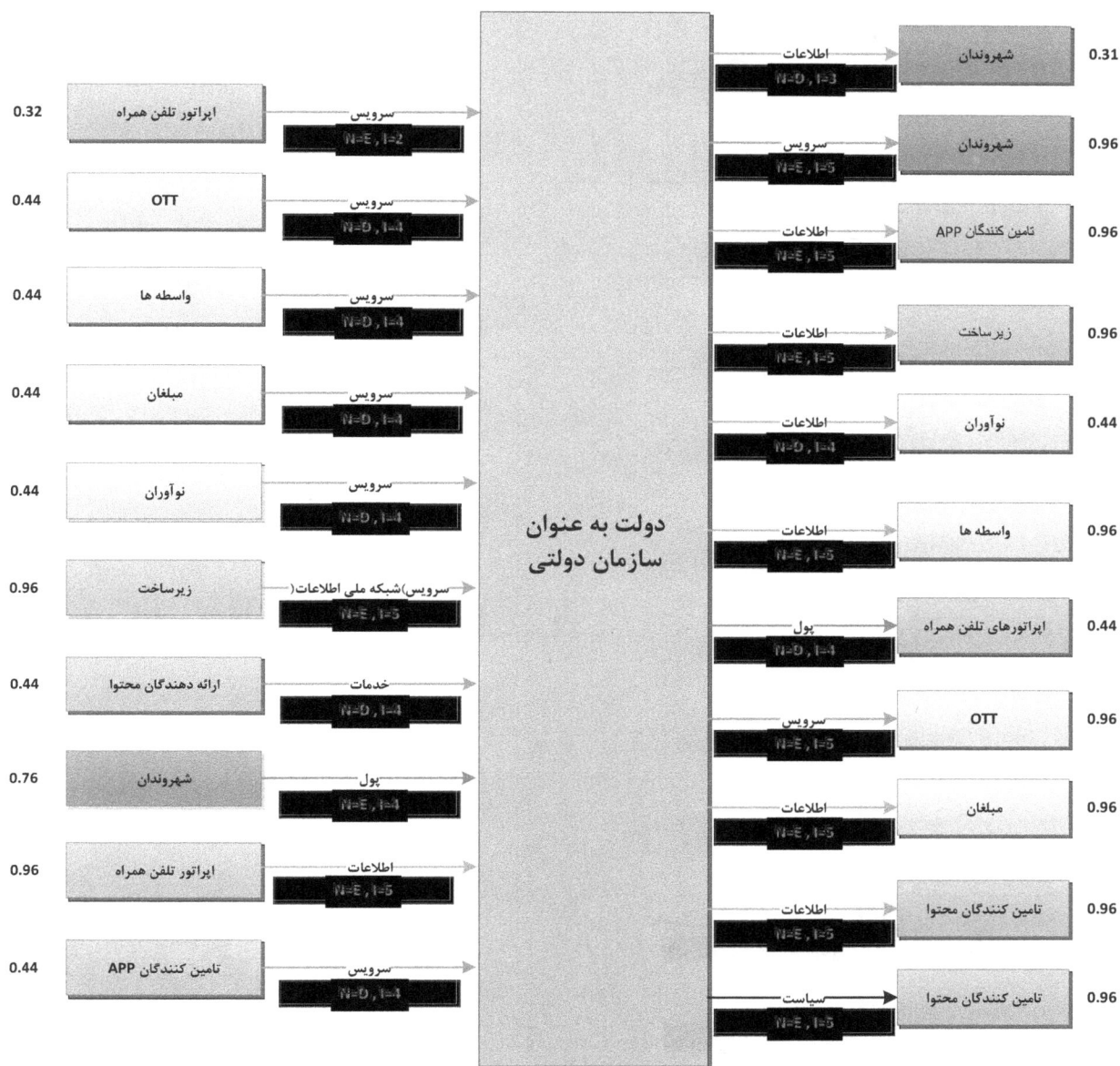

شکل ۵-۱۷- دولت بعنوان سازمان دولتی

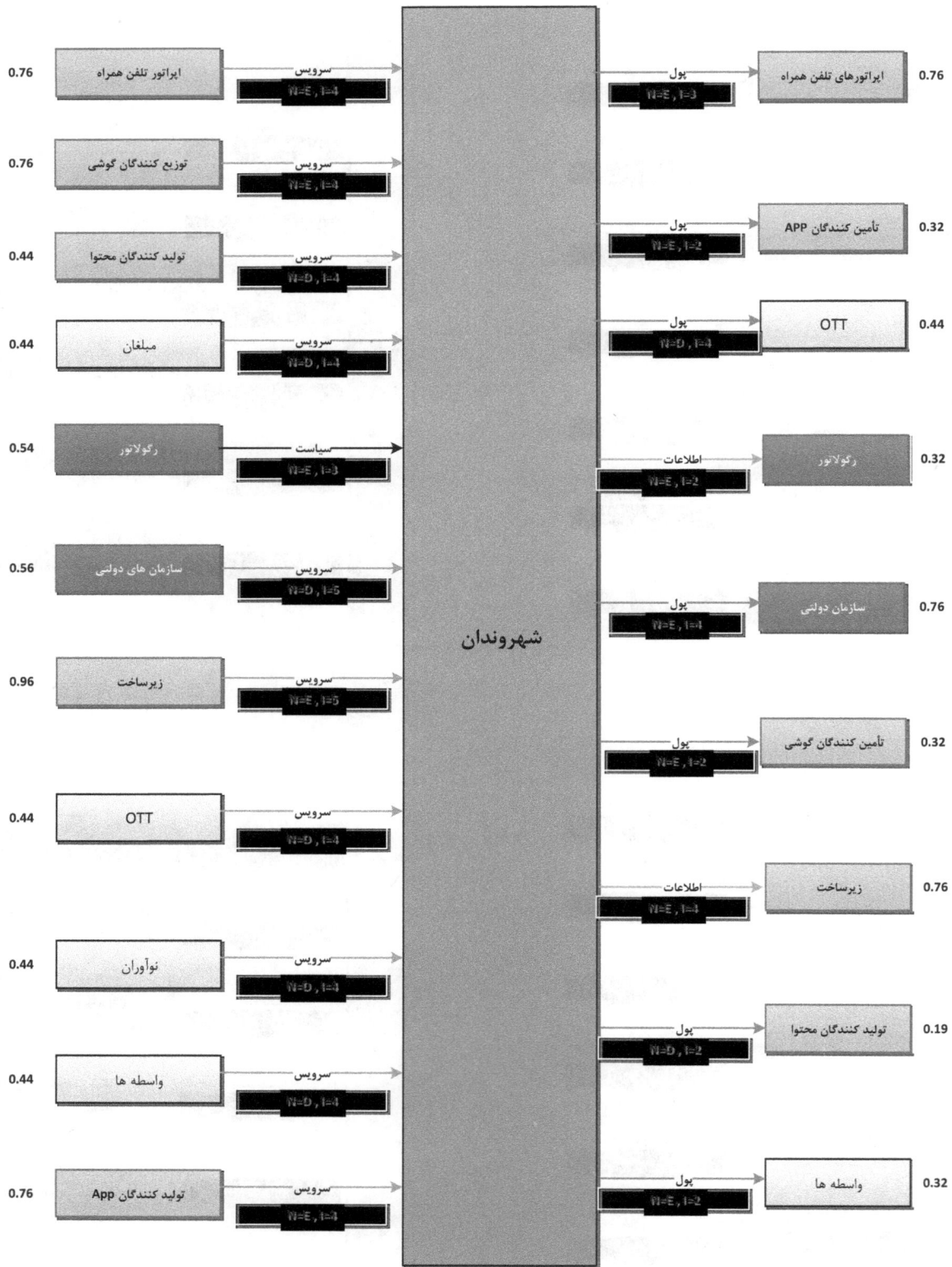

شکل ۵-۱۸- شهروندان

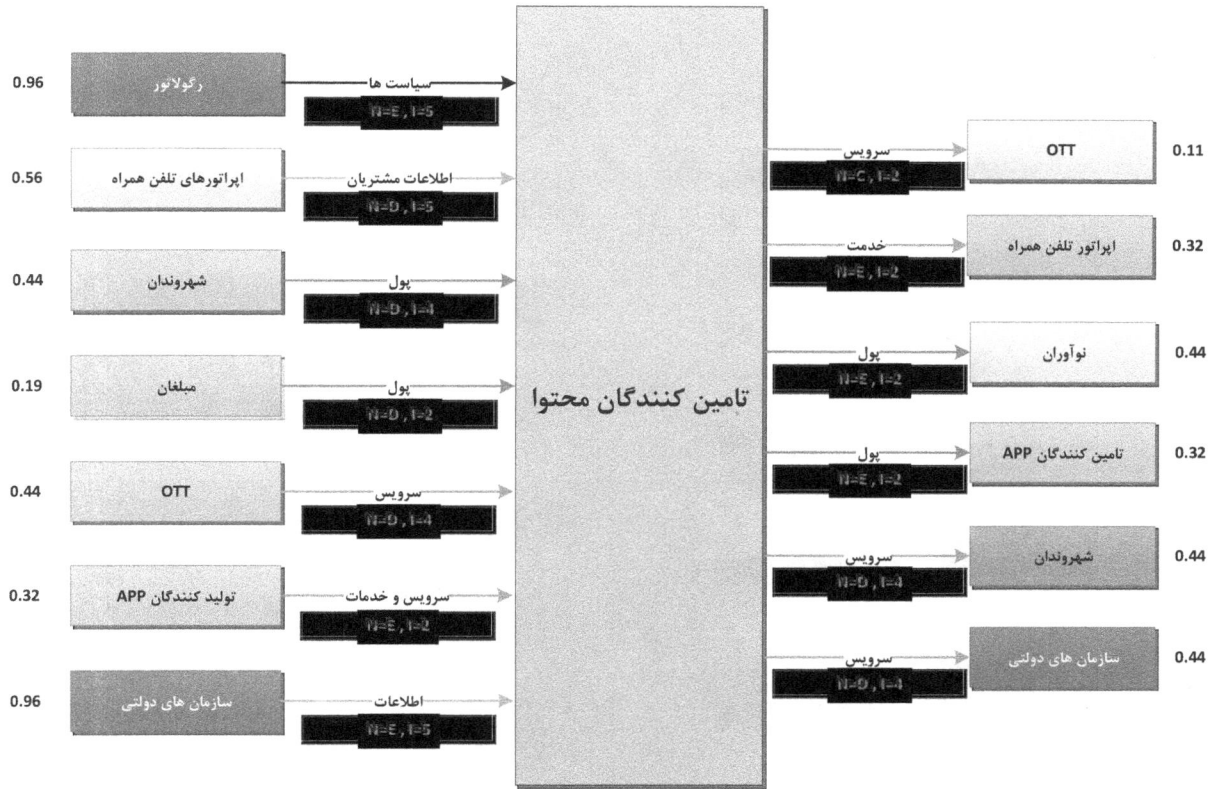

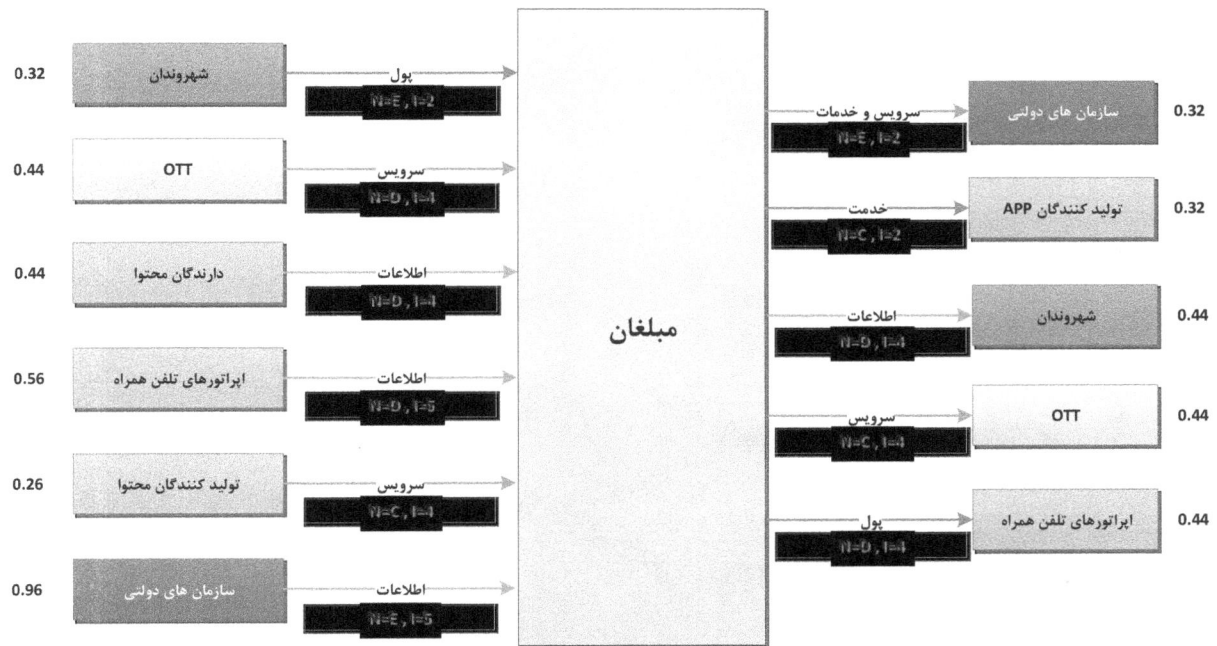

شکل ۵-۱۹- تامین‌کنندگان محتوا- مبلغان

سازمان دولتی	← 0.96 ←	زیرساخت	← 0.96 ←	سازمان دولتی	0.9216
زیرساخت	← 0.96 ←	سازمان دولتی	← 0.96 ←	زیرساخت	0.9216
رگولاتور	← 0.96 ←	اپراتور	← 0.76 ←	رگولاتور	0.7296
اپراتورهای تلفن همراه	← 0.76 ←	زیرساخت	← 0.96 ←	اپراتورهای تلفن همراه	0.7296
رگولاتور	← 0.96 ←	اپراتور	← 0.76 ←	رگولاتور	0.7296
سازمان دولتی	← 0.96 ←	شهروندان	← 0.76 ←	سازمان دولتی	0.7296
شهروندان	← 0.76 ←	زیرساخت	← 0.96 ←	شهروندان	0.7296
شهروندان	← 0.76 ←	سازمان دولتی	← 0.96 ←	شهروندان	0.7296
اپراتور تلفن همراه	← 0.76 ←	رگولاتور	← 0.96 ←	اپراتور	0.7296
زیرساخت	← 0.96 ←	اپراتور	← 0.76 ←	زیرساخت	0.7296
شهروندان	← 0.76 ←	زیرساخت	← 0.96 ←	شهروندان	0.7296
اپراتور تلفن همراه	← 0.76 ←	شهروندان	← 0.76 ←	اپراتور تلفن همراه	0.5776

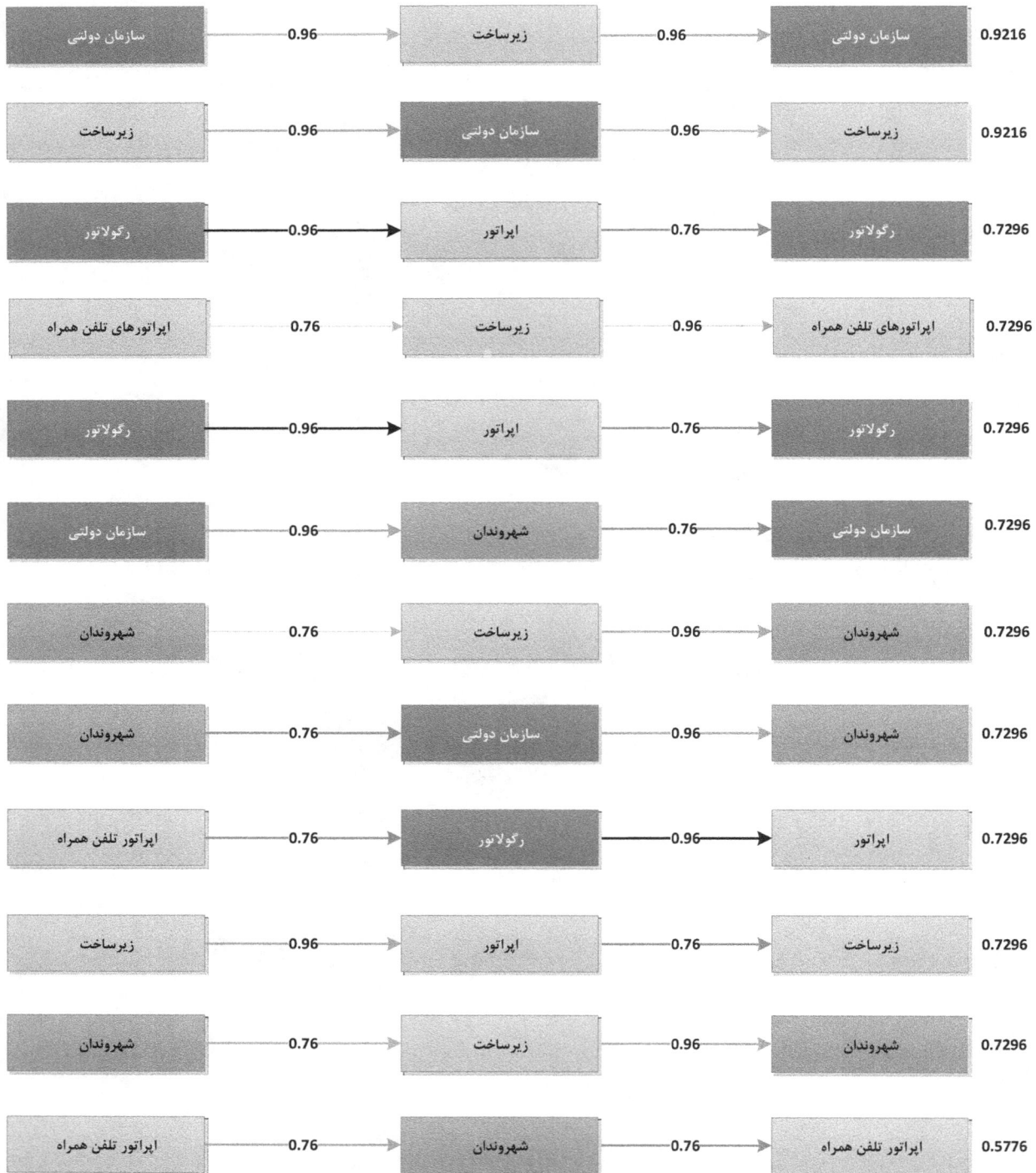

شکل ۵-۲۰- جریان ارزش ذینفعان اکوسیستم

رگولاتور ←0.96→ تأمین کنندگان محتوا ←0.44→ شهروندان ←0.32→ رگولاتور		0.5575
زیرساخت →0.96→ رگولاتور —0.56→ زیرساخت		0.5376
اپراتور های تلفن همراه ←0.76→ تولید کنندگان APP ←0.76→ شهروندان ←0.44→ اپراتور تلفن همراه		0.4389
سازمانهای دولتی →0.96→ OTT →0.44→ سازمانهای دولتی		0.4224
تأمین کنندگان App →0.44→ سازمان دولتی →0.96→ تأمین کنندگان App		0.4224
سازمان دولتی →0.96→ تامین کنندگان APP →0.44→ سازمان دولتی		0.4224
OTT →0.44→ سازمان دولتی →0.96→ OTT		0.4224
واسطه ها →0.44→ سازمان دولتی →0.96→ واسطه ها		0.4224
مبلغان →0.44→ سازمان دولتی →0.96→ مبلغان		0.4224
ارائه دهندگان محتوا →0.44→ سازمان دولتی →0.96→ ارائه دهندگان محتوا		0.4224
دولت →0.96→ واسطه ها →0.44→ سازمان دولتی		0.4224
اپراتور تلفن همراه →0.76→ تولید کنندگان APP →0.32→ اپراتور تلفن همراه		0.3344
اپراتورهای تلفن همراه →0.76→ تولید کنندگان App →0.44→ اپراتورهای تلفن همراه		0.3344

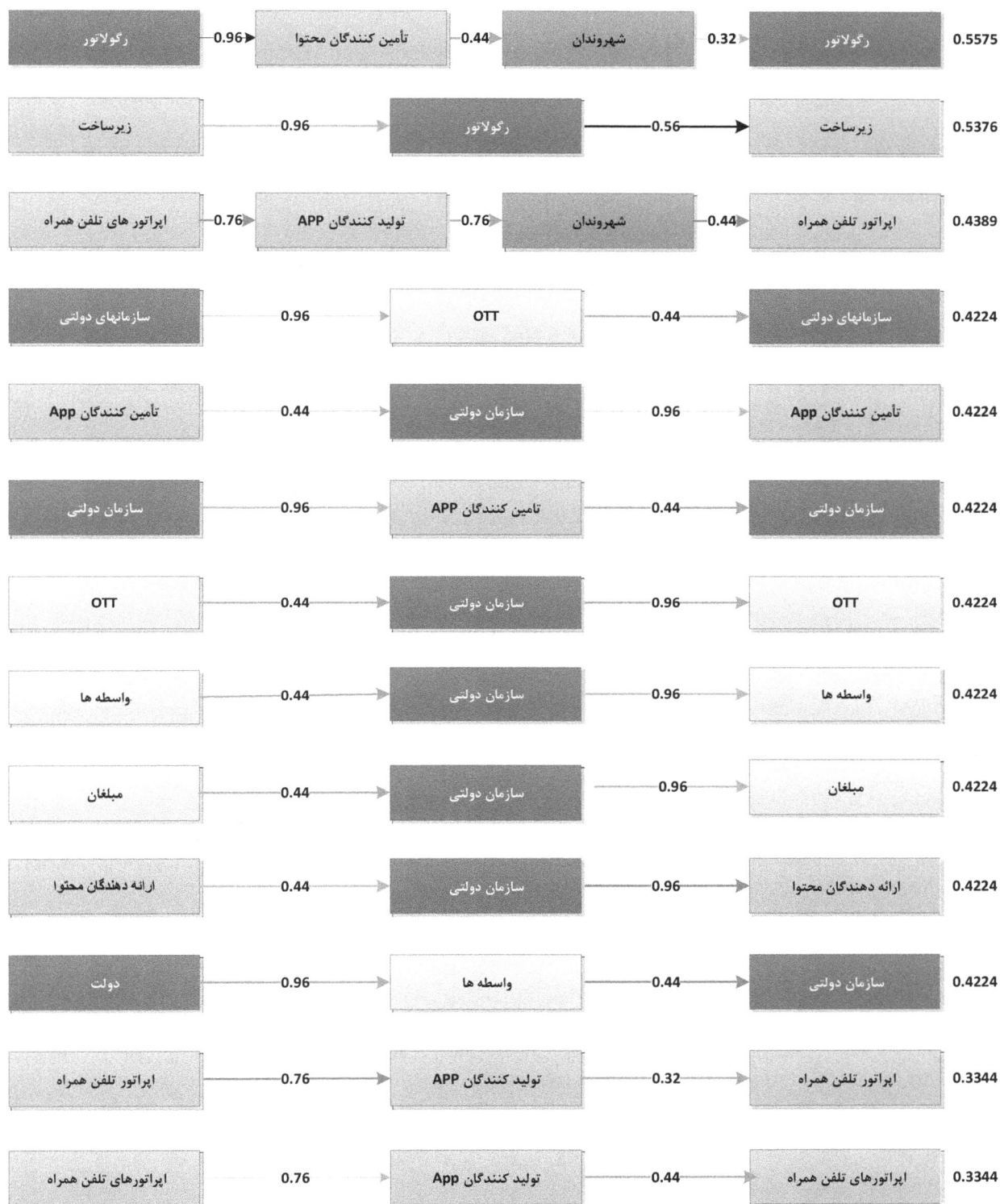

شکل ۵-۲۱- جریان ارزش ذینفعان اکوسیستم

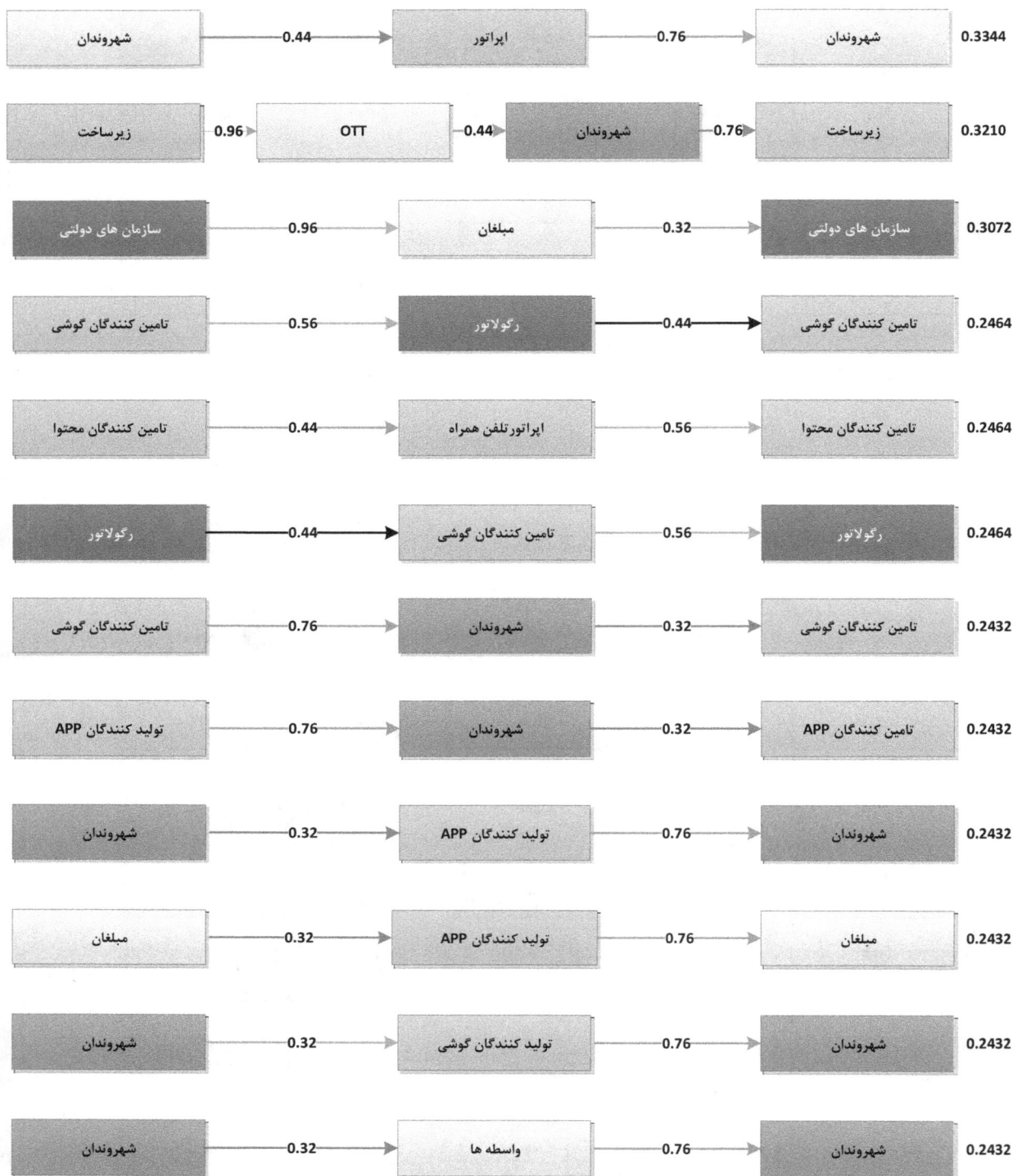

شهروندان	→0.44→	اپراتور	→0.76→	شهروندان	0.3344
زیرساخت	→0.96→ OTT →0.44→	شهروندان	→0.76→	زیرساخت	0.3210
سازمان های دولتی	→0.96→	مبلغان	→0.32→	سازمان های دولتی	0.3072
تامین کنندگان گوشی	→0.56→	رگولاتور	→0.44→	تامین کنندگان گوشی	0.2464
تامین کنندگان محتوا	→0.44→	اپراتور تلفن همراه	→0.56→	تامین کنندگان محتوا	0.2464
رگولاتور	→0.44→	تامین کنندگان گوشی	→0.56→	رگولاتور	0.2464
تامین کنندگان گوشی	→0.76→	شهروندان	→0.32→	تامین کنندگان گوشی	0.2432
تولید کنندگان APP	→0.76→	شهروندان	→0.32→	تامین کنندگان APP	0.2432
شهروندان	→0.32→	تولید کنندگان APP	→0.76→	شهروندان	0.2432
مبلغان	→0.32→	تولید کنندگان APP	→0.76→	مبلغان	0.2432
شهروندان	→0.32→	تولید کنندگان گوشی	→0.76→	شهروندان	0.2432
شهروندان	→0.32→	واسطه ها	→0.76→	شهروندان	0.2432

شکل ۵-۲۲- جریان ارزش ذینفعان اکوسیستم

سازمان دولتی	0.44 → نوآوران → 0.44	سازمان دولتی	0.1936
اپراتور تلفن همراه	0.44 → نوآوران → 0.44	اپراتور همراه	0.1936
نوآوران	0.44 → سازمان دولتی → 0.44	نوآوران	0.1936
OTT	0.44 → نوآوران → 0.44	OTT	0.1936
تولید کنندگان محتوا	0.44 → نوآوران → 0.44	تولیدکنندگان محتوا	0.1936
تولیدکنندگان APP	0.44 → نوآوران → 0.44	تولیدکنندگان APP	0.1936
OTT	0.44 → شهروندان → 0.44	OTT	0.1936
واسطه ها	0.44 → اپراتورهای تلفن همراه → 0.44	واسطه ها	0.1936
شهروندان	0.44 → OTT → 0.44	شهروندان	0.1936
OTT	0.44 → مبلغان → 0.44	OTT	0.1936
اپراتورهای تلفن همراه	0.44 → واسطه ها → 0.44	اپراتور های تلفن همراه	0.1936
اپراتور	0.56 → تأمین کنندگان محتوا → 0.32	اپراتور	0.1792
رگولاتور	0.54 → شهروندان → 0.32	رگولاتور	0.1728
شهروندان	0.32 → رگولاتور → 0.54	شهروندان	0.1728
تامین کننده زیرساخت	0.44→ نوآوران →0.44 شهروندان →0.76	تامین کنندگان زیرساخت	0.1471

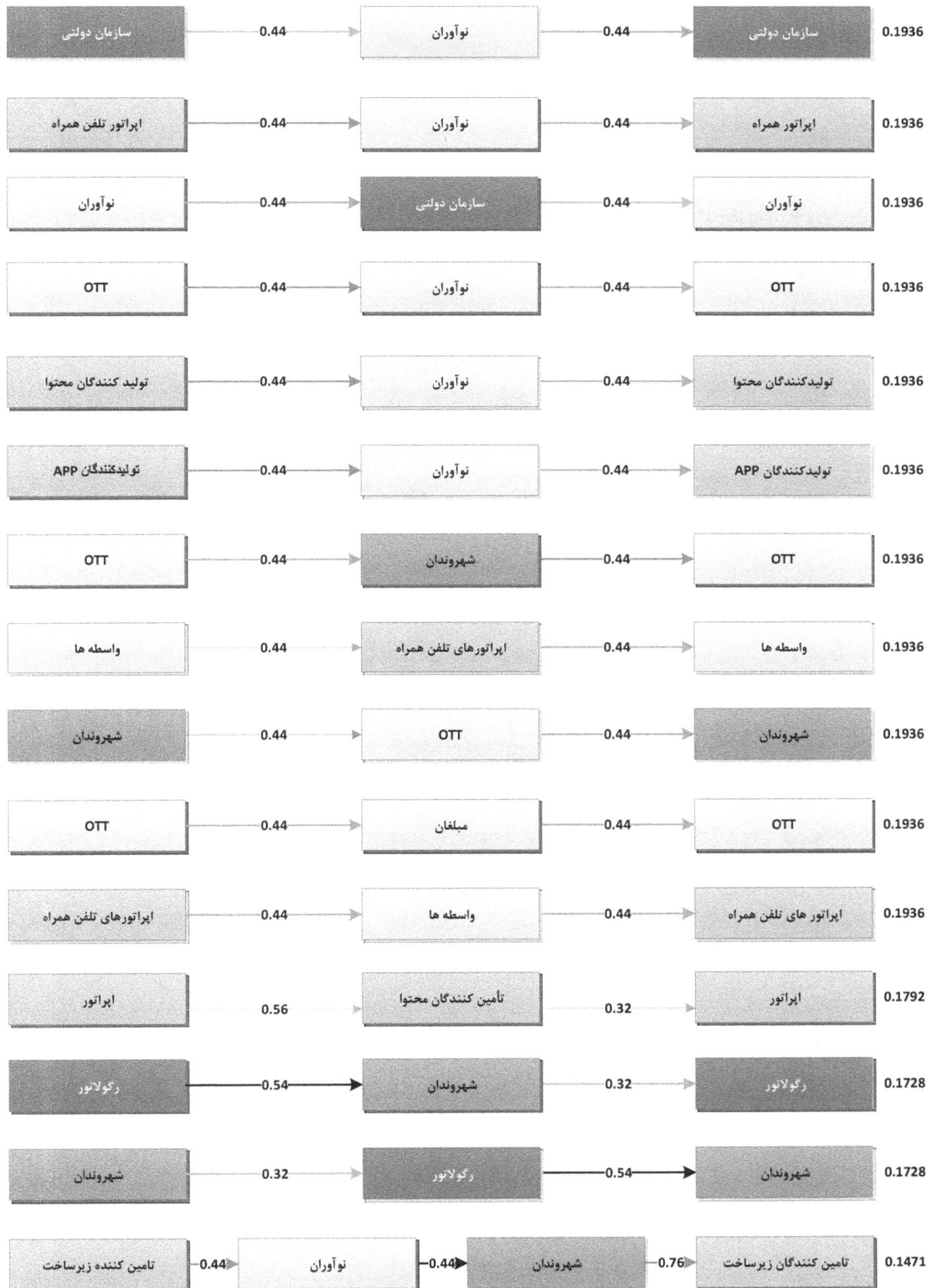

شکل ۵-۲۳- جریان ارزش ذینفعان اکوسیستم

تولیدکنندگان محتوا	←0.44→	شهروندان	←0.44→	تولیدکنندگان محتوا	0.1444
شهروندان	←0.32→	تأمین کنندگان محتوا	←0.44→	شهروندان	0.1408
سازمانهای دولتی	←0.44→	اپراتور	←0.32→	سازمان دولتی	0.1408
واسطه ها	←0.44→	شهروندان	←0.32→	واسطه ها	0.1408
تأمین کنندگان محتوا	←0.44→	مبلغان	←0.32→	تأمین کنندگان محتوا	0.1408
اپراتور تلفن همراه	←0.32→	سازمان دولتی	←0.44→	اپراتور تلفن همراه	0.1408
سازمان دولتی	←0.44→	اپراتورهای تلفن همراه	←0.32→	سازمان دولتی	0.1408
شهروندان	←0.32→	تأمین کنندگان محتوا	←0.44→	شهروندان	0.1408
رگولاتور	←0.96→	OTT	←0.44→ شهروندان ←0.32→	رگولاتور	0.1351
نوآوران	←0.44→	شهروندان	←0.44→ OTT ←0.44→	نوآوران	0.1277
اپراتور	←0.32→ OTT ←0.44→	شهروندان	←0.76→	اپراتور	0.1070
مبلغان	←0.44→ شهروندان ←0.32→	تولید کنندگان APP	←0.76→	مبلغان	0.1070
مبلغان	←0.19→	اپراتورهای تلفن همراه	←0.56→	مبلغان	0.1064
اپراتور تلفن همراه	←0.56→	مبلغان	←0.19→	اپراتورتلفن همراه	0.1064
دارندگان محتوا	←0.32→	تولید کنندگان APP	←0.32→	دارندگان محتوا	0.1024

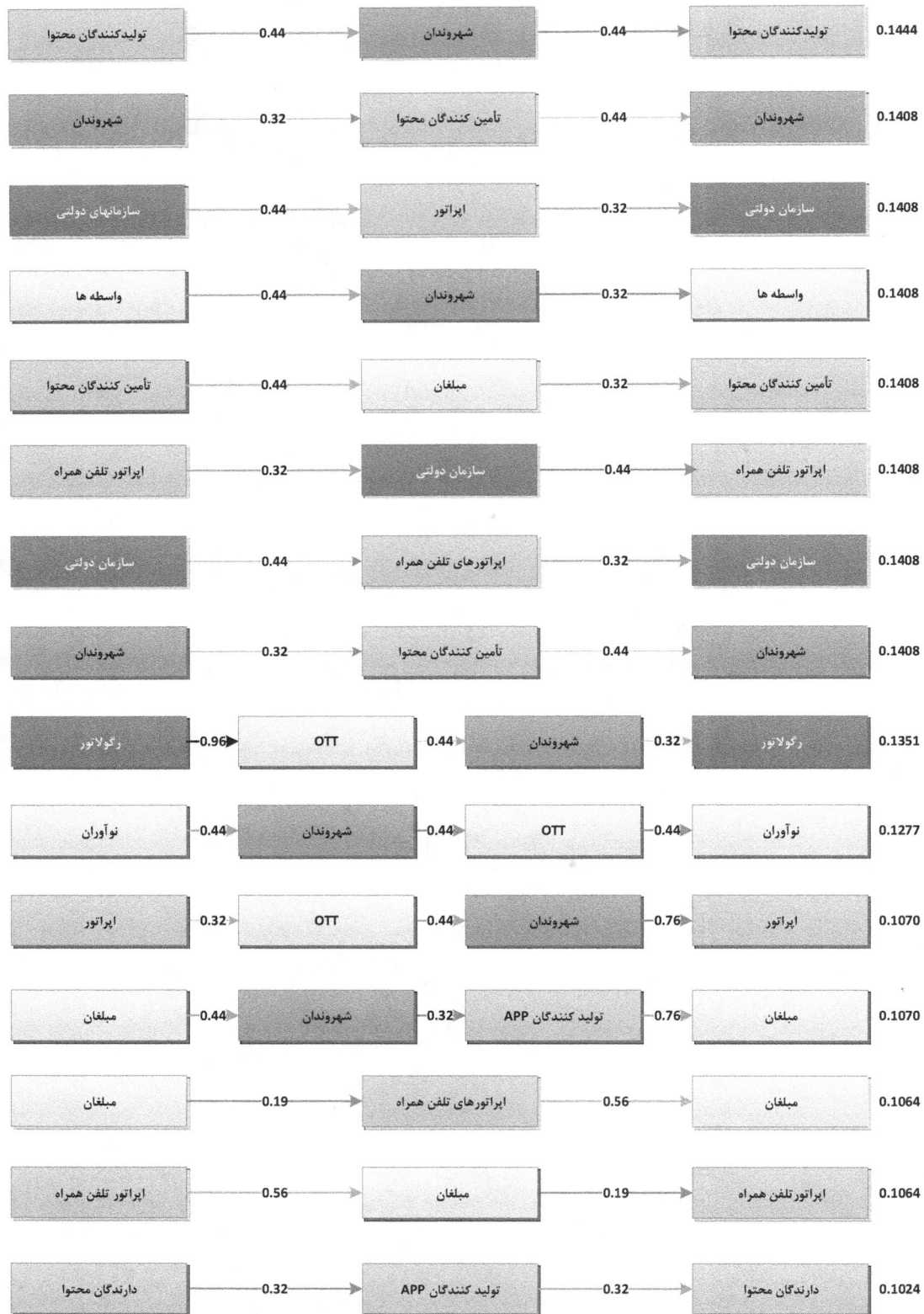

شکل ۵-۲۴- جریان ارزش ذینفعان اکوسیستم

شهروندان	—0.32→	مبلغان	—0.44→	شهروندان		0.1024
تولید کنندگان App	—0.32→	تأمین کنندگان محتوا	—0.32→	تولید کنندگان App		0.1024
تولید کنندگان محتوا	—0.11→	OTT	—0.44→	تولید کنندگان محتوا		0.0836
مبلغان	—0.44→	OTT	—0.44→	مبلغان		0.0836
مبلغان	—0.19→	تأمین کنندگان محتوا	—0.44→	مبلغان		0.0836
تولید کنندگان APP	0.32→ اپراتور تلفن همراه 0.76→ شهروندان ←0.32			تولید کنندگان APP		0.077
اپراتور تلفن همراه	←0.76 تولید کنندگان APP 0.19→ سازمان دولتی ←0.44			اپراتور تلفن همراه		0.0635
نوآوران	←0.44 اپراتور تلفن همراه 0.32→ OTT 0.44→			نوآوران		0.0619
OTT	—0.44→	تولید کنندگان App	—0.11→	OTT		0.0484
تولید کنندگان App	—0.11→	OTT	—0.44→	تولید کنندگان App		0.0484
OTT	—0.44→	تأمین کنندگان محتوا	—0.11→	OTT		0.0484
تامین کنندگان APP	—0.26→	تامین کنندگان گوشی	—0.06→	تامین کنندگان APP		0.0156

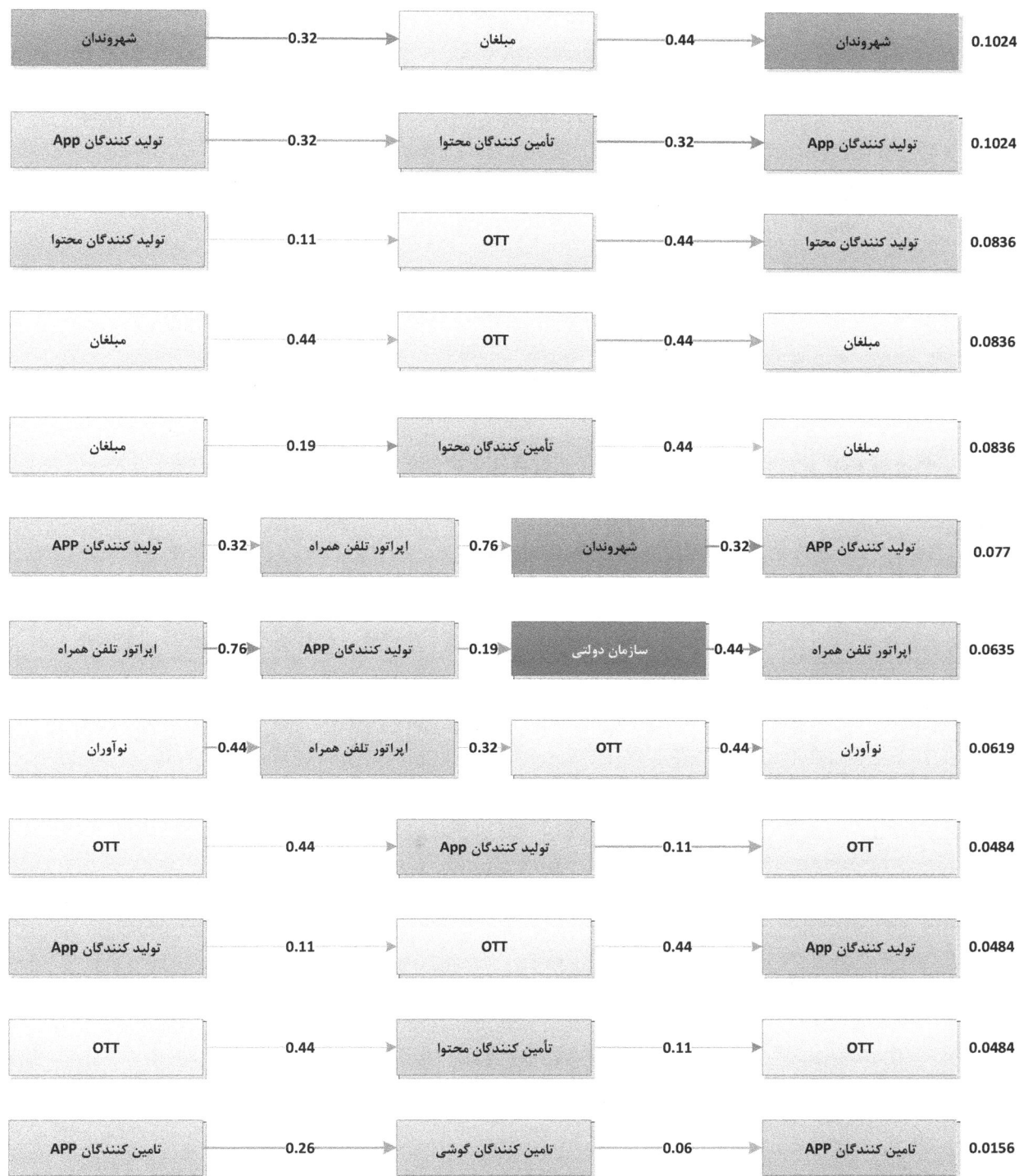

شکل ۵-۲۵- جریان ارزش ذینفعان اکوسیستم

جدول ۵-۱۶- ارزش ایجاد شده توسط ذینفعان دولت همراه

	ارزش ایجاد شده توسط هر یک از ذینفعان در دولت همراه	
مقدار	عنوان	ردیف
۰.۹۶	زیرساخت	۱
۰.۸۱۵	سازمان ها دولتی	۲
۰.۷۳۲	رگولاتوری	۳
۰.۵۹۵	اپراتورهای تلفن همراه	۴
۰.۵۴	تامین کنندگان گوشی هوشمند	۵
۰.۴۹۳	واسطه ها	۶
۰.۴۷۲	تامین کنندگان APP	۷
۰.۴۵۱	شهروندان	۸
۰.۴۴	OTT	۹
۰.۴۴	نوآوران	۱۰
۰.۳۶۵	تولیدکنندگان محتوا	۱۱
۰.۳۳۹	مبلغان	۱۲

نمودار مقایسه ای ارزش ایجاد شده توسط هر یک از ذینفعان در دولت همراه

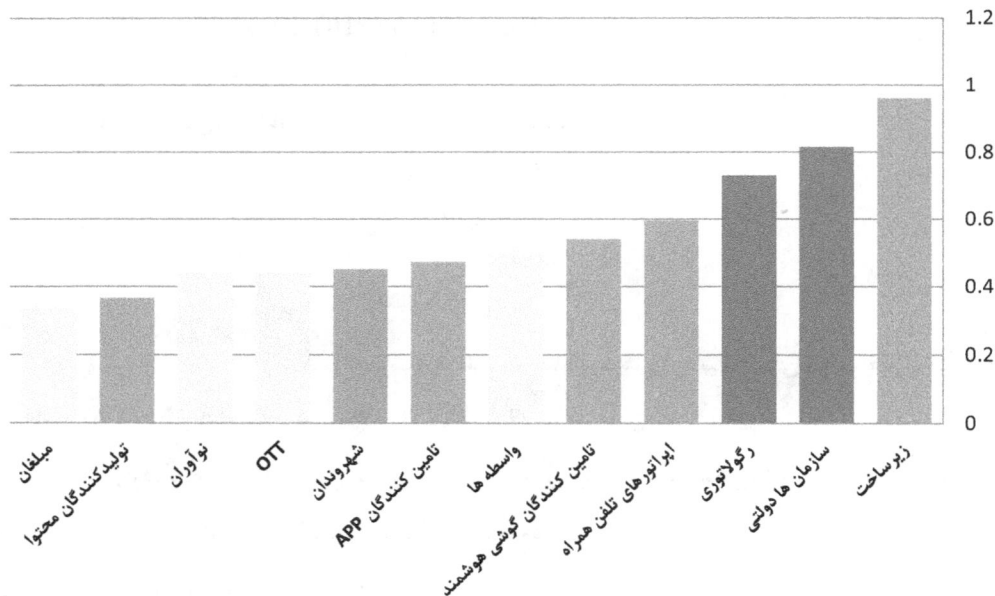

شکل ۵-۲۶- نمودار مقایسه ارزش ایجاد شده توسط هر یک از ذینفعان دولت همراه

۵-۴-۲- پرسشنامه اولویت سرویس‌ها

جدول ۵-۱۷- پرسشنامه اولویت سرویس‌ها

سؤال	بلی	خیر
X1= آیا سازمان ارائه‌دهنده سرویس به شبکه ملی اطلاعات متصل می‌باشد	۱	۰
X2= آیا سازمان آمادگی ارائه سرویس را در بستر شبکه ملی اطلاعات دارد	۱	۰
X3= آیا در ارتباط سرویس موردنظر قوانین و مقررات وضع شده است و زیرساخت حقوقی کافی وجود دارد	۱	۰
X4= آیا اپراتور تلفن همراه آمادگی ارائه سرویس را دارد	۱	۰
X5= آیا سرویس موردنظر قابلیت ارائه بر روی گوشی هوشمند را دارد	۱	۰
X6= آیا واسطه‌ها در ارائه سرویس مورد نظر نقش دارند	۱	۰
X7= آیا تامین‌کنندگان APP در ارائه سرویس موردنظر نقش دارند	۱	۰
X8= شهروندان آمادگی کافی برای پذیرش سرویس موردنظر دارند	۱	۰
X9= آیا سرویس موردنظر قابلیت ارائه توسط OTT را دارد	۱	۰
X10= آیا نوآوران و نوآوری در ارائه این سرویس نقشی دارد	۱	۰
X11= آیا تولیدکنندگان محتوا در تهیه و ارائه سرویس نقش و علاقه‌مندی دارند	۱	۰
X12= آیا تبلیغات و مبلغان در ارائه سرویس موثر هستند	۱	۰

۵-۴-۳- نحوه محاسبه اولویت سرویس‌ها در اکوسیستم دولت همراه

$$S_{ij} = 0.145(x1)_{ij} + 0.123\,(x2)_{ij} + 0.110\,(x3)_{ij} + 0.089\,(x4)_{ij} + 0.081\,(x5)_{ij} + 0.074\,(x6)_{ij} + 0.071\,(x7)_{ij} + 0.068\,(x8)_{ij} + 0.066\,(x9)_{ij} + 0.066\,(x10)_{ij} + 0.055\,(x11)_{ij} + 0.051\,(x12)_{ij}$$

$j = 1 \ldots\ldots\ldots\ldots N$ $N=$ تعداد سازمانها

$i = 1 \ldots\ldots\ldots\ldots M$ $M=$ تعداد سرویس ها

$$S_{ij} = \sum_{l=1}^{12} k_l\, x_{lij}$$

$i=1,\ldots,m$

$J=1,\ldots,n$

$$x_l = \begin{cases} 0 \\ 1 \end{cases}$$

S_{ij} نشان‌دهنده سرویس i از سازمان j است. با محاسبه تمام S_{ij} ها الویت‌ها برای پیاده‌سازی دولت همراه مشخص می‌شود. لذا پس از تعیین مقادیر X_1 تا X_{12} و قرار دادن در معادله بالا می‌توان الویت سرویس Jام را برای سازمان Iام به دست آورد.

برای پاسخ‌دهی با سؤالات دوازده‌گانه X_1 تا X_{12} در بعضی از حوزه‌ها مثل سازمان‌های دولتی، اپراتورهای تلفن همراه، رگولاتور و تامین‌کنندگان APP می‌توان از چک لیست سؤالات پیوست استفاده نمود.

۵-۴-۳-۱- سازمان‌های دولتی

۱. آیا اطلاعات کامل در ارتباط با سرویس (شناسنامه سرویس) در سازمان موجود است؟

۲. آیا اطلاعات مربوط به شهروندان در ارتباط با سرویس وجود دارد؟

۳. آیا سرویس‌ها از طریق وب سایت سازمان در دسترس می‌باشد؟

۴. آیا وب‌سایت سازمان هماهنگی ارائه سرویس از طریق تلفن همراه را دارد؟

۵. آیا سرویس نیاز به دریافت اطلاعات و تعامل با دیگر سازمان‌ها را دارد؟

۶. آیا سرویس تناوب کاربرد دارد؟

۷. آیا حجم تعامل و یا تراکنش سرویس قابل توجه است (به اندازه کافی می‌باشد)؟

۸. آیا سرویس پتانسیل درآمدی دارد؟

۹. آیا امنیت و رعایت حریم خصوصی شهروندان در سرویس در نظر گرفته شده است؟

۱۰. آیا شهروندان اعتماد کافی به استفاده از سرویس را دارند؟

۱۱. آیا اطلاع‌رسانی و فرهنگ‌سازی در ارتباط با سرویس شده است؟

۱۲. آیا سازمان سیستم تشویقی برای سرویس‌هایی که پرداخت در آن‌ها توسط تلفن همراه انجام می‌گیرد تعریف کرده است؟

۱۳. آیا وب‌سایت مرکزی مطابق استانداردهای اعلامی دولت قابلیت ارائه سرویس بر تلفن همراه را دارد؟

۱۴. آیا سرویس به‌گونه ای‌است که از طریق ساده‌ترین گوشی تلفن همراه قابل ارائه باشد؟

۵-٤-۳-۲- رگولاتور

۱. آیا قوانین کافی برای حمایت بخش خصوصی در مقابل مشارکت بخش خصوصی و عمومی (P-P-P) برای اجرای پروژه‌های دولتی و سرویس‌های مورد نظر وجود دارد؟

۲. آیا قوانین لازم برای پشتیبانی و حمایت از تلفن همراه به منظور ایجاد اعتماد و اطمینان عمومی در استفاده از تلفن همراه برای سرویس مورد نظر وجود دارد؟

۳. آیا قوانین و مقررات لازم برای حفظ اطلاعات و حریم خصوصی کاربران برای ارائه سرویس وجود دارد؟

۴. استانداردهای لازم برای طراحی و ارائه خدمت مورد نظر تدوین شده است؟

۵. آیا پوشش کافی به منظور دسترسی همه شهروندان به خدمات تلفن همراه وجود دارد؟

۶. آیا نظارت کافی بر خدمات ارائه شده از طریق تلفن همراه از سوی دولت وجود دارد؟

۷. آیا امکان ارائه سرویس بدون وابستگی به اپراتور وجود دارد؟

۵-٤-۳-۳- اپراتور

۱. آیا اپراتور پلتفرم لازم برای ارائه سرویس را ایجاد کرده است؟

۲. آیا اپراتور امکان ارائه خدمت در هر مکان و هر زمان را به لحاظ دسترسی و پوشش دارد؟

۳. آیا اپراتور زیرساخت مناسب را به لحاظ پهنای باند و ارائه توافقنامه سطح خدمات SLA دارد؟

۵-۴-۳-۴- APPها

۱. آیا برای APPها موارد کاربرد مشخص است چه کسی از آن استفاده می‌کنند و کجا و همچنین عملکردش چیست؟

۲. آیا خطوط راهنما برای توسعه امنیت سرویس مشخص است به‌گونه‌ای که کاربر بداند APP چه نوع اطلاعاتی را جمع آوری و چگونه نگهداری تا اطمینان کاربر حاصل شود؟

۳. آیا روش بهینه‌سازی APP ها برای عملکرد بهتر به عنوان مثال زمان برای بارگذاری و زمان اجرای فایل چند-رسانه ای، زمان ذخیره‌سازی، زمان اتصال به اطلاعات کاملا مشخص است؟

۴. آیا روش‌های مناسبی برای بهینه‌سازی APP ها به منظور کاهش سایز و مصرف انرژی گوشی‌های تلفن همراه وجود دارد؟

۵. آیا روشی برای استفاده از بازخورد کاربران در ارتباط با APP ها وجود دارد؟

۵-۴-۴- تحلیل شبکه

با استفاده از مدل تحلیل شبکه ذینفعان نتایج ذیل حاصل گردید که:

۱. بیشترین ارزش توسط زیرساخت با ضریب ۹۶٪ ایجاد می‌شود.

۲. دولت و سازمان‌های دولتی پس از زیرساخت با ضریب ۸۱۵٪ نقش بیشتری در ایجاد ارزش در شبکه ذینفعان می‌نمایند.

۳. رگولاتور رتبه سوم در ایجاد ارزش در اکوسیستم دولت همراه با ضریب ۷۳۲٪ را دارا می‌باشد.

۴. اپراتورهای تلفن همراه نقش مهمی را ایفا می‌نمایند و با ضریب ۵۹۵٪ مرتبه چهارم را دارند.

۵. تامین‌کنندگان گوشی هوشمند با ضریب ۵۹۵٪ رتبه پنجم در تولید ارزش در اکوسیستم دولت همراه هستند.

۶. واسطه‌ها به دلیل ایجاد تسهیل در ارائه خدمات دولت همراه در رتبه ششم با ضریب ۴۹۳٪ قرار دارند.

۷. تامین و تولیدکنندگان APP ها با ضریب ۴۷۲٪ در رتبه هفتم تولید ارزش قرار دارند.

۸. شهروندان با ضریب ۴۵۱٪ در ردیف هشتم تولید ارزش قرار می‌گیرند.

۹. OTT با ضریب ۴۴٪ از دیگر بازیگران اکوسیستم هستند که در رتبه نهم تولید ارزش برای اکوسیستم نقش-آفرینی می‌نمایند.

۱۰. نوآوران با ضریب ۴۴٪ هم تراز OTTها از دیگر ارزش‌آفرینان اکوسیستم با رتبه ۱۰ می‌باشند.

۱۱. تولیدکنندگان محتوا با ضریب ۳۶۵٪ در رتبه یازدهم قرار می‌گیرند.

۱۲. مبلغان نیز با ضریب ۳۳۹٪ در رتبه دوازدهم تولیدکنندگان ارزش در اکوسیستم دولت همراه قرار دارند.

۵-۵- نتیجه‌گیری و جمع‌بندی

در این بخش به صورت مختصر به خلاصه‌ای از روش مورد استفاده در این کتاب و نتیجه‌گیری‌هایی در ارتباط با اکوسیستم دولت همراه می‌پردازیم.

موضوعات مطرح شده در ارتباط با اکوسیستم دولت همراه موارد زیر را در برداشت:

۱. اکوسیستم دولت همراه با توجه به تحقیقات و مدل‌های مطرح در دنیا بررسی و با توجه به حضور بازیگران جدید مدل جدیدی به عنوان اکوسیستم دولت همراه معرفی شد.

۲. ذینفعان متنوع شناسایی شده در اکوسیستم دولت همراه

۳. تجزیه نقش‌ها و اهداف آن‌ها

۴. مشخص کردن نیازهای آن‌ها

۵. شناسایی منابع برای برآورده کردن این نیازها

۶. اولویت‌بندی اهمیت که برای برآورده کردن این نیازها باید رعایت شود

۷. جریان‌های طبقه‌بندی‌شده در هر ذینفع به لحاظ پولی، کالا و خدمات، اطلاعات، سیاست و رگولاتوری و جریان منافع عمومی و جریان‌های کمی‌شده به هر ذینفع

۸. لیست کردن همه مسیرهای بسته (لوپ ها) جریان ارزش عادی و امتیازدهی به این مسیرهای بسته (لوپ ها)

۹. رده‌بندی‌کردن این مسیرهای بسته به‌ترتیب با اهمیت‌ترین و بیشترین ایجاد کننده ارزش در اکوسیستم

۱۰. مهم‌ترین ذینفعان تعیین شده و بیشترین ارزش ایجادکنندگان در تعاملات میان آن‌ها با انجام تحلیل به روش مسیرهای بسته مستقیم و غیرمستقیم با امتیاز بالا و لوپ‌های ارزش غیرمستقیم با امتیاز بالا به صورت جداگانه و با طبقه‌بندی کردن آن‌ها براساس اجماع میان این دو روش تحلیل

۱۱. تعریف معادله روابط بین سرویس جدید و ایجادکنندگان ارزش در سازمان‌ها

۱۲. انتخاب اولویت برای سرویس I ام در ارتباط با سازمان J ام

۵-۶- سرانجام فصل پنجم

رویکرد بیان شده در این کتاب یک نگاه سیستمی به حل مسائل بزرگ پیچیده است. نقش بازیگران مختلف اکوسیستم دولت همراه کاملاً مشخص گردید و میزان ارزشی که این بازیگران می‌توانند در اکوسیستم ایجاد نمایند آشکار شد. زیرساخت بر بستر شبکه ملی اطلاعات ارزش بیشتری در شبکه ارزش ذینفعان دارد و سپس سازمان‌های دولتی به عنوان ارائه‌دهندگان سرویس و خدمات از اهمیت ویژه‌ای برخوردار است و لذا آمادگی سازمان‌ها در ارائه سرویس بر بستر تلفن همراه بسیار مهم است. رگولاتور و نقش آن در ایجاد ارزش در اکوسیستم و پیاده‌سازی سیاست های کلان در مرحله بعدی قرار می‌گیرد. تبلیغات و مبلغان و تولیدکنندگان محتوا ارزش‌های کمتری را ایجاد می‌نمایند ولی همچنان اهمیت خود را در اکوسیستم دارا می‌باشند.

جمع‌بندی مطالب

همانگونه که در فصل ۱ اشاره شد تحولات سریع فناوری اطلاعات و ارتباطات به‌ویژه با سه رویکرد شبکه محوری، هوشمندی و سیاربودن می‌باشد، بدین‌معنی که در هر زمان و مکان در دسترس بودن، فضای کسب و کار در بخش‌های مختلف از جمله خدمات دولت به مردم را به‌گونه ای اساسی تغییر داده است. بسیاری از دولت‌ها حرکت به سمت ارائه خدمات الکترونیکی با استفاده از تلفن همراه را به‌عنوان گام بعدی تعامل خود با شهروندان و ارتقاء کیفیت و کمیت سرویس‌های ارائه شده قرار داده‌اند. دولت همراه در بسیاری از کشورهای جهان یک هدف راهبردی است، همچنین تلفن همراه به‌عنوان محبوب‌ترین رسانه برای برقراری ارتباط در طول دهه گذشته شناخته شده است. با یک نگاه به آمار و اطلاعات موجود روند حرکت تلفن همراه و کاربردهای متنوع آن را آشکار می‌سازد. مطابق آمار ارائه شده در سایت (digital buzz blog, 2013) ۹۱ درصد از مردم تلفن همراه دارند و ۵۶ درصد آن تلفن‌های هوشمند است و ۸۰ درصد از زمانی که مردم صرف تلفن همراه می‌کنند صرف کار با کاربردهای آن می‌باشد. آمار GSMA در ارتباط با سرمایه‌گذاری و جذابیت سرمایه‌گذاری در این صنعت نشان می‌دهد این صنعت بعد از انرژی و صنایع دریایی سومین صنعت جذاب دنیاست و با رشد ۳/۷ درصدی در سال حجم سرمایه‌گذاری معادل ۲۳۸ میلیارد دلار در سال ۲۰۱۷ خواهد رسید، آمار ارائه شده در Portio Research در ارتباط با سال‌های ۲۰۱۱ تا ۲۰۱۶ حاکی از این است که ایران جزء ده کشور اول جهان به لحاظ رشد نفوذ تلفن همراه در جهان با ضریب رشد ۱۱/۱۸ است. باتوجه به این ضریب نفوذ آمادگی و استفاده از این ابزار مهم در پیاده‌سازی دولت همراه نیز وجود دارد. لذا شناسایی اکوسیستم، ذینفعان و ارزش‌ها و منافع آن و شناخت محیط با توجه به شرایط و سیاست‌های حاکم بسیار با اهمیت می‌باشد.

همواره این سوال مطرح است که چگونه می‌توان منافع ذینفعان اکوسیستم دولت همراه را به حداکثر رسانید. دولت منابع کافی برای پیاده‌سازی و اجرای دولت همراه را ندارد و لذا می‌بایست با استفاده از منابع بخش خصوصی و با همکاری دولت نسبت به اجرای آن اقدام نماید. بخش خصوصی امنیت لازم برای سرمایه‌گذاری را احساس نمی‌نماید و همواره نگران بازگشت سرمایه‌گذاری در این بخش است. با توجه به دانش عمومی و فرهنگ‌سازی ما پذیرش استفاده از این خدمات توسط کاربران شامل مردم، کسب و کارها و کارمندان دولت کاملاً مشخص نیست، لذا می‌بایست مدلی طراحی شود که بتواند منافع همه ذینفعان را به حداکثر برساند.

با مراجعه به اسناد فرادستی که در فصل ۴ به‌عنوان سیاست‌های اهداف کشور در حوزه ارتباطات و فناوری اطلاعات آمده است، یکی از اهداف دولت پیاده‌سازی دولت الکترونیک و بدنبال آن دولت همراه است. اکثر کشورهای جهان علاقمند به پیاده‌سازی دولت همراه حتی قبل از دولت الکترونیک می‌باشند اما به دلایل زیادی از جمله نیاز به سرمایه‌گذاری بالا، عدم وجود زیرساخت‌های لازم و مناسب، عدم پذیرش شهروندان، عدم اطمینان، نگرانی شهروندان از حفظ حریم خصوصی و عدم اطلاع‌رسانی و فرهنگ‌سازی موفق به پیاده‌سازی دولت همراه نشده‌اند. لذا یکی از چالش‌های مهم دولت‌ها دستیابی به راه حل مناسب برای پیاده‌سازی دولت همراه می‌باشد. به‌دلیل تفاوت‌های متعددی که در کشورها به لحاظ فرهنگی، اقتصادی، اجتماعی و صنعتی وجود دارد نمی‌توان راه‌حل‌های یکسانی را برای همه کشورها به‌ویژه جمهوری اسلامی ایران ارائه نمود، به‌همین منظور با یک نگاه سیستمی با استفاده از رویکرد تفکر سیستمی لازم است تمامی ذینفعان و بازیگران دولت همراه را شناسایی و با حداکثر کردن منافع تمامی

ذینفعان اصلی شامل دولت، اپراتورها، بخش خصوصی و شهروندان به یک راه‌حل مناسب دست یافت. لذا معماری دولت همراه با توجه به ملاحظات مهمی که در کشور وجود دارد از جمله ارائه خدمات بر بستر شبکه ملی اطلاعات از مهمترین قدم‌هایی است که می‌بایست صورت پذیرد و تعریف اکوسیستم دولت همراه، پذیرش دولت همراه و تحلیل شبکه ذینفعان و رسیدن به مدلی برای تعیین الویت‌های ارائه سرویس مدلی است که مدل ارائه شده در این کتاب براساس آن شکل گرفته است.

منابع فارسی

توسلی، غلامعباس، (۱۳۷۸)، "بحران و آسیب‌های فرهنگی و ارائه راهکارهای مناسب برای کاهش آن"، در مجموعه مقالات همایش نقش و جایگاه دولت در توسعه فرهنگی تهران، سازمان برنامه و بودجه، ص ۹۵-۹۳

چلبی، مسعود، ۱۳۸۱، "بررسی تجربی نظام شخصیت در ایران"، تهران موسسه پژوهشی فرهنگ، هنر و ارتباطات

سریع القلم، محمود (۱۳۸۰)، "عقلانیت و آینده توسعه یافتگی ایران"، تهران، مرکز پژوهش‌های علمی و مطالعات استراتژیک خاورمیانه

سند راهبردی سازمان فناوری اطلاعات ایران، در برنامه پنجم توسعه ۱۳۹۴-۱۳۹۰، مجری طرح علی حکیم جوادی، دفتر برنامه ریزی سازمان فناوری اطلاعات ایران، اسفند ۱۳۹۱

طائفی، علی، (۱۳۷۴)، "فرهنگ بیگانه ستیزی و مواضع ایرانیان، در مقابل فرهنگ مهاجم"، فرهنگ و توسعه سال چهارم شماره ۲۱، ص ۴۱-۳۷

طباطبایی، سیدجواد (۱۳۷۲)، "تجدد، عقلانیت و توسعه"، فرهنگ و توسعه شماره ۵ ص ۴۱-۳۶

عبد خدا، محمد، احمدی، هیوا، حسینی، مریم، پریخانی، فاطمه، فرهادی، اسماعیل (۱۳۹۲)، بررسی عوامل پذیرش فناوری اطلاعات توسط کارکنان بخش مدارک پزشکی بر اساس مدل پذیرش فناوری در بیمارستان‌های علوم پزشکی تهران، مجله پژوهشی بیاورد سلامت دوره ۷ شماره ۴

علی کارگر زنجانی، شهروند محوری در مدیریت دولتی امروز، ۱۳۹۴

موحدی، مسعود (۱۳۸۲)، "طراحی و تبیین مدلی برای تحلیل موانع فرهنگی استقرار تجارت الکترونیک در سازمان های صنعتی برتر ایران"، پایان نامه مدیریت، دانشکده مدیریت و دانشگاه تهران.

موحدی، مسعود (۱۳۸۳)، "تعیین ویژگی های فرهنگ ملی- اسلامی" دبیرخانه شورای عالی انقلاب فرهنگی

مورین ورنرجی و جیمز دبلیو تا فکارد (۱۳۸۱) نظریه های ارتباطات ترجمه علیرضا دهقان موسسه چاپ و انتشارات دانشگاه تهران، ص ۳۲ و ۳۱۲

هدایتی سید هاشم رساله دکترا (ارائه مدل تدوین استراتژی مبتنی بر فرهنگ- مورد ایران) موسسه عالی آموزش و پژوهش مدیریت و برنامه‌ریزی، تهران، تیر ماه ۱۳۸۵

منابع لاتین

Ajzen, I. and M. Fishbein (1970). "The prediction of behavior from attitudinal and normative variables." Journal of experimental social psychology 6(4): 466-487.

Abdelghaffar, H. (2012). "Adoption of Mobile Government Services in Developing countries." The German university in Cairo Egypt.

Abrahamson, E. and L. Rosenkopf (1993). "Institutional and competitive bandwagons: Using mathematical modeling as a tool to explore innovation diffusion." Academy of management review 18(3): 487-517.

Ajzen, I. (1985). From intentions to actions: A theory of planned behavior, Springer.

Ajzen, I. (1991). "The theory of planned behavior." Organizational behavior and human decision processes 50(2): 179-211.

Ajzen, I. and T. J. Madden (1986). "Prediction of goal-directed behavior: Attitudes, intentions, and perceived behavioral control." Journal of experimental social psychology 22(5): 453-474.

Akour, I. (2006). Factors influencing faculty computer Literacy and use in Jordan: A multivariate analysis, Louisiana Technical University.

Al Hujran, O., et al. (2013). "Factors influencing citizen adoption of e-government in developing countries: The case of Jordan." International Journal of Technology and Human Interaction (IJTHI) 9(2): 1-19.

Al Thunibat, A., et al. (2011). "Identifying user requirements of mobile government services in Malaysia using focus group method." Journal of e-Government Studies and Best Practices 2011: 1-14.

AlAwadhi, S. and A. Morris (2008). The Use of the UTAUT Model in the Adoption of E-government Services in Kuwait. Hawaii International Conference on System Sciences, Proceedings of the 41st Annual, IEEE.

Albarracin, D., et al. (2001). "Theories of reasoned action and planned behavior as models of condom use: a meta-analysis." Psychological bulletin 127(1): 142.

Al-Hadidi, A. and Y. Rezgui (2010). Adoption and diffusion of m-Government: Challenges and Future Directions for Research. Collaborative Networks for a Sustainable World, Springer: 88-94.

Alharbi, S. J. (2006). Perceptions of Faculty and Students toward the Obstacles of Implementing E-Government in Educational Institutions in Saudi Arabia, West Virginia University.

Al-Hujran, O., et al. (2011). "The role of national culture on citizen adoption of eGovernment services: an empirical study." Electronic journal of e-government 9(2): 93-106.

Al-Jabri, I. M. and M. S. Sohail (2012). "Mobile banking adoption: application of diffusion of innovation theory." Journal of Electronic Commerce Research 13(4): 379-391.

Al-Sobhi, F., et al. (2009). "Current state of e-services in Saudi Arabia: the case of intermediaries in facilitating government services in Madinah city".

Amailef, K. and J. Lu (2013). "Ontology-supported case-based reasoning approach for intelligent m-Government emergency response services." Decision Support Systems 55(1): 79-97.

Amoroso, D. L. and M. Ogawa (2011). "Japan's Model of Mobile Ecosystem Success: The Case of NTT DoCoMo." Journal of Emerging Knowledge on Emerging Markets 3(1): 27.

Andersen, K. V. and H. Z. Henriksen (2006). "E-government maturity models: Extension of the Layne and Lee model." Government Information Quarterly 23(2): 236-248.

Arazyan, H. (2002). "M-government: Definition and perspectives." web: http://www. developmentgateway. org/download/143909/mGov_Interview_2. doc, accessed 17: 2004.

Basha, J. C. (2011). Social media, public relations, Mount Saint Vincent University.

bdelghaffar, H. and Y. Magdy (2012). "The adoption of mobile government services in developing countries: The case of Egypt." International Journal of Information 2(4): 333-341.

Boufeas, G., et al. (2004). "Business Plans For The Development Of E-Government In Greece: An Appraisal." UNTC Occasional Papers(5).

Balaji, T., et al. (2005). "A carrier's perspective on creating a mobile multimedia service." Communications of the ACM 48(7): 49-53.

Balasubramanian, S., et al. (2002). "Exploring the implications of m-commerce for markets and marketing." Journal of the academy of Marketing Science 30(4): 348-361.

Baldry, S., et al. (2014). The rise of OTT players: What is the appropriate regulatory response? 25th European Regional ITS Conference, Brussels 2014, International Telecommunications Society (ITS.(

Banerjee, P. and P. Y. Chau (2004). "An evaluative framework for analysing e-government convergence capability in developing countries." Electronic Government, an International Journal 1(1): 29-48.

Basole, R. C. (2009). "Visualization of interfirm relations in a converging mobile ecosystem." Journal of Information Technology 24(2): 144-159.

Basole, R. C. and W. B. Rouse (2008). "Complexity of service value networks: conceptualization and empirical investigation." IBM systems journal 47(1): 53-70.

Barnes, S. J. (2002). "Wireless digital advertising: nature and implications." International journal of advertising 21(3): 399-420.

Barros, A. P. and M. Dumas (2006). "The rise of web service ecosystems." IT professional(5): 31-37.

Bauer, J. M. "Governing the Mobile Broadband Ecosystem."

Bearman, 1977, "Generalized Exchange" "American Journal of Sociology" 102 (5) 1383-1415

Becker, M. (2005). "Unfolding of the Mobile Marketing Ecosystem: A Growing Strategic Network." Research Update of the Global Mobile Marketing Association 11.

Bertot, J. C., et al. (2010). "Using ICTs to create a culture of transparency: E-government and social media as openness and anti-corruption tools for societies." Government Information Quarterly 27(3): 264-271.

Balaji, T., et al. (2005). "A carrier's perspective on creating a mobile multimedia service." Communications of the ACM 48(7): 49-53.

Boneva, B. and R. Kraut (2002). "Email, gender, and personal relationships." The Internet in everyday life 372: 403.

Bailey, J. P. and Y. Bakos (1997). "An exploratory study of the emerging role of electronic intermediaries." International Journal of Electronic Commerce: 7-20.

Cameron, B. and E. F. Crawley (2007). Architecting value: the implications of benefit network models for NASA exploration. American Institute of Aeronautics and Astronautics, SPACE 2007 Conference & Exposition.

Cameron, B. G., et al. (2008). "Value flow mapping: Using networks to inform stakeholder analysis." Acta Astronautica 62(4): 324-333.

Cardoso, J., et al. (2010). Towards a unified service description language for the internet of services: Requirements and first developments. Services Computing (SCC), 2010 IEEE International Conference on, IEEE.

Carroll, J. (2006). "'What's in It for Me?': Taking M-Government to the People."

Carroll, J. H. and S. Howard S., Vetere, F., Peck, J. and Murphy, J.(2002). Just what do the youth of today want? Technology appropriation by young people. Proceedings of the 35th Annual Hawaii International Conference on System Sciences.

Carroll, J. (2005). Risky Business: Will Citizens Accept M-government in the Long Term?'. Euro mGov.

Carter, L. and F. Bélanger (2005). "The utilization of e-government services: citizen trust, innovation and acceptance factors*." Information systems journal 15(1): 5-25.

Carley, K. (1991). "A theory of group stability." American Sociological Review: 331-354.

Cameron, B.G (2007). Value Network Modeling: A Quantitative Method for Comparing Benefit across Exploration Architectures Masters Thesis, Engineering systems Division Cambrige MA: Massachusetts Institvte of Technology

Chang, M. K. and W. Cheung (2001). "Determinants of the intention to use Internet/WWW at work: a confirmatory study." Information & Management 39(1): 1-14.

Chavis , D. M. (1990). "report on the feasibility of a community development support system center for community education new brunswick".

Chavis, D. M., et al. (1993). ",,Nurturing Grassroots Initiatives for Community Development: The Role of Enabling Systems"." T. Mizrahi and J. Morrison, eds. Community Organization and Social Administration: Advances, Trends and Emerging Principles: 41-47.

Chesbrough, H. W. (2006). Open innovation: The new imperative for creating and profiting from technology, Harvard Business Press.

Colclough, G. (2007). "The user challenge benchmarking the supply of online public services-7th measurement." European Commission Directorate General for Information Society and Media.

Coleman, J. S, 1990, Foundations of social Theory, Cambridge, Harvard university press

Cook, K. S, 2000, "Charting Futures for sociology: structure and Action contemporary sociology, 29: 685- 692

Cooper, R. B. and R. W. Zmud (1990). "Information technology implementation research: a technological diffusion approach." Management science 36(2): 123-139.

Co-operation, O. f. E. and Development (2011). M-Government: Mobile Technologies for Responsive Governments and Connected Societies, OECD Publishing.

Coursaris, C., et al. (2011). "Mobile technology and the value chain: Participants, activities and value creation." Operations Management: A Modern Approach: 222.

Crisan, A. (2014). "IMPACT OF NATIONAL CULTURE ON QUALITY OF GOVERNANCE DEVELOPMENT: THE ROMANIAN REALITY."

Cropanzano, R, and M. S. Mitchel, 2005, "Social Exchange Theory An Interdisciplinary Review", Journal of Management 31 (6): 874-900

Chesbrough, H. (2013). Open business models: How to thrive in the new innovation landscape, Harvard Business Press.

Chesbrough, H. W. (2003). Open innovation: The new imperative for creating and profiting from technology, Harvard Business Press.

Dadayan, L. and E. Ferro (2005). When technology meets the mind: A comparative study of the technology acceptance model. Electronic Government, Springer: 137-144.

Dalziel, M. (2005). Asymmetric interfirm relations. Proceedings of the DRUID 10th Anniversary Summer Conference

Davis, F. D. (1989). "Perceived usefulness, perceived ease of use, and user acceptance of information technology." MIS quarterly: 319-340.

Davis, F. D. (1993). "User acceptance of information technology: system characteristics, user perceptions and behavioral impacts." International journal of man-machine studies 38(3): 475-487.

Davis, F. D., et al. (1989). "User acceptance of computer technology: a comparison of two theoretical models." Management science 35(8): 982-1003.

Dekker, A. H. and B. D. Colbert (2004). Network robustness and graph topology. Proceedings of the 27th Australasian conference on Computer science-Volume 26, Australian Computer Society, Inc.

de Reuver, M., et al. (2013). "From eParticipation to mobile participation: Designing a service platform and business model for mobile participation." Information Polity 18(1): 57-73.

Deep, M. K. and G. Sahoo (2011). "m-Governance for better G2C service." Journal of Internet Banking and Commerce 16(1): 1.

den Hartigh, E. and T. van Asseldonk (2004). Business ecosystems: A research framework for investigating the relation between network structure, firm strategy, and the pattern of innovation diffusion. ECCON 2004 Annual Meeting: Co-Jumping on a Trampoline, The Netherlands.

de weck, O.L.D, Roose and C.L. Magee (2011), Engineering systems Meeting Human needs in a Complex Technological World Cambridge, M, A. MIT Press

DeLone, W. H. and E. R. McLean (1992). "Information systems success: The quest for the dependent variable." Information systems research 3(1): 60-95.

Dhanaraj, C. and A. Parkhe (2006). "Orchestrating innovation networks." Academy of Management Review 31(3): 659-669.

Dittrich, K. and G. Duysters (2007). "Networking as a means to strategy change: the case of open innovation in mobile telephony." Journal of Product Innovation Management 24(6): 510-521.

Dombrowski, L., et al. (2014). "E-government intermediaries and the challenges of access and trust." ACM Transactions on Computer-Human Interaction (TOCHI) 21(2): 13.

Donaldson, T. and L. E. Preston (1995). "The stakeholder theory of the corporation: Concepts, evidence, and implications." Academy of Management Review 20(1): 65-91.

Doty, P. and S. Erdelez (2002). "Information micro-practices in Texas rural courts: Methods and issues for e-government." Government Information Quarterly 19(4): 369-387.

Dwivedi, Y. K., et al. (2011). "Reflecting on e-government research: toward a taxonomy of theories and theoretical constructs." International Journal of Electronic Government Research 7(4): 64-88.

Earley, P. C. (1994). "Self or group? Cultural effects of training on self-efficacy and performance." Administrative Science Quarterly: 89-117.

El Kiki, T. and E. Lawrence (2006). Government as a mobile enterprise: real-time, ubiquitous government. Information Technology: New Generations, 2006. ITNG 2006. Third International Conference on, IEEE.

Eisenmann, T., et al. (2006). "Strategies for two-sided markets." Harvard Business Review 84(10): 92.

Emmanouilidou, M. and D. Kreps (2010). "A framework for accessible m-government implementation." Electronic Government, an International Journal 7(3): 252-269.

Emerson, R, M, (1976), "Social, Exchange Theory" Annual Review in Sociology 2:335-362

Eom, S.-J. and J. H. Kim (2014). "The adoption of public smartphone applications in Korea: Empirical analysis on maturity level and influential factors." Government information quarterly 31: S26-S36.

Erumban, A. A. and S. B. De Jong (2006). "Cross-country differences in ICT adoption: A consequence of Culture?" journal of world business 41(4): 302-314.

Evans, D. S. and R. Schmalensee (2007). Catalyst code: the strategies behind the world's most dynamic companies, Harvard Business School Press.

Feng, W.& Crawly, E.F, (2008) Stakeholder Valve Network Analysis for Large oil and Gas Projects, Research Report Engineering System Division Cambridge, MA, Massachusetts Institute of Technology

Fishbein, M. and I. Ajzen (1975). Belief, attitude, intention and behavior: An introduction to theory and research.

Foteinov, G. (2011). "E-government Adoption in the Eu: Theoretical and Methodological and Methodological Challenges in the study of the Digital Divide."

Fountain, J. E. (2004). Building the virtual state: Information technology and institutional change, Brookings Institution Press.

Freeman, R. E. (2010). Strategic management: A stakeholder approach, Cambridge University Press.

Freeman, R.E. (1984). Strategic Management; A Stakeholder App roach Boston; Pitman.

Gao, S., et al. (2008). Mobile services acceptance model. Convergence and Hybrid Information Technology, 2008. ICHIT'08. International Conference on, IEEE.

Garrett, J. J. (2010). Elements of user experience, the: user-centered design for the web and beyond, Pearson Education.

Gellman, R. (1996). "Disintermediation and the Internet." Government information quarterly 13(1): 1-8.

Gefen, D. and D. W. Straub (1997). "Gender differences in the perception and use of e-mail: An extension to the technology acceptance model." MIS quarterly: 389-400.

Gilbert, D., et al. (2004). "Barriers and benefits in the adoption of e-government." International Journal of Public Sector Management 17(4): 286-301.

Goyal, E. and S. Purohit (2012). "Emergence of m-Government-The way forward." SIES Journal of Management 8(1): 56.

Gupta, B., et al. (2008). "Adoption of ICT in a government organization in a developing country: An empirical study." The Journal of Strategic Information Systems 17(2): 140-154.

Hagel, J., et al. (2008). "Shaping strategy in a world of constant disruption." Harvard Business Review 86(10): 80-89.

Hagiu, A. and J. Wright (2015). "Multi-sided platforms." International Journal of Industrial Organization.

Hamilton, J. (2004). All the news that's fit to sell: How the market transforms information into news, Princeton University Press.

Harrison, J. S. D, A, Boss and R.A Phillips (2010), "Managing for Stakeholders, Stakeholder utility Functions and Competitive Advantage" Strategic Management Journal" 31: 58-79

Haddon, L. (2003). "Domestication and mobile telephony." Machines that become us: The social context of personal communication technology: 43-55.

Halchin, L. E. (2004). "Electronic government: Government capability and terrorist resource." Government Information Quarterly 21(4): 406-419.

Hamner, M. and F. Al-Qahtani (2009). "Enhancing the case for Electronic Government in developing nations: A people-centric study focused in Saudi Arabia." Government Information Quarterly 26(1): 137-143.

Heeks, R. and S. Bhatnagar (1999). "Understanding success and failure in information age reform." Reinventing government in the information age: International practice in IT-enabled public sector reform. London: Routledge: 49-75.

Heeks, R. (2001). "Building E-Governance for Development: a Framework for National Donor Action (eGovernment Working Paper, No 12)." IDPM. UK: University of Manchester.

Hearn, G. and C. Pace (2006). "Value-creating ecologies: understanding next generation business systems." Foresight 8(1): 55-65.

Heck, E. v. and P. Vervest (2007). "Smart business networks: how the network wins." Communications of the ACM 50(6): 28-37.

Heintzman, R, (2010), The employee Engagement- Client Satisfaction Link Retrieved from: http://www. Itincanada.ca

Herbig, P. and S. Dunphy (1998). "Culture and innovation." Cross Cultural Management: An International Journal 5(4): 13-21.

Hernon, P. (1998). "Government on the web: A comparison between the United States and New Zealand." Government Information Quarterly 15(4): 419-443.

Hofstede, G., et al. (2010). Cultures et organisations: Nos programmations mentales, Pearson Education France.

Howard, A. (2010). The story of BrightScope: Data drives the innovation economy, O'Reilly Radar.

Hsbollah, H. M., et al. (2012). A network analysis of IT governance practices: a case study of an IT centralisation project. ACIS 2012: Location, location, location: Proceedings of the 23rd Australasian Conference on Information Systems 2012, ACIS.

Iansiti, M. and R. Levien (2002). "Keystones and dominators: Framing the operational dynamics of business ecosystems." Boston, Estados Unidos.

Iansiti, M. and R. Levien (2004). "The keystone advantage." Harvard Business School Press, Boston.

Icek, A. (1991). "The Theory of Planned Behavior, Organizational Behavior and Human Decision Processes, Vol. 50." University of Massachusetts, Amherst.

Iccs symposium on public sector service Value chain Research and Implementation, Toronto, May 26, 2010, Institute for citizen- centred service

Ingrams, A. (2015). "Mobile phones, smartphones, and the transformation of civic behavior through mobile information and connectivity." Government information quarterly.

Iyer, B., et al. (2006). "Managing in a small world ecosystem: Some lessons from the software sector." California Management Review 48(3): 28-47

Jaeger, P. T., et al. (2007). "Community response grids: E-government, social networks, and effective emergency management." Telecommunications Policy 31(10): 592-604.

Jansen, S., et al. (2013). "Business network management as a survival." Software Ecosystems: Analyzing and Managing Business Networks in the Software Industry: 29.

Janssen, M. and B. Klievink (2009). "The role of intermediaries in multi-channel service delivery strategies." International Journal of Electronic Government Research (IJEGR) 5(3): 36-46.

Karlsen, M., et al. (2001). "Useful, cheap and fun: A survey of teenagers demands for mobile telephony." Telenor FoU,, Grimstad.

Kalakota, R., et al. (2002). M-Business: the race to mobility, McGraw-Hill New York, NY.

Keller, R, (2007), Predicting Change propagation: Algorithms Representations Software Tools, PHD Thesis; wolfson College. Cambridge university Engineering Department, United kingdom

Klein, S. and A. Poulymenakou (2006). Managing dynamic networks, Springer.

Kobberling, V, 2006, "Strength of preference and cardinal utility" Economic Theory 27 (2): 375-391

Korpelainen, E. (2011). "Theories of ICT System Implementation and Adoption–A Critical."

Kuniavsky, M. (2003). Observing the user experience: a practitioner's guide to user research, Morgan kaufmann.

Kushchu, I. and H. Kuscu (2003). From E-government to M-government: Facing the Inevitable. the 3rd European Conference on e-Government, MCIL Trinity College Dublin Ireland.

Kuniavsky, M. (2003). Observing the user experience: a practitioner's guide to user research, Morgan kaufmann.

Lallana, E. (2004). "mGovernment: Mobile/Wireless Applications in Government." eGovernment for Development 2005.

Lanwin, B. (2002). "A project of info dev and The Center for Democracy & Technology: The e-government handbook for developing countries." Retrieved February 15: 2004.

Layne, K. and J. Lee (2001). "Developing fully functional E-government: A four stage model." Government Information Quarterly 18(2): 122-136.

Iansiti, M. and R. Levien (2004). The keystone advantage: what the new dynamics of business ecosystems mean for strategy, innovation, and sustainability, Harvard Business Press.

Lee, S. M. and S. J. Peterson (2001). "Culture, entrepreneurial orientation, and global competitiveness." journal of world business 35(4): 401-416.

Leidner, D. E. and T. Kayworth (2006). "Review: a review of culture in information systems research: toward a theory of information technology culture conflict." MIS quarterly 30(2): 357-399.

Lenk, K. and R. Traunmuller (2001). "Broadening the concept of electronic government." LAW AND ELECTRONIC COMMERCE 12: 63-74.

Leung, L. and R. Wei (1998). "The gratifications of pager use: sociability, information-seeking, entertainment, utility, and fashion and status." Telematics and Informatics 15(4): 253-264.

Leung, L. and R. Wei (2000). "More than just talk on the move: Uses and gratifications of the cellular phone." Journalism & Mass Communication Quarterly 77(2): 308-320.

Li, F. and R. Steveson (2002). Implementing E-Government strategy in Scotland: current situation and emerging issues. 2nd European conference on e-government, Oxford, UK.

Lindernann, U, Maurer, M, et al (2008) Deduction of indirect dependecies in structural complexity Management Berlin/ Heidelbery Springer

Linders, D. (2012). "From e-government to we-government: Defining a typology for citizen coproduction in the age of social media." Government Information Quarterly 29(4): 446-454.

Lucea, R, (2007). Cross- Boarder non- market Environment; a Multi- relational approach (in Essays on Global Non-market Strategy) PHD Thesis, sloan School of Management Cambrige, MA; Massachusetts Institute of Technology madanmohan, R. (2012). "Mobile southeast Asia report 2012." Mobile Monday.

Mahon, L.F, Heugens P.P.M.A.R. et al (2003) Social Networks and non- Market Strategy journal of public Affairs 412, 170-189

Maitland, C. F., et al. (2002). "The European market for mobile data: evolving value chains and industry structures." Telecommunications Policy 26(9): 485-504.

Maumbe, B. M. and V. Owei (2006). "Bringing M-government to South African citizens: Policy framework, delivery challenges and opportunities." Cape Town.

Means, G. and D. Schneider (2000). "Meta-capitalism." The e-business revolution and the design of 21st-century companies and markets.

Merholz, P. (2007). Peter in Conversation with Don Norman About UX & Innovation. Adaptive Path's UX Week 2008 conference.

Miles, S. (2011). Stakeholder definitions: Profusion and confusion. EIASM 1 st interdisciplinary conference on stakeholder, resources and value creation, IESE Business School, University of Navarra, Barcelona.

Miles, S. (2012). "Stakeholder: Essentially contested or just confused?" Journal of business ethics 108(3): 285-298.

Mintzberg, H. (1976). Planning on the left side and managing on the right, Harvard Business Review July-August.

Mirandilla, M. G. P. (2008). Promoting e-Government in the Context of New Public Management: The Case of the Local Government of Cebu, Philippines. Philippines (December 6, 2008). 3rd Communication Policy Research: South Conference, Beijing, China.

Miles, S. (2012). "Stakeholder: essentially contested or just confused?" Journal of Business Ethics 108: 285-298.

Misuraca, G., et al. (2006). "Governance with and of ICTs: the need for new institutional design in a changing world." egov magazine 2(5): 36-39.

Misuraca, G. C. (2009). "e-Government 2015: exploring m-government scenarios, between ICT-driven experiments and citizen-centric implications." Technology Analysis & Strategic Management 21(3): 407-424.

Mitchell, R. K., et al. (1997). "Toward a theory of stakeholder identification and salience: Defining the principle of who and what really counts." Academy of Management Review 22(4): 853-886.

Moghadam, A. H. and P. Assar (2008). "The relationship between national culture and e-adoption: A case study of Iran." American Journal of Applied Sciences 5(4): 369-377.

Möller, K. and A. Rajala (2007). "Rise of strategic nets—New modes of value creation." Industrial marketing management 36(7): 895-908.

Moore, J. F. (1996). The death of competition: leadership and strategy in the age of business ecosystems, HarperBusiness New York.

Moscati, Ivan, 2012, "How cardinal utility Entered Economic Analysis During the ordinal revolution" working paper Facolta di Economia uniuersita Dell'Insubria

Myers, M. D. and F. B. Tan (2003). "Beyond models of national culture in information systems research." Advanced topics in global information management 2: 14-29.

Namazie, P. (2003). "Factors affecting the transferability of HRM practices in joint ventures based in Iran." Career Development International 8(7): 357-366.

Nazarian, A. (2012). Change in scores of National Culture Dimensions in Iran by using individual level of measures. Brunel Business School—Doctoral Symposium, 27th & 28th.

Nazaripoori, et al. (2014). "Updating dimensions of Iran Culture according to hofstede's Model." Journal of management and Sciences Vol 3.

Nchise, A. (2012). "An Empirical Analysis of the Theory of Planned Behavior." eJournal of eDemocracy & Open Government 4(2).

Nguyen Tien, et al. (2015). "IBM MobileFrist in Action for mGovernment and Citizen Mobile Services." IBM redbook.

Norman, D., et al. (1995). What you see, some of what's in the future, and how we go about doing it: HI at Apple Computer. Conference companion on Human factors in computing systems, ACM.

Ntaliani, M., et al. (2008). "Mobile government: A challenge for agriculture." Government Information Quarterly 25(4): 699-716.

Peltoniemi, M. (2006). "Preliminary theoretical framework for the study of business ecosystems." Emergence: Complexity & Organization 8(1).

Peppard, J. and A. Rylander (2006). "From value chain to value network:: Insights for mobile operators." European Management Journal 24(2): 128-141.

Phillips, R. (2003). Stakeholder theory and organizational ethics, Berrett-Koehler Publishers.

Power, T. and G. Jerjian (2001). Ecosystem: Living the 12 principles of networked business, Financial Times Management.

Ramayah, T., et al. (2009). "Applying the Theory of Planned Behavior (TPB) to Predict Internet Tax Filing Intentions." International Journal of Management 26(2).

Rana, N. P., et al. (2012). Evaluating suitability of alternative theoretical paradigm for examining citizen adoption of e-government. tGov Workshop 2012.

Rask, M. og Dholakia, N.(2001). Next to the customer's hart and wallet: Frameworks for exploring the emerging m-commerce arena. AMA Winter Marketing Educator's Conference.

Rao, A. (2007). "Technology acceptance model for complex technologies in a period of rapid catching-up." Available at SSRN 1016012.

Reuter, J. and E. Zitzewitz (2005). "Do ads influence editors? Advertising and bias in the financial media." Advertising and Bias in the Financial Media (August 17, 2005). AFA.

Riedl, C., et al. (2009). A framework for analysing service ecosystem capabilities to innovate. Proceedings of 17th European Conference on Information Systems.

Rogers, E. M. (2010). Diffusion of innovations, Simon and Schuster.

Rogers, E. M. (2010). Diffusion of innovations, Simon and Schuster.

Rogers, E. M. (2002). "Diffusion of preventive innovations." Addictive behaviors 27(6): 989-993.

Ronaghan, S. A. (2002). Benchmarking e-government: A global perspective: assessing the progress of the UN member states, United Nations Division for Public Economics and Public Administration; American Society for Public Administration.

Rowley, T, J, (1997), Moving begond Dyadic Ties; A Network Theory of stakeholder Influences Academy of Management Review 22 (4); 887-910

Sandoval-Almazan, R. and J. R. Gil-Garcia (2012). "Are government internet portals evolving towards more interaction, participation, and collaboration? Revisiting the rhetoric of e-government among municipalities." Government Information Quarterly 29: S72-S81.

Schein, E. H. (1984). "Coming to a new awareness of organizational culture." Sloan management review 25(2): 3-16.

Scavo, C. and Y. Shi (2000). "Public Administration The Role of Information Technology in the Reinventing Government ParadigmŠNormative Predicates and Practical Challenges." Social Science Computer Review 18(2): 166-178.

Shah, S an S. Levine, 2003, "Towardsa Theory of Large- scale generalized Exchange" the Annual Meeting of the American Sociological Association Atlanta, GA

Smarkola, C. (2008). "Efficacy of a planned behavior model: Beliefs that contribute to computer usage intentions of student teachers and experienced teachers." Computers in Human Behavior 24(3): 1196-1215.

Song, G. and T. Cornford (2006). Mobile government: Towards a service paradigm. Proceedings of the 2nd International Conference on e-Government, University of Pittsburgh, USA.

Srite, M. (1999). "The influence of national culture on the acceptance and use of information technologies: An empirical study." AMCIS 1999 Proceedings: 355.

Srite, M., et al. (2008). "Does within-culture variation matter? An empirical study of computer usage." Journal of Global Information Management 16(1): 1.

Stoltzfus, K. (2005). Motivations for implementing e-government: an investigation of the global phenomenon. Proceedings of the 2005 national conference on Digital government research, Digital Government Society of North America.

Straub, D., et al. (1997). "Testing the technology acceptance model across cultures: A three country study." Information & Management 33(1): 1-11.

Straub, D. W. (1994). "The Effect of Culture on IT Diffusion: E-Mail and FAX in Japan and the US." Information systems research 5(1): 23-47.

Susanto, T. D. and R. Goodwin (2010). "Factors Influencing Citizen Adoption of SMS-based eGovernment Services." Electronic journal of e-government 8(1): 55-71.

Sutherland, T. A. (2009). Stakeholder value network analysis for space-based earth observations, Massachusetts Institute of Technology.

Tat-Kei Ho, A. (2002). "Reinventing local governments and the e-government initiative." Public administration review 62(4): 434-444.

Tambouris, E., et al. (2001). "Investigation of electronic government."

Takahashi, N, 2000, "The emergence of generalized Exchange" American Journal of Sociology 105 (4); 1105-1134

Tansley, A. G. (1935). "The use and abuse of vegetational concepts and terms." Ecology 16(3): 284-307.

Taylor, A. S. and R. Harper (2001). Talking activity: young people and mobile phones. CHI 2001 Workshop on mobile communications, March.

Thompson, R. L., et al. (1991). "Personal computing: toward a conceptual model of utilization." MIS quarterly: 125-143.

Titah, R. and H. Barki (2008). "E-Government Adoption and Acceptance: A literature review and research framework." E-Government Research: Policy and Management.

Tilson, D. and K. Lyytinen (2005). "Making broadband wireless services: An actor-network study of the US wireless industry standard adoption."

Tilson, D. and K. Lyytinen (2006). "The 3G transition: changes in the US wireless industry." Telecommunications Policy 30(10): 569-586.

Triandis, H. C. (2001). "Individualism-collectivism and personality." Journal of personality 69(6): 907-924.

Triandis, H. C. (1979). Values, attitudes, and interpersonal behavior. Nebraska symposium on motivation, University of Nebraska Press.

Trimi, S. and H. Sheng (2008). "Emerging trends in M-government." Communications of the ACM 51(5): 53-58.

Tolbert, C. J. and K. Mossberger (2006). "The Effects of E-Government on Trust and Confidence in Government." Public Administration Review 66(3): 354-369.

Twati, J. M. (2006). Societal and organisational culture and the adoption of management information systems in Arab countries, Griffith Business School Brisbane, Australia.

Valdés, G., et al. (2011). "Conception, development and implementation of an e-Government maturity model in public agencies." Government Information Quarterly 28(2): 176-187.

Venkatesh, V., et al. (2003). "User acceptance of information technology: Toward a unified view." MIS quarterly: 425-478.

Vincent, J. and L. Harris (2008). "Effective Use of Mobile Communications in E-Government: How do we reach the tipping point?" Information, Community and Society 11(3): 395-413.

Vogel, D. (2014). "Mobile Government: How to Improve Fairness in Public Administration Management."

Wangpipatwong, S., et al. (2008). "Understanding citizen's continuance intention to use e-government website: A composite view of technology acceptance model and computer self-efficacy." The electronic journal of e-government 6(1): 55-64.

Warkentin, M., et al. (2002). "Encouraging citizen adoption of e-government by building trust." Electronic markets 12(3): 157-162.

wen Feng, 2013, "Strategic Management For Large engineering Projects, The Stakeholder Value network approach Massachusetts institute of technology Joun, 2013

White, C. (2005). "The relationship between cultural values and individual work values in the hospitality industry." International Journal of Tourism Research 7(4-5): 221-229.

Wicks, A. C. and J. S Harrison (2013) "Stakeholder Theory Value and Firm Performance" Business Ethics Quarterly 23 (1): 97-124.

Winch, G, M, (2004), "Managing Project Stakeholders" P. W-G Morris and J. K. Pinto the wiley Guide to Managing Projects Hoboken NJ; John wiley & Sons 321-339.

Wu, H., et al. (2009). "User aspects of electronic and mobile government: results from a review of current research." Electronic Government, an International Journal 6(3): 233-251.

YAGHOUBI, N. and R. Shakeri (2008). "ANALYTICAL COMPARISON OF TECHNOLOGY ACCEPTANCE MODELS WITH EMPHASIS ON INTERNET BANKING ADOPTION."

Yuan, Y., et al. (2010). "Identifying the ideal fit between mobile work and mobile work support." Information & Management 47(3): 125-137.

Zafirovski, M, 2005,"Social Exchange Theory under security A Positive Critique of a ite Economic- Behaviorist Formulations" Electronic Journal of Sociology: 1-40

Zhou, T. (2013). "An empirical examination of continuance intention of mobile payment services." Decision Support Systems 54(2): 1085-1091.

پیوست‌ها:

"پیوست ۱"

بسم الله الرحمن الرحیم

با سلام؛

فرهیخته گرامی همانگونه که مستحضرید با توسعه و افزایش ضریب نفوذ تلفن همراه رویکرد جدیدی جهت ارائه خدمات بهتر به شهروندان از طرف دولت‌ها با نام دولت همراه مطرح و در دست اقدام می‌باشد.

در این راستا و در ارتباط با اکوسیستم دولت همراه و عوامل موثر بر آن و پیاده‌سازی دولت همراه فعالیت پژوهشی آغاز شده است و بدین منظور از شما به‌عنوان یکی از خبرگان و صاحب نظران این حوزه تقاضا دارد با پاسخگویی دقیق به پرسشنامه پیوست ما را در این امر یاری فرمائید. از همکاری که معمول خواهید فرمود کمال تشکر را دارد.

مشخصات فردی:

جنسیت: زن ☐ مرد ☐   **تحصیلات:** کارشناسی ☐   کارشناسی ارشد و بالاتر ☐   **تخصص:** فنی ☐ غیر فنی ☐

سابقه کار: کمتر از ۵ سال ☐   بیش از ۵ سال ☐   بین ۵ تا ۱۰ سال ☐   بیش از ۱۰ سال ☐

"پیوست ۲"

بازیگران و عوامل موثر در دولت همراه

ردیف	عامل	میزان تاثیر	خیلی کم	کم	تا حدی	زیاد	خیلی زیاد
۱	گوشی‌های معمولی						
۲	گوشی‌های هوشمند						
۳	اپراتورهای تلفن همراه						
۴	رایانش ابری						
۵	تولیدکنندگان محتوا						
۶	سازمان‌های دولتی و نهادهای عمومی						
۷	بانک‌ها و بخش‌های بازرگانی						
۸	سیستم‌های اعتباری و کارت‌های هوشمند						
۹	تبلیغات و تبلیغ‌کنندگان						
۱۰	تنظیم مقررات و استانداردها						
۱۱	واسطه‌های بین دولت و مردم (بیمه‌ها و...)						
۱۲	رویکردهای جدید در سرویس OTT, Mobile web						
۱۳	پلتفرم و ارائه‌دهندگان پلتفرم						
۱۴	تکنولوژی						
۱۵	نوآوری، نوآوران						
۱۶	جنسیت کاربران (زن- مرد)						
۱۷	میزان تحصیلات کاربران						
۱۸	سن کاربران						
۱۹	تجربه کاربران در بکارگیری انواع APP						
۲۰	سادگی کاربرد						
۲۱	امنیت و رعایت حریم خصوصی						
۲۲	اعتماد						
۲۳	نقش دولت الکترونیک و آمادگی الکترونیک						
۲۴	میزان پذیرش کاربران						
۲۵	زیرساخت‌های حقوقی						
۲۶	زیرساخت‌های ارتباطی						
۲۷	فرهنگ						
۲۸	سیاست‌های کلان ملی						
۲۹	موقعیت جغرافیایی						

"پیوست ۳"

بازیگران و عوامل موثر در دولت همراه

بازیگران	عامل	ردیف
صنعت ICT	گوشی‌های معمولی	۱
صنعت ICT	گوشی‌های هوشمند	۲
صنعت ICT	اپراتورهای تلفن همراه	۳
صنعت ICT	رایانش ابری	۴
صنعت ICT	تولیدکنندگان محتوا	۵
دولت و ارائه‌دهندگان خدمات	سازمان‌های دولتی و نهادهای عمومی	۶
دولت و ارائه‌دهندگان خدمات	بانک‌ها و بخش‌های بازرگانی	۷
دولت و ارائه‌دهندگان خدمات	سیستم‌های اعتباری و کارت‌های هوشمند	۸
بازیگران جدید	تبلیغات و تبلیغ کنندگان	۹
دولت و ارائه‌دهندگان خدمات	تنظیم مقررات و استانداردها	۱۰
بازیگران جدید	واسطه‌های بین دولت و مردم (بیمه‌ها و...)	۱۱
بازیگران جدید	رویکردهای جدید در سرویس OTT, Mobile web	۱۲
صنعت ICT	پلتفرم و ارائه‌دهندگان پلتفرم	۱۳
صنعت ICT	تکنولوژی	۱۴
بازیگران جدید	نوآوری، نوآوران	۱۵
پذیرش- کاربران	جنسیت کاربران (زن- مرد)	۱۶
پذیرش- کاربران	میزان تحصیلات کاربران	۱۷
پذیرش- کاربران	سن کاربران	۱۸
پذیرش- کاربران	تجربه کاربران در بکارگیری انواع APP	۱۹
پذیرش- کاربران	سادگی کاربرد	۲۰
پذیرش- کاربران	امنیت و رعایت حریم خصوصی	۲۱
پذیرش- کاربران	اعتماد	۲۲
دولت	نقش دولت الکترونیک و آمادگی الکترونیک	۲۳
پذیرش- کاربران	میزان پذیرش کاربران	۲۴
دولت و ارائه‌دهندگان خدمات	زیرساخت‌های حقوقی	۲۵
صنعت ICT	زیرساخت‌های ارتباطی	۲۶
پذیرش- کاربران	فرهنگ	۲۷
دولت و ارائه‌دهندگان خدمات	سیاست‌های کلان ملی	۲۸
پذیرش- کاربران	موقعیت جغرافیایی	۲۹

Title: Mobile Government Ecosystem (Persian Edition)

Authors: Ali Hakim Javadi, Mohammad Mehdi Sepehri

Publisher: Supreme Century

ISBN-13: 978-1939123701

ISBN-10: 1939123704